Utilize este código QR para se cadastrar de forma mais rápida:

Ou, se preferir, entre em:
www.moderna.com.br/ac/livroportal

e siga as instruções para ter acesso aos conteúdos exclusivos do
Portal e Livro Digital

CÓDIGO DE ACESSO:
A 00233 ARPCIEN5E 8 92096

Faça apenas um cadastro. Ele será válido para:

Da semente ao livro,
sustentabilidade por todo o caminho

Plantar florestas
A madeira que serve de matéria-prima para nosso papel vem de plantio renovável, ou seja, não é fruto de desmatamento. Essa prática gera milhares de empregos para agricultores e ajuda a recuperar áreas ambientais degradadas.

Fabricar papel e imprimir livros
Toda a cadeia produtiva do papel, desde a produção de celulose até a encadernação do livro, é certificada, cumprindo padrões internacionais de processamento sustentável e boas práticas ambientais.

Criar conteúdos
Os profissionais envolvidos na elaboração de nossas soluções educacionais buscam uma educação para a vida pautada por curadoria editorial, diversidade de olhares e responsabilidade socioambiental.

Construir projetos de vida
Oferecer uma solução educacional Moderna é um ato de comprometimento com o futuro das novas gerações, possibilitando uma relação de parceria entre escolas e famílias na missão de educar!

Taciro Comunicação, Alexandre Santana e Estúdio Pingado

Apoio:

Fotografe o Código QR e conheça melhor esse caminho.
Saiba mais em *moderna.com.br/sustentavel*

ARARIBÁ PLUS
Ciências
8

Organizadora: Editora Moderna
Obra coletiva concebida, desenvolvida
e produzida pela Editora Moderna.

Editoras Executivas:
Maíra Rosa Carnevalle
Rita Helena Bröckelmann

5ª edição

© Editora Moderna, 2018

Elaboração dos originais:

Alda Regina Tognini Romaguera
Licenciada em Pedagogia pela Universidade Estadual de Campinas. Mestre e Doutora em Educação (Educação, Conhecimento, Linguagem e Arte) pela Universidade Estadual de Campinas. Professora e assessora pedagógica.

Cristiane Roldão
Bacharel em Física pela Universidade Federal do Rio Grande do Sul. Mestre e Doutora em Física na área de Física Teórica pelo Instituto de Física Teórica da Universidade Estadual Paulista "Júlio de Mesquita Filho". Professora.

Daniel Hohl
Licenciado em Física pela Universidade de São Paulo. Editor.

Fernando Frochtengarten
Bacharel e licenciado em Ciências Biológicas pela Universidade de São Paulo. Mestre e Doutor em Psicologia (Psicologia Social) pela Universidade de São Paulo. Professor e coordenador pedagógico.

Flávia Ferrari
Bacharel em Ciências Biológicas pelo Instituto de Biociências da Universidade de São Paulo. Professora.

Juliana Bardi
Bacharel e licenciada em Ciências Biológicas pelo Instituto de Biociências da Universidade Estadual Paulista. Doutora em Ciências Biológicas (Zoologia) pelo Instituto de Biociências da Universidade de São Paulo. Editora.

Marta de Souza Rodrigues
Licenciada em Física pela Universidade de São Paulo. Mestre em Ciências (Ensino de Ciências modalidades Física, Química e Biologia – Área de concentração Física) pela Universidade de São Paulo. Professora.

Mauro Faro
Engenheiro Químico pela Universidade de São Paulo. Mestre em Engenharia Química (Engenharia Química) pela Universidade de São Paulo. Licenciado em Química pelas Faculdades Oswaldo Cruz (SP). Professor

Murilo Tissoni
Licenciado em Química pela Universidade de São Paulo. Professor.

Tassiana Carvalho
Licenciada em Física pela Universidade de São Paulo. Mestre e doutora em Ciências (Ensino de Ciências modalidades Física, Química e Biologia – Área de concentração Física) pela Universidade de São Paulo. Professora.

Tathyana Tumolo
Bacharel em Química pela Universidade Presbiteriana Mackenzie. Pós-doutorada pelo Departamento de Alimentos e Nutrição Experimental da Faculdade de Ciências Farmacêuticas da Universidade de São Paulo. Editora.

Vivian Vieira
Licenciada em Física pela Universidade de São Paulo. Professora.

Imagem de capa
CIMON (Crew Interactive Mobile CompaniON), um assistente artificial autônomo que ajuda astronautas na Estação Espacial Internacional. Atualmente, equipamentos com inteligência artificial são responsáveis por diversas tarefas que eram antes destinadas às pessoas.

Coordenação editorial: Maíra Rosa Carnevalle, Rita Helena Bröckelmann
Edição de texto: Dino Santesso Gabrielli, Ana Carolina de Almeida Yamamoto, Heloise do Nascimento Calça, Tathyana Tumolo, Mauro Faro, Ana Carolina Suzuki Dias Cintra, Daniel Hohl, Renata Amelia Bueno Migliacci, Tatiani Donato, Beatriz Assunção Baeta
Edição de conteúdo digital: Heloise do Nascimento Calça, Tathyana Tumolo
Preparação de texto: Fabiana Biscaro, Débora Tamayose, Malvina Tomaz, Marcia Leme
Gerência de *design* e produção gráfica: Everson de Paula
Coordenação de produção: Patricia Costa
Suporte administrativo editorial: Maria de Lourdes Rodrigues
Coordenação de *design* e projetos visuais: Marta Cerqueira Leite
Projeto gráfico: Daniel Messias, Otávio dos Santos
Pesquisa iconográfica para capa: Daniel Messias, Otávio dos Santos, Bruno Tonel
    Foto: @ Airbus 2018; Andrey Armyagov/Shutterstock
Coordenação de arte: Carolina de Oliveira
Edição de arte: Julia Nakano
Editoração eletrônica: Essencial Design
Edição de infografia: Luiz Iria, Priscilla Boffo, Giselle Hirata
Ilustrações dos ícones-medida: Paulo Manzi
Coordenação de revisão: Maristela S. Carrasco
Revisão: Cárita Negromonte, Cecilia Oku, Fernanda Marcelino, Leandra Trindade, Renato da Rocha, Renata Brabo, Rita de Cássia Sam, Simone Garcia, Viviane Oshima
Coordenação de pesquisa iconográfica: Luciano Baneza Gabarron
Pesquisa iconográfica: Flávia Aline de Morais, Luciana Vieira, Camila D'Angelo
Coordenação de *bureau*: Rubens M. Rodrigues
Tratamento de imagens: Fernando Bertolo, Joel Aparecido, Luiz Carlos Costa, Marina M. Buzzinaro
Pré-impressão: Alexandre Petreca, Everton L. de Oliveira, Marcio H. Kamoto, Vitória Sousa
Coordenação de produção industrial: Wendell Monteiro
Impressão e acabamento: Esdeva Indústria Gráfica Ltda.
Lote: 288796

Dados Internacionais de Catalogação na Publicação (CIP)
(Câmara Brasileira do Livro, SP, Brasil)

Araribá plus : ciências naturais / obra coletiva concebida, desenvolvida e produzida pela Editora Moderna ; editoras executivas Maíra Rosa Carnevalle, Rita Helena Bröckelmann. – 5. ed. – São Paulo : Moderna, 2018.

Obra em 4 v. para alunos do 6º ao 9º ano.
Bibliografia.

1. Ciências (Ensino fundamental) I. Carnevalle, Maíra Rosa. II. Bröckelmann, Rita Helena.

18-15777 CDD-372.35

Índices para catálogo sistemático:
1. Ciências : Ensino fundamental   372.35
Cibele Maria Dias - Bibliotecária - CRB-8/9427

ISBN 978-85-16-11243-1 (LA)
ISBN 978-85-16-11244-8 (LP)

Reprodução proibida. Art. 184 do Código Penal e Lei 9.610 de 19 de fevereiro de 1998.
Todos os direitos reservados
EDITORA MODERNA LTDA.
Rua Padre Adelino, 758 – Belenzinho
São Paulo – SP – Brasil – CEP 03303-904
Vendas e Atendimento: Tel. (0_ _11) 2602-5510
Fax (0_ _11) 2790-1501
www.moderna.com.br
2020
Impresso no Brasil

1 3 5 7 9 10 8 6 4 2

APRESENTAÇÃO

Certamente você já sabe algo sobre os assuntos mais famosos da Ciência: o Universo, os seres vivos, o corpo humano, os cuidados com o ambiente, as tecnologias e suas aplicações, a energia e a matéria são temas comuns.

Ciência tem sua origem na palavra latina *scientia*, que significa conhecimento. É uma atividade social feita por diversas pessoas em diferentes lugares do mundo. Ciência também tem a ver com questões econômicas, políticas e culturais de cada lugar.

Você já parou para pensar em como a Ciência funciona? Será que os cientistas têm sempre certeza de tudo? Como eles trabalham? Como é feita uma pesquisa? É fácil fazer uma descoberta científica? Só os cientistas "fazem Ciência"?

Para a última pergunta, queremos que você considere um **não** como resposta. Os investigadores são pessoas atentas, observadoras e curiosas que questionam e buscam respostas. Convidamos você a ser um deles!

Este livro apresenta algumas respostas. Como investigador, no entanto, você deve saber que as perguntas são mais importantes. Faça perguntas, duvide, questione, não se contente com o que é apresentado como verdade. Nesse caminho, conte com a sua professora ou o seu professor: converse sobre suas dúvidas e dê também a sua opinião.

Seu livro traz ainda um trabalho com **Atitudes para a vida**. Você vai aprender que elas podem ajudá-lo nas tarefas escolares e também a tomar decisões melhores e a resolver problemas.

Esperamos que este livro o incentive a pensar com qualidade, a criar bons hábitos de estudo e a ser um cidadão bem preparado para enfrentar o mundo e cuidar dele.

Bons estudos!

ATITUDES PARA A VIDA

11 ATITUDES MUITO ÚTEIS PARA O SEU DIA A DIA!

As Atitudes para a vida *trabalham competências socioemocionais e nos ajudam a resolver situações e desafios em todas as áreas, inclusive no estudo de Ciências.*

1. Persistir
Se a primeira tentativa para encontrar a resposta não der certo, **não desista**, busque outra estratégia para resolver a questão.

2. Controlar a impulsividade
Pense antes de agir. Reflita sobre os caminhos que pode escolher para resolver uma situação.

3. Escutar os outros com atenção e empatia
Dar atenção e escutar os outros são ações importantes para se relacionar bem com as pessoas.

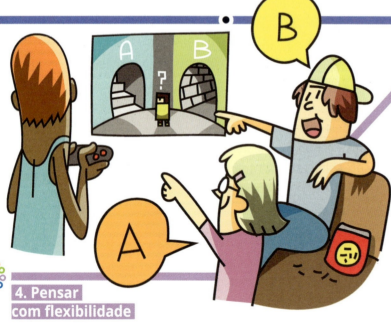

4. Pensar com flexibilidade
Considere diferentes possibilidades para chegar à solução. Use os recursos disponíveis e dê asas à imaginação!

5. Esforçar-se por exatidão e precisão
Confira os dados do seu trabalho. Informação incorreta ou apresentação desleixada podem prejudicar a sua credibilidade e comprometer todo o seu esforço.

6. Questionar e levantar problemas

Fazer as perguntas certas pode ser determinante para esclarecer suas dúvidas. Esteja alerta: indague, questione e levante problemas que possam ajudá-lo a compreender melhor o que está ao seu redor.

7. Aplicar conhecimentos prévios a novas situações

Use o que você já sabe! O que você já aprendeu pode ajudá-lo a entender o novo e a resolver até os maiores desafios.

8. Pensar e comunicar-se com clareza

Organize suas ideias e comunique-se com clareza. Quanto mais claro você for, mais fácil será estruturar um plano de ação para realizar seus trabalhos.

10. Assumir riscos com responsabilidade

Explore suas capacidades! Estudar é uma aventura, não tenha medo de ousar. Busque informação sobre os resultados possíveis, e você se sentirá mais seguro para arriscar um palpite.

11. Pensar de maneira interdependente

Trabalhe em grupo, colabore. Juntando ideias e força com seus colegas, vocês podem criar e executar projetos que ninguém poderia fazer sozinho.

9. Imaginar, criar e inovar

Desenvolva a criatividade conhecendo outros pontos de vista, imaginando-se em outros papéis, melhorando continuamente suas criações.

No Portal *Araribá Plus* e ao final do seu livro, você poderá saber mais sobre as *Atitudes para a vida*. Veja <www.moderna.com.br/araribaplus> em **Competências socioemocionais**.

CONHEÇA O SEU LIVRO

UM LIVRO ORGANIZADO

Seu livro tem 8 Unidades, com uma organização clara e regular. Todas elas apresentam abertura, Temas, páginas de atividades e seções como *Explore*, *Pensar Ciência*, *Atitudes para a vida* e *Compreender um texto*.

PROJETO
A proposta do projeto pode ser feita no momento mais conveniente para a turma: no início do ano, na feira de Ciências da escola ou em outra ocasião. É uma oportunidade de envolvimento da classe com a comunidade e com outras áreas do conhecimento.

UNIDADES – ABERTURA
No começo de cada Unidade, há uma ou mais imagens interessantes para despertar a curiosidade e promover a troca de ideias sobre o tema. Analise-as com atenção.

POR QUE ESTUDAR ESTA UNIDADE?
Um pequeno texto introdutório vai explicar a relevância dos assuntos tratados na Unidade.

COMEÇANDO A UNIDADE
As perguntas propostas convidam a refletir sobre os temas que serão estudados. Aproveite para contar o que você sabe sobre cada tema e perceber quais são suas principais dúvidas e curiosidades.

ATITUDES PARA A VIDA
O boxe *Atitudes para a vida* indica as atitudes cujo desenvolvimento será priorizado na Unidade.

TEMAS
Os conteúdos foram selecionados e organizados em temas. Um pequeno texto inicial resume a ideia central do tema. Um sistema de títulos hierarquiza as ideias principais do texto.

IMAGENS
Fotografias, ilustrações, gráficos, mapas e esquemas auxiliam na construção dos conceitos propostos.

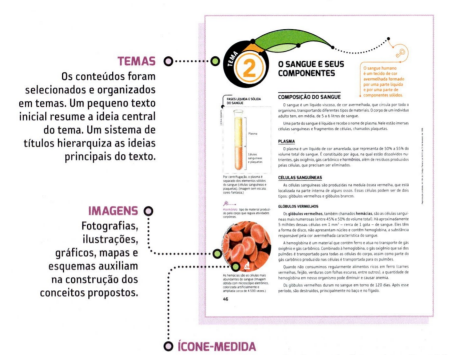

ÍCONE-MEDIDA
Um ícone-medida é aplicado para indicar o tamanho médio do ser vivo ou do objeto que aparece em uma imagem. Esse ícone pode indicar sua altura (↕) ou seu comprimento (↔).

As fotomicrografias (fotografias obtidas com o auxílio de microscópio) e as ilustrações de objetos ou de seres invisíveis a olho nu aparecem acompanhadas do ícone de um microscópio.

GLOSSÁRIO
Traz a explicação de termos mais difíceis.

SAIBA MAIS!
Quadro que traz informações adicionais e curiosidades relativas aos temas.

DE OLHO NO TEMA
Atividades que promovem a compreensão do assunto principal de cada tema.

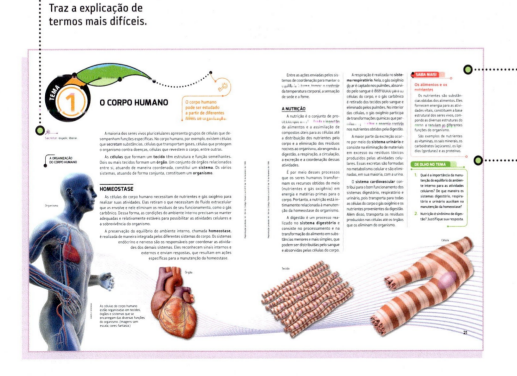

7

CONHEÇA O SEU LIVRO

COLETIVO CIÊNCIAS
Mostra a Ciência como produto coletivo de diferentes áreas do conhecimento e feita por cientistas e não cientistas em colaboração.

INFOGRÁFICOS
Exploram aspectos dos assuntos estudados e ajudam a aprofundar e a contextualizar conceitos.

ENTRANDO NA REDE
Sugestões de endereços para consulta e pesquisa na internet.

ATIVIDADES
Organizar o conhecimento, Analisar e Compartilhar são atividades que trabalham habilidades como a compreensão e a aplicação de conceitos e enfatizam o uso de técnicas de leitura, registro e interpretação.

VAMOS FAZER
Atividades procedimentais relativamente rápidas e diretas que proporcionam oportunidades de observação e de comprovação de fenômenos.

EXPLORE
Propõe a investigação de fatos e dos acontecimentos, bem como a exploração de ideias novas. Incentiva o trabalho em equipe e o uso de habilidades de investigação científica.

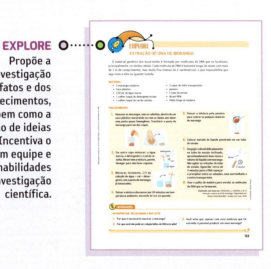

PENSAR CIÊNCIA
Propostas para pensar no funcionamento da Ciência, suas características, sua história e as incertezas que permeiam seu desenvolvimento.

8

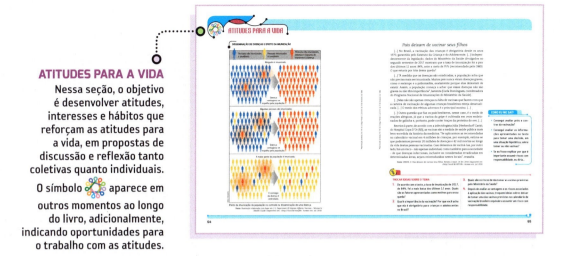

ATITUDES PARA A VIDA

Nessa seção, o objetivo é desenvolver atitudes, interesses e hábitos que reforçam as atitudes para a vida, em propostas de discussão e reflexão tanto coletivas quanto individuais.

O símbolo aparece em outros momentos ao longo do livro, adicionalmente, indicando oportunidades para o trabalho com as atitudes.

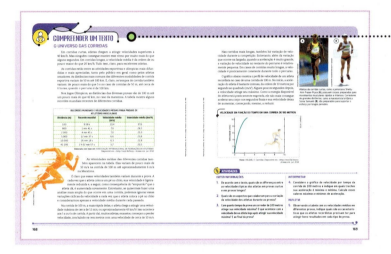

COMPREENDER UM TEXTO

Páginas que desenvolvem a compreensão leitora, trabalhando com a leitura e a interpretação de textos diversos, incluindo os de divulgação científica. As atividades sobre o texto estimulam a busca por informações e a reflexão.

OFICINAS DE CIÊNCIAS

Incluem atividades experimentais, estudo do meio, construção de modelos e montagens, entre outras propostas de investigação. Cada oficina apresenta os objetivos, o material necessário, o procedimento e as atividades exploratórias.

ÍCONES DA COLEÇÃO

Glossário

Atitudes para a vida

Indica que existem jogos, vídeos, atividades ou outros recursos no **livro digital** ou no **portal** da coleção.

9

CONTEÚDO DOS MATERIAIS DIGITAIS

O *Projeto Araribá Plus* apresenta um Portal exclusivo, com ferramentas diferenciadas e motivadoras para o seu estudo. Tudo integrado com o livro para tornar a experiência de aprendizagem mais intensa e significativa.

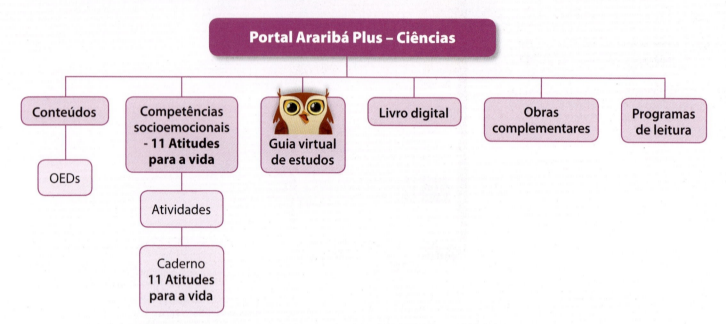

Livro digital com tecnologia *HTML5* para garantir melhor usabilidade e ferramentas que possibilitam buscar termos, destacar trechos e fazer anotações para posterior consulta. O livro digital é enriquecido com objetos educacionais digitais (OEDs) integrados aos conteúdos. Você pode acessá-lo de diversas maneiras: no *smartphone*, no *tablet* (Android e iOS), no *desktop* e *on-line* no *site*:

http://mod.lk/livdig

LISTA DE OEDs

Unidade	Título do objeto digital
1	Sistema urinário
3	Fisiologia do estresse
3	Os ossos por dentro
4	Reprodução humana
4	Fertilização
5	Down
5	Genética e agressividade
6	Movimento e trajetória
7	Acidente nuclear de Fukushima
7	Acidente de Chernobyl
8	Eclipses
8	A Terra em sua órbita em torno do Sol

ARARIBÁ PLUS APP

Aplicativo exclusivo para você com recursos educacionais na palma da mão!

Objetos educacionais digitais diretamente no seu *smartphone* ou *tablet* para uso *on-line* e *off-line*.

Acesso rápido por meio do leitor de código *QR*.
http://mod.lk/app

Stryx, um guia virtual criado especialmente para você! Ele ajudará a entender temas importantes e achar videoaulas e outros conteúdos confiáveis, alinhados com o seu livro.

Eu sou **Stryx** e serei seu guia virtual por trilhas de conhecimentos de um jeito muito legal de estudar!

SUMÁRIO

UNIDADE 1 — NUTRIÇÃO E SISTEMAS DIGESTÓRIO, RESPIRATÓRIO E URINÁRIO ... 18

TEMA 1 O corpo humano ... 20
Homeostase, 20

TEMA 2 O sistema digestório ... 22

TEMA 3 As etapas da digestão ... 23
Ingestão do alimento, 24; Transformação do alimento, 25; A absorção de nutrientes, 25; A formação e a eliminação das fezes, 26

ATIVIDADES ... 27

PENSAR CIÊNCIA – Evolução do estudo do corpo humano ... 28

TEMA 4 O sistema respiratório ... 29
As vias respiratórias, 30; Os pulmões, 30; O diafragma e os músculos intercostais, 30; Os movimentos respiratórios, 30; A troca de gases, 31

TEMA 5 O sistema urinário ... 32
Os componentes do sistema urinário, 32; A formação da urina, 34

ATIVIDADES ... 36

EXPLORE – Valores de referência ... 37

ATITUDES PARA A VIDA – Escolhas alimentares ... 38

COMPREENDER UM TEXTO ... 40

UNIDADE 2 — SISTEMAS CARDIOVASCULAR, LINFÁTICO E IMUNITÁRIO ... 42

TEMA 1 Sistema cardiovascular ... 44
Função e estrutura do sistema cardiovascular, 44

TEMA 2 O sangue e seus componentes ... 46
Composição do sangue, 46

TEMA 3 O coração ... 48
A estruturas do coração, 48; Os batimentos do coração, 49

ATIVIDADES ... 50

EXPLORE – Medindo o pulso ... 52

TEMA 4 A circulação do sangue ... 53
O percurso do sangue, 53

TEMA 5 O sistema linfático ... 54
Estrutura do sistema linfático, 54; Funcionamento do sistema linfático, 55

TEMA 6 O sistema imunitário ... 56
Defesas do organismo, 56; Imunização artificial, 57; Problemas relacionados ao sistema imunitário, 58

TEMA 7 A saúde dos sistemas cardiovascular e linfático ... 60
Doenças do sistema cardiovascular, 60; Doenças do sistema linfático, 61

ATIVIDADES ... 62

PENSAR CIÊNCIA – O coração artificial que bate mais forte ... 63

ATITUDES PARA A VIDA – Pais deixam de vacinar seus filhos ... 64

COMPREENDER UM TEXTO ... 66

UNIDADE 3 — SISTEMAS ESQUELÉTICO, MUSCULAR, NERVOSO E ENDÓCRINO 68

TEMA 1 Sistema esquelético 70
Tecido ósseo, 70; As articulações, 71

TEMA 2 Sistema muscular 72
Tecido muscular, 72

TEMA 3 Lesões nas estruturas locomotoras 74
Lesões em ossos e articulações, 74; Lesões nos músculos e nos tendões, 75; Próteses e órteses, 75

ATIVIDADES 76

PENSAR CIÊNCIA – Próteses 77

TEMA 4 Sistema nervoso 78
Tipos de neurônio, 78; O sistema nervoso central, 79; O sistema nervoso periférico, 81

TEMA 5 Sistema endócrino 84
As glândulas endócrinas, 85

TEMA 6 Saúde dos sistemas nervoso e endócrino 86
Distúrbios neurológicos, 86; Desequilíbrios endócrinos, 87

ATIVIDADES 88

EXPLORE – Quanto dura 1 minuto? 89

ATITUDES PARA A VIDA – *Doping* esportivo 90

COMPREENDER UM TEXTO 92

UNIDADE 4 — REPRODUÇÃO E ADOLESCÊNCIA 94

TEMA 1 Reprodução 96
Reprodução assexuada e sexuada, 96

TEMA 2 Crescimento e mudanças no corpo humano 98
A adolescência, 98

TEMA 3 O sistema genital masculino 100
Componentes do sistema genital masculino, 100

TEMA 4 O sistema genital feminino 102
Componentes do sistema genital feminino, 102

TEMA 5 Os métodos anticoncepcionais 104
Métodos anticoncepcionais de barreira, 104; Métodos anticoncepcionais comportamentais, 105; Métodos anticoncepcionais hormonais, 105; Métodos anticoncepcionais cirúrgicos, 106; Métodos anticoncepcionais intrauterinos, 106

TEMA 6 Infecções sexualmente transmissíveis 107
Contágio e sintomas gerais das IST, 107

ATIVIDADES 110

EXPLORE – A descoberta do vírus da aids 111

TEMA 7 O ciclo menstrual e a fecundação 112
Como ocorre o ciclo menstrual, 112; O encontro do ovócito com o espermatozoide, 113

TEMA 8 A gestação e o parto 115
A gravidez, 115; Gravidez na adolescência, 116; O parto, 117

ATIVIDADES 120

PENSAR CIÊNCIA – Mulheres já produzem metade da ciência do Brasil, diz levantamento 121

ATITUDES PARA A VIDA – Sexualidade humana 122

COMPREENDER UM TEXTO 124

13

SUMÁRIO

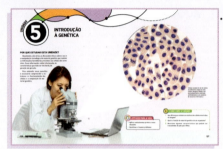

UNIDADE 5 — INTRODUÇÃO À GENÉTICA 126

TEMA 1 O núcleo celular 128
  As estruturas do núcleo eucarionte, 128

TEMA 2 O material genético 129
  DNA, RNA, genes e proteínas, 129; Os genes e a diferenciação celular, 130

ATIVIDADES 132

EXPLORE – Extração de DNA de morango 133

TEMA 3 Os cromossomos 134
  Estrutura do cromossomo, 134; Cariótipo, 135; Cromossomos sexuais, 135

TEMA 4 Alterações cromossômicas 136

TEMA 5 A divisão celular 138
  Mitose, 138; Meiose, 138; Células-tronco, 139

ATIVIDADES 140

PENSAR CIÊNCIA – Ética e tratamentos experimentais em humanos 141

ATITUDES PARA A VIDA – Família fez fertilização *in vitro* para que filha pudesse salvar a irmã 142

COMPREENDER UM TEXTO 144

UNIDADE 6 — FORÇA E MOVIMENTO 146

TEMA 1 Movimento ou repouso? 148
  O movimento, 148

TEMA 2 Velocidade 151
  A velocidade, 151; O movimento uniforme, 153

TEMA 3 Cada vez mais rápido 155
  A aceleração, 155

ATIVIDADES 157

EXPLORE – Mais espaço para as bicicletas no Brasil 158

TEMA 4 Mover, parar, deformar 160
  O que é força?, 160

TEMA 5 Força gravitacional, força peso e força normal 162
  Força gravitacional, 162; Força peso, 163; Força normal, 163

ATIVIDADES 164

PENSAR CIÊNCIA – O debate sobre a velocidade máxima nas vias urbanas em todo o mundo 165

ATITUDES PARA A VIDA – Uso dos freios ABS 166

COMPREENDER UM TEXTO 168

UNIDADE 7 — ENERGIA 170

TEMA 1 Formas e fontes de energia 172
As diversas formas de energia, 172;
As diferentes fontes de energia, 177

TEMA 2 Transformações de energia 178
Transformação e conservação de energia, 178

TEMA 3 Geração de energia elétrica 180
Como a energia elétrica pode ser produzida, 180

ATIVIDADES 183

PENSAR CIÊNCIA – Hawking e a divulgação científica 184

TEMA 4 Trabalho e potência 185
O que é trabalho, 185; O que é potência, 186

TEMA 5 Circuitos elétricos 188
Circuitos elétricos simples, 189

ATIVIDADES 190

EXPLORE – Construindo circuitos elétricos 191

ATITUDES PARA A VIDA – Selo Procel 192

COMPREENDER UM TEXTO 194

UNIDADE 8 — SOL, TERRA E LUA 196

TEMA 1 Rotação e translação da Terra 198
O movimento de rotação, 198; O movimento de translação, 199

TEMA 2 A Lua 202
O movimento da Lua, 202; Eclipses, 204

ATIVIDADES 208

PENSAR CIÊNCIA – O Geocentrismo 209

TEMA 3 Clima e tempo 210
Fatores que influenciam o clima, 210; Correntes oceânicas, 211;
Previsão do tempo, 213

TEMA 4 Fenômenos climáticos e ação humana 214
Influência humana nos fenômenos climáticos, 215

ATIVIDADES 216

EXPLORE – Pequena estação meteorológica 217

ATITUDES PARA A VIDA – O lixo em excesso 218

COMPREENDER UM TEXTO 220

- **OFICINAS DE CIÊNCIAS** 222
- **REFERÊNCIAS BIBLIOGRÁFICAS** 231

 ATITUDES PARA A VIDA 233

PROJETO: DIVERSIDADE E PRECONCEITO

Neste volume, veremos que o corpo humano é composto de sistemas, órgãos, tecidos e células. Nenhuma dessas partes funciona sem a outra, pois estão todas interligadas. Cada um de nós é resultado de um conjunto semelhante dessas estruturas. Mas, quando olhamos ao redor, percebemos que somos todos fisicamente diferentes. Cada um tem sua particularidade, seu jeito de ser. Afinal, somos semelhantes ou diferentes?

Para começo de conversa

Somos todos iguais?

a) Chico Bento é uma personagem que representa o caipira (também chamado *capiau* ou *matuto*, dependendo da região do Brasil). Com seus colegas, façam uma pesquisa para descobrir as características típicas do caipira.

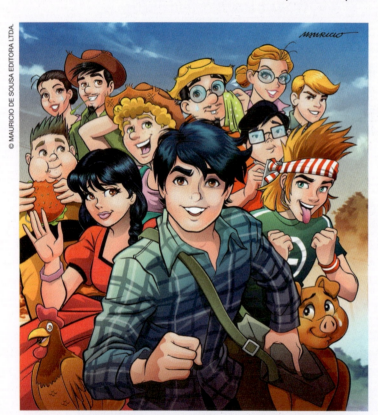

Chico Bento e sua turma, agora jovens, vivem as situações típicas dessa fase: a entrada na faculdade, o primeiro emprego, os namoros. Chico se muda para uma cidade grande e lá, entre uma lembrança e outra, passa a conhecer uma vida muito diferente daquela à qual estava acostumado.

b) Na turma do Chico Bento, há pessoas muito diferentes, tanto no comportamento quanto na maneira de se vestir ou nas preferências culturais. De acordo com a resposta que você deu ao item anterior, todos eles seriam considerados típicos caipiras? Será que é adequado dar rótulos a um grupo de pessoas apenas pelo lugar em que elas nasceram ou por qualquer outra característica (física, por exemplo)?

c) Leia o texto abaixo e faça o que se pede.

Imagine se os mais de 6,5 bilhões de habitantes do planeta fossem iguais. Não teria graça, não é mesmo? A diversidade é uma das maiores riquezas do ser humano no planeta, e a existência de indivíduos diferentes numa cidade, num país, com suas diferentes culturas, etnias e gerações, faz com que o mundo se torne mais completo.

Mas essa convivência só se torna possível se as diferenças forem respeitadas. O artigo 2º da Declaração Universal dos Direitos Humanos (DUDH), aprovada na Assembleia Geral das Nações Unidas em 10 de dezembro de 1948, diz que não deve haver, em nenhum momento, discriminação por raça, cor, gênero, idioma, nacionalidade, opinião ou qualquer outro motivo. [...]

Fonte: Diversidade e inclusão, *Portal Brasil*, 4 nov. 2009. Disponível em: <http://mod.lk/wjwq7>. Acesso em: jul. 2018.

- Reúna-se com alguns colegas e, juntos, redijam uma definição para o termo **preconceito**. Apresentem a definição para a classe e ouçam as respostas dos demais grupos.

É hora de planejar e agir

Nesta atividade, você e seus colegas participarão de um projeto que tem como objetivo mostrar e valorizar a diversidade do ser humano, combatendo qualquer tipo de preconceito. A execução das etapas deverá ser discutida e criada pela classe e pelo professor. Para o projeto, é importante planejar o trabalho, listar todas as ideias, debatê-las, descartar as mais improváveis e depois registrar as decisões tomadas.

1. Qual é a importância deste projeto? Por que ele deve ser realizado?
2. Que público vocês pretendem atingir com este projeto: pais, alunos, vizinhos ou funcionários da escola?
3. Qual será a equipe do projeto? Quem fará parte dele: alunos, professores, familiares ou amigos de fora da escola?
4. Será feita uma pesquisa sobre o tema? Ou serão realizadas entrevistas com diferentes pessoas?
5. Onde serão obtidas as informações a serem pesquisadas: em livros, na internet, em jornais ou em revistas?
6. No caso de entrevistas, quem serão os entrevistados?
7. Como serão expostos os resultados: com cartazes, em apresentações no computador, em *flyers*, em um *post* no *blog* da classe, em um *podcast* ou em um *videocast*?
8. Quem ficará encarregado de cada etapa do projeto?
9. Em quais datas acontecerá cada etapa do projeto? Montem um cronograma.

COMPARTILHAR

Então, mãos à obra! É interessante registrar as etapas e os resultados do trabalho. Que tal tirar fotos ou filmar para fazer um *making of* e compartilhar a experiência com a turma, a escola e a comunidade?

Vamos avaliar e refletir?

É importante avaliar os resultados de um projeto e, nesse processo, expor suas opiniões com sinceridade, além de ouvir com atenção a fala dos colegas. Conversem em grupo sobre as impressões de cada um:

- O objetivo do projeto foi alcançado?
- Este projeto foi importante para a classe? Se sim, o que vocês aprenderam?
- As demais pessoas fora da classe envolvidas no projeto aprenderam algo?
- O projeto foi bem organizado e executado? Quais foram os pontos positivos? O que poderia ser melhorado?
- As informações dadas ao público foram úteis? Por quê?
- O que vocês acharam da atuação de cada um no projeto? Vocês mudariam alguma coisa?
- Como vocês poderiam ampliar o trabalho deste projeto? Que outras ações seriam importantes para o tema, considerando a realidade da sua comunidade?

UNIDADE 1
NUTRIÇÃO E SISTEMAS DIGESTÓRIO, RESPIRATÓRIO E URINÁRIO

LEONARDO DA VINCI - COLEÇÃO REAL. LONDRES

POR QUE ESTUDAR ESTA UNIDADE?

Os seres humanos são constituídos de células que se organizam formando estruturas como órgãos e sistemas. Os sistemas corporais atuam de maneira integrada, percebendo e interagindo com o meio, obtendo recursos e eliminando excretas. A troca de materiais com o ambiente é essencial para a vida.

Conhecer essas estruturas e a maneira como atuam possibilita compreender o funcionamento do corpo humano e os processos que garantem a nossa sobrevivência.

 COMEÇANDO A UNIDADE

1. Quais são as partes do sistema do corpo humano, ilustrado por Leonardo da Vinci, que você reconhece? Ele representou todos os componentes desse sistema? Justifique sua resposta.
2. Qual é a função do sistema ilustrado para o funcionamento do corpo humano?
3. Quais são os níveis de organização do corpo humano?
4. Em sua opinião, por que um artista, como Leonardo da Vinci, interessou-se pelo estudo da anatomia humana? De que maneira o conhecimento dessa área melhoraria a produção de suas obras de arte?

 ATITUDES PARA A VIDA
- Pensar com flexibilidade
- Controlar a impulsividade

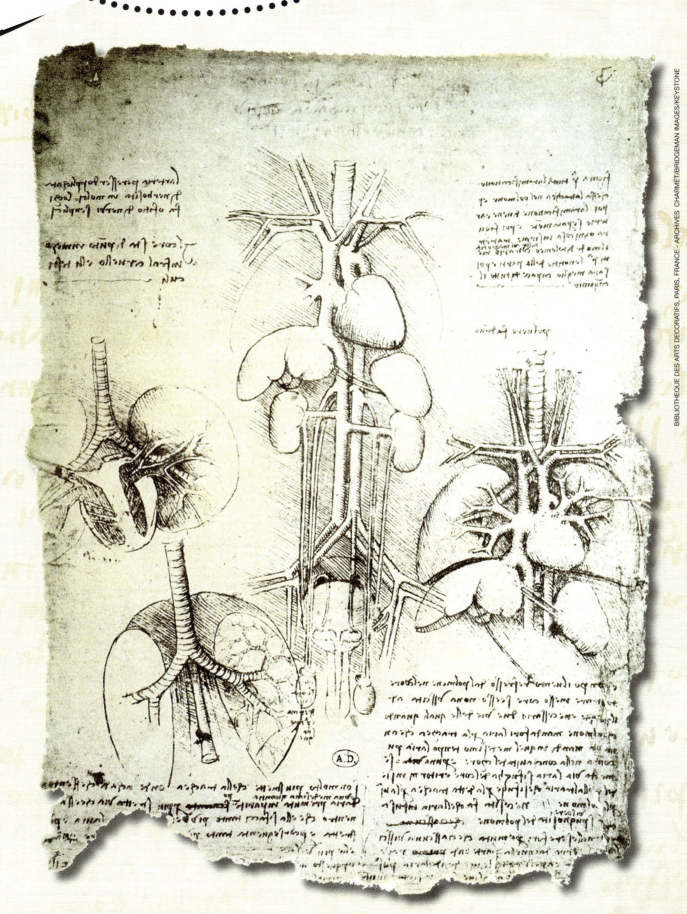

Estudo anatômico de órgãos de alguns sistemas do corpo humano conduzido por Leonardo da Vinci (1452-1519).

TEMA 1

O CORPO HUMANO

O corpo humano pode ser estudado a partir de diferentes níveis de organização.

Secretar: expelir, liberar.

A ORGANIZAÇÃO DO CORPO HUMANO

A maioria dos seres vivos pluricelulares apresenta grupos de células que desempenham funções específicas. No corpo humano, por exemplo, existem células que secretam substâncias, células que transportam gases, células que protegem o organismo contra doenças, células que revestem o corpo, entre outras.

As **células** que formam um **tecido** têm estrutura e função semelhantes. Dois ou mais tecidos formam um **órgão**. Um conjunto de órgãos relacionados entre si, atuando de maneira coordenada, constitui um **sistema**. Os vários sistemas, atuando de forma conjunta, constituem um **organismo**.

HOMEOSTASE

As células do corpo humano necessitam de nutrientes e gás oxigênio para realizar suas atividades. Elas retiram o que necessitam do fluido extracelular que as envolve e nele eliminam os resíduos de seu funcionamento, como o gás carbônico. Dessa forma, as condições do ambiente interno precisam se manter adequadas e relativamente estáveis para possibilitar as atividades celulares e a sobrevivência do organismo.

A preservação do equilíbrio do ambiente interno, chamada **homeostase**, é realizada de maneira integrada pelos diferentes sistemas do corpo. Os sistemas endócrino e nervoso são os responsáveis por coordenar as atividades dos demais sistemas. Eles reconhecem sinais internos e externos e enviam respostas, que resultam em ações específicas para a manutenção da homeostase.

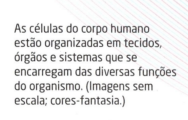

Organismo

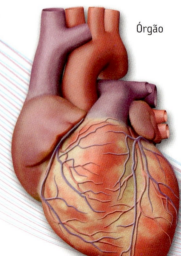

Órgão

As células do corpo humano estão organizadas em tecidos, órgãos e sistemas que se encarregam das diversas funções do organismo. (Imagens sem escala; cores-fantasia.)

Entre as ações enviadas pelos sistemas de coordenação para manter o equilíbrio interno, temos: o controle da temperatura corporal, a sensação de sede e a fome.

A NUTRIÇÃO

A nutrição é o conjunto de processos que envolve desde a ingestão de alimentos e a assimilação de compostos úteis para as células até a distribuição dos nutrientes pelo corpo e a eliminação dos resíduos nocivos ao organismo, abrangendo a digestão, a respiração, a circulação, a excreção e a coordenação dessas atividades.

É por meio desses processos que os seres humanos transformam os recursos obtidos do meio (nutrientes e gás oxigênio) em energia e matérias-primas para o corpo. Portanto, a nutrição está intimamente relacionada à manutenção da homeostase do organismo.

A digestão é um processo realizado no **sistema digestório** e consiste no processamento e na transformação do alimento em substâncias menores e mais simples, que podem ser distribuídas pelo sangue e absorvidas pelas células do corpo.

A respiração é realizada no **sistema respiratório**. Nela, o gás oxigênio do ar é captado nos pulmões, absorvido pelo sangue e distribuído para as células do corpo, e o gás carbônico é retirado dos tecidos pelo sangue e eliminado pelos pulmões. No interior das células, o gás oxigênio participa de transformações químicas que permitem aproveitar a energia contida nos nutrientes obtidos pela digestão.

A maior parte da excreção ocorre por meio do **sistema urinário** e consiste na eliminação de materiais em excesso ou resíduos tóxicos produzidos pelas atividades celulares. Essas excretas são formadas no metabolismo celular e são eliminadas, em sua maioria, com a urina.

O **sistema cardiovascular** contribui para o bom funcionamento dos sistemas digestório, respiratório e urinário, pois transporta para todas as células do corpo o gás oxigênio e os nutrientes provenientes da digestão. Além disso, transporta os resíduos produzidos nas células até os órgãos que os eliminam do organismo.

SAIBA MAIS!

Os alimentos e os nutrientes

Os nutrientes são substâncias obtidas dos alimentos. Eles fornecem energia para as atividades vitais, constituem a base estrutural dos seres vivos, compondo as diversas estruturas do corpo, e regulam as diferentes funções do organismo.

São exemplos de nutrientes as vitaminas, os sais minerais, os carboidratos (açúcares), os lipídios (gorduras) e as proteínas.

DE OLHO NO TEMA

1. Qual é a importância da manutenção do equilíbrio do ambiente interno para as atividades celulares? De que maneira os sistemas digestório, respiratório e urinário auxiliam na manutenção da homeostase?

2. Nutrição é sinônimo de digestão? Justifique sua resposta.

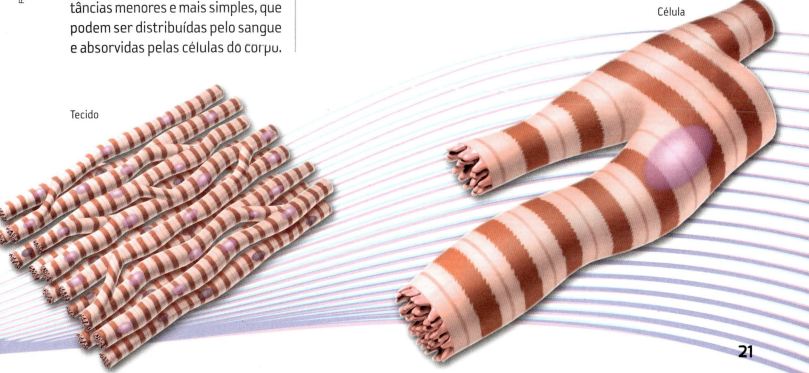

Tecido

Célula

TEMA 2 — O SISTEMA DIGESTÓRIO

> O sistema digestório transforma os alimentos ingeridos, permitindo, assim, que sejam utilizados pelas células do corpo.

O sistema digestório encarrega-se de transformar os alimentos ingeridos em compostos menores e mais simples, que podem ser absorvidos e utilizados pelas células. Nelas, os compostos passam por transformações que resultam, principalmente, em matérias-primas e energia utilizadas no desenvolvimento e na manutenção do corpo.

O sistema digestório é formado pelo **tubo digestório** e pelos **órgãos anexos**. O tubo digestório é composto dos seguintes órgãos: boca, faringe, esôfago, estômago, intestino delgado e intestino grosso. Os órgãos anexos produzem materiais imprescindíveis à digestão. São eles: as glândulas salivares, o fígado e o pâncreas.

SISTEMA DIGESTÓRIO

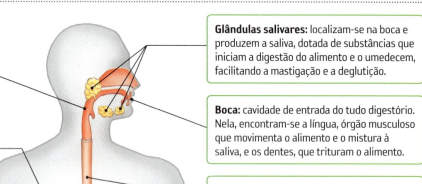

Faringe: canal comum aos sistemas digestório e respiratório, que liga a boca ao esôfago. Possui uma estrutura cartilaginosa, a epiglote, que impede a entrada dos alimentos nas vias respiratórias.

Pâncreas: estrutura localizada próxima ao estômago que produz o suco pancreático.

Fígado: órgão que produz a bile, substância envolvida na digestão de lipídios. Esse órgão possui outras funções, como armazenamento de nutrientes e conversão de compostos tóxicos em compostos inofensivos para o organismo.

Vesícula biliar: bolsa que armazena a bile.

Intestino grosso: tubo mais curto que o intestino delgado, responsável pela absorção de água e sais minerais e pela formação das fezes. Divide-se em três porções: o ceco, o colo e o reto, que é a região final do intestino grosso que termina no ânus.

Glândulas salivares: localizam-se na boca e produzem a saliva, dotada de substâncias que iniciam a digestão do alimento e o umedecem, facilitando a mastigação e a deglutição.

Boca: cavidade de entrada do tudo digestório. Nela, encontram-se a língua, órgão musculoso que movimenta o alimento e o mistura à saliva, e os dentes, que trituram o alimento.

Esôfago: tubo musculoso que comunica a faringe com o estômago.

Estômago: dilatação do tubo digestório, em forma de bolsa. É revestido internamente por tecido epitelial com grande quantidade de estruturas produtoras de suco gástrico.

Intestino delgado: tubo longo que apresenta várias dobras sobre si mesmo e está localizado no abdômen. Divide-se em três partes: o duodeno, o jejuno e o íleo. Sua parede interna possui pequenas dobras, as vilosidades intestinais, que aumentam a absorção dos nutrientes. Contém ainda um grande número de glândulas que secretam o suco intestinal.

Esquema do sistema digestório humano mostrando a localização e a função dos órgãos que o compõem. (Imagem sem escala; cores-fantasia.)

Fonte: CAMPBELL, N. A. et al. *Biology*: concepts and connections. 2. ed. Menlo Park: Benjamin Cummings, 2000.

TEMA 3

AS ETAPAS DA DIGESTÃO

> O processo de digestão se inicia na boca e termina no intestino grosso.

A digestão é um processo essencial à vida porque é por meio dela que os nutrientes dos alimentos são disponibilizados para as células do organismo.

Esse processo ocorre ao longo do tubo digestivo que, em razão de sua organização, possibilita que diferentes ações aconteçam simultaneamente nas diferentes partes desse sistema. Para facilitar a compreensão de todo o processo de digestão, é possível dividi-lo em etapas: ingestão dos alimentos, transformação dos alimentos, absorção dos nutrientes e formação e eliminação das fezes.

Esquema do sistema digestório humano mostrando o processo de digestão que ocorre em cada órgão. (Imagem sem escala; cores-fantasia.)

ETAPAS DA DIGESTÃO

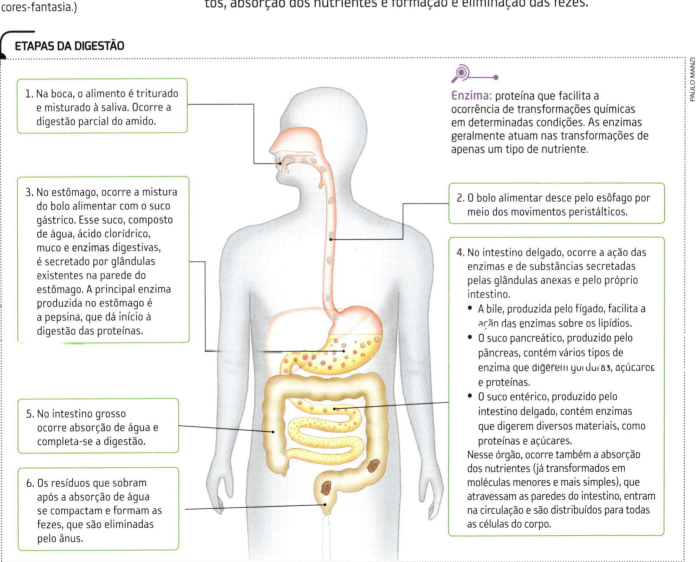

1. Na boca, o alimento é triturado e misturado à saliva. Ocorre a digestão parcial do amido.

2. O bolo alimentar desce pelo esôfago por meio dos movimentos peristálticos.

3. No estômago, ocorre a mistura do bolo alimentar com o suco gástrico. Esse suco, composto de água, ácido clorídrico, muco e enzimas digestivas, é secretado por glândulas existentes na parede do estômago. A principal enzima produzida no estômago é a pepsina, que dá início à digestão das proteínas.

4. No intestino delgado, ocorre a ação das enzimas e de substâncias secretadas pelas glândulas anexas e pelo próprio intestino.
   - A bile, produzida pelo fígado, facilita a ação das enzimas sobre os lipídios.
   - O suco pancreático, produzido pelo pâncreas, contém vários tipos de enzima que digerem gorduras, açúcares e proteínas.
   - O suco entérico, produzido pelo intestino delgado, contém enzimas que digerem diversos materiais, como proteínas e açúcares.

   Nesse órgão, ocorre também a absorção dos nutrientes (já transformados em moléculas menores e mais simples), que atravessam as paredes do intestino, entram na circulação e são distribuídos para todas as células do corpo.

5. No intestino grosso ocorre absorção de água e completa-se a digestão.

6. Os resíduos que sobram após a absorção de água se compactam e formam as fezes, que são eliminadas pelo ânus.

Enzima: proteína que facilita a ocorrência de transformações químicas em determinadas condições. As enzimas geralmente atuam nas transformações de apenas um tipo de nutriente.

Esquema das etapas da digestão. (Imagem sem escala; cores-fantasia.)

Fonte: SADAVA, D. et al. *Vida*: a ciência da Biologia. 8. ed. Porto Alegre: Artmed, 2009.

INGESTÃO DO ALIMENTO

A ingestão do alimento consiste na entrada de alimentos, pela boca, no tubo digestório. Nessa etapa, ocorrem a mastigação e a deglutição.

A **mastigação** é o ato mecânico de triturar os alimentos promovido pelos dentes, que são auxiliados pela língua. Na mastigação, o alimento é misturado à saliva, produzida pelas glândulas salivares, que, além de umedecer o alimento, contém a amilase salivar, enzima que decompõe o amido dos alimentos, transformando-o em um açúcar mais simples. O alimento mastigado e umedecido forma uma massa denominada **bolo alimentar**, que é deglutido.

A **deglutição** é o ato de engolir o alimento. A língua auxilia nesse processo empurrando o bolo alimentar em direção à faringe. Na entrada da laringe (estrutura do sistema respiratório), há uma válvula de cartilagem, a **epiglote**, cuja função é controlar a passagem do bolo alimentar para o esôfago e evitar que o alimento entre nas vias respiratórias. Durante a passagem do bolo alimentar, a epiglote se abaixa, fechando a entrada da laringe. Quando respiramos, a epiglote se levanta e permite que o ar entre na traqueia. Se o alimento entrar na laringe ocorre o engasgo.

Na boca, existem dentes com diferentes formatos, que ajudam a cortar, rasgar e triturar o alimento mastigado.

Válvula: estrutura que permite interromper ou regular fisicamente a passagem de materiais de um local para outro.

FUNÇÃO DA EPIGLOTE NA DEGLUTIÇÃO

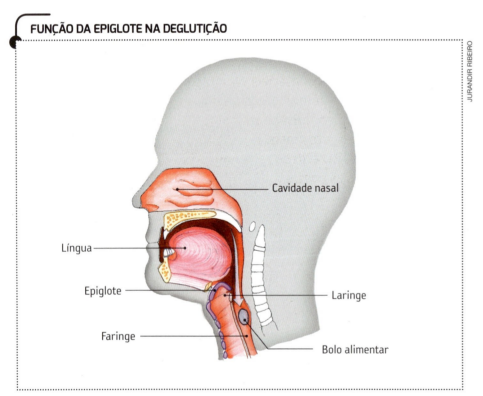

Esquema da parte superior do tubo digestório em corte. A seta indica o caminho do bolo alimentar ao ser deglutido. Note que o fechamento da epiglote impede a passagem do bolo alimentar para as vias respiratórias. (Imagem sem escala; cores-fantasia.)

Fonte: SADAVA, D. et al. *Vida: a ciência da Biologia.* 8. ed. Porto Alegre: Artmed, 2009.

ENTRANDO NA REDE

Nos endereços **http://mod.lk/lm4nl** e **http://mod.lk/jkplc** você encontra diversas informações sobre nutrição, saúde e alimentos.

Acesso em: jul. 2018.

TRANSFORMAÇÃO DO ALIMENTO

Nessa etapa, os materiais que compõem o alimento são transformados em materiais menores e mais simples, capazes de serem absorvidos e utilizados pelas células. Essa transformação realiza-se por dois tipos de processo: físicos e químicos.

Durante os processos físicos, os alimentos são triturados e reduzidos a partículas menores, favorecendo a ação dos sucos digestivos — conjunto de materiais que atuam na digestão, sobre eles.

Carnes são ricas em proteínas. Um bife, ao ser mastigado, passa por processos físicos que o transformam em pedaços menores de carne. Ao chegar ao estômago, enzimas ajudam a transformar as proteínas da carne em peptídios e aminoácidos, materiais menores e diferentes das proteínas.

Os processos químicos compreendem as transformações químicas, que ocorrem com o auxílio de enzimas.

A transformação do alimento tem início na boca, com a trituração mecânica dos alimentos pelos dentes — a mastigação — e a ação química da saliva. Após a deglutição, o bolo alimentar segue para o estômago, passando pela faringe e pelo esôfago.

O esôfago e as demais partes do sistema digestório possuem músculos que se contraem involuntariamente e conduzem o alimento pelo tubo digestório. Esses movimentos, chamados **movimentos peristálticos**, impulsionam e misturam o alimento com os sucos digestivos.

Ao chegar ao estômago, o bolo alimentar sofre a ação do suco gástrico e se transforma em uma mistura chamada **quimo**.

Na primeira parte do intestino delgado, denominada duodeno, o quimo recebe a bile (produzida no fígado), o suco pancreático (produzido no pâncreas) e o suco entérico (produzido no intestino delgado). Após a ação deles, o quimo se transforma em **quilo**, que é uma pasta constituída de água, nutrientes e materiais não digeridos, depois segue para as demais porções do intestino delgado e para o intestino grosso, nos quais ocorre a absorção de nutrientes e água.

A ABSORÇÃO DE NUTRIENTES

A maior parte da absorção ocorre no intestino delgado, nas regiões do jejuno e do íleo. Os materiais digeridos atravessam as células das paredes do intestino delgado e são encaminhados para o sangue, que os distribuirá pelo corpo.

As paredes internas do intestino delgado são intensamente pregueadas, formando as dobras intestinais. A superfície dessas dobras possui milhões de pequenas dobras, chamadas **vilosidades intestinais**, projeções que aumentam a área de absorção do intestino.

Micrografia das dobras e das vilosidades intestinais vistas em corte. As vilosidades intestinais são responsáveis pelo aumento da superfície de contato com o alimento digerido, proporcionando grande capacidade de absorção do intestino delgado. (Imagem obtida com microscópio óptico, colorizada artificialmente e com aumento de cerca de 10 vezes.)

A FORMAÇÃO E A ELIMINAÇÃO DE FEZES

Alimentos não digeridos e não absorvidos no tubo digestório passam do intestino delgado para o intestino grosso graças aos movimentos peristálticos. No intestino grosso ocorre a absorção de parte da água e de sais minerais, o que resulta na solidificação do quilo e na formação das **fezes**.

As fezes acumulam-se no intestino grosso até serem eliminadas pelo ânus, em um processo denominado defecação.

VAMOS FAZER

Simulação de uma etapa da digestão

Material

- Dois comprimidos efervescentes
- Dois copos
- Água

Procedimento

1. Triture um comprimido efervescente e coloque-o em um copo. No outro copo, ponha o outro comprimido efervescente inteiro.
2. Coloque água até a metade dos dois copos ao mesmo tempo. Observe e faça registros do que ocorreu.

Atividades

1. Qual comprimido foi dissolvido primeiro: o triturado ou o inteiro?
2. A qual etapa da digestão essa experiência pode ser comparada? Justifique sua resposta.
3. Explique a importância da etapa da digestão identificada na resposta à pergunta anterior para as transformações químicas dos alimentos ingeridos.

ATENÇÃO!

Não leve os comprimidos efervescentes à boca nem ingira o líquido resultante da dissolução dos comprimidos na água ao término desta atividade.

DE OLHO NO TEMA

1. Retome a figura das estruturas do sistema digestório e organize uma sequência dos órgãos pelos quais passam os alimentos. Em seguida, responda: os alimentos e os restos não digeridos atravessam todos os órgãos do sistema digestório? Justifique sua resposta.
2. Quando engasgamos com um alimento, experimentamos a sensação de falta de ar e tossimos. Explique por que isso acontece.

ATIVIDADES — TEMAS 1 A 3

ORGANIZAR O CONHECIMENTO

1. Por que dizemos que a nutrição é um conjunto de processos integrados?

2. As etapas envolvidas na digestão, citadas a seguir, referem-se a processos físicos ou químicos? Explique sua resposta.
   - Trituração dos alimentos pelos dentes.
   - Deslocamento do bolo alimentar por movimentos peristálticos.

3. O arroz é rico em amido, um tipo de carboidrato. Já as carnes defumadas são ricas em proteínas. Considerando essa composição, em que partes do sistema digestório ocorre a digestão desses alimentos?

4. Observe a ilustração com o esquema de parte do sistema digestório e faça o que se pede.

   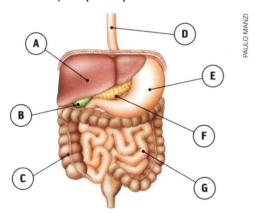

   (Imagem sem escala; cores fantasia.)

   a) Identifique as estruturas assinaladas pelas letras.
   b) Considerando a organização do tubo digestório, ordene as letras para indicar o caminho percorrido pelo alimento.
   c) Quais desses órgãos secretam substâncias digestivas no duodeno? Que substâncias são essas?

ANALISAR

5. Leia e responda.

   Um cientista encontrou, na prateleira de enzimas digestivas do laboratório, dois frascos que apresentavam apenas rótulos A e B, sem nenhuma outra informação. Ele então realizou experimentos adicionando o conteúdo de cada frasco em tubos de ensaio que continham, respectivamente, amido, proteína e lipídio e anotou os resultados em uma tabela. Veja a seguir:

Tubo de ensaio	Digestão com A	Digestão com B
Amido	Não	Sim
Proteína	Sim	Não
Lipídio	Não	Não

   a) Em que parte do corpo pode ser encontrada a enzima do frasco B? Justifique sua resposta.
   b) Qual nutriente a enzima do frasco A digere? Em quais órgãos do sistema digestório atuam enzimas que agem sobre esse nutriente?
   c) Alguma das enzimas poderia ser encontrada no intestino grosso? Justifique sua resposta.

COMPARTILHAR

6. Leia o texto e observe os gráficos. Depois, responda às questões.

   A palavra "cárie" vem do latim *carie* e significa cavidade ou buraco. As bactérias naturalmente presentes na boca consomem os carboidratos introduzidos durante a alimentação e produzem ácidos que degradam o esmalte dos dentes. Há maior probabilidade de ocorrência de cárie quando a ingestão de carboidratos é mais frequente.

   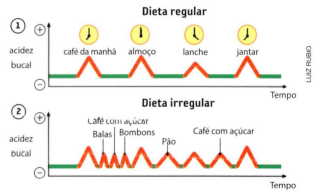

   a) Qual dos gráficos registra maior frequência de períodos de acidez?
   b) Explique por que é importante escovar os dentes e passar o fio dental após as refeições.
   c) Em grupo, preparem uma campanha de higiene bucal que aborde a importância da higiene bucal para evitar o desenvolvimento de cáries. Ela pode ser divulgada aos demais alunos da escola e aos familiares utilizando-se recursos digitais (*e-mail* ou *blog*, por exemplo).

27

PENSAR CIÊNCIA

Evolução do estudo do corpo humano

A forma mais usual de estudar Anatomia atualmente é pela dissecação de cadáveres. No entanto, nem sempre foi assim. Durante muito tempo, por motivos éticos e principalmente religiosos, o uso de cadáveres humanos era proibido e as dissecações tinham de ser feitas clandestinamente. No lugar de cadáveres humanos, usavam-se animais como modelos. Um dos primeiros a se destacar nessa área foi o médico grego Galeno (c. 129-c. 200), que realizou inúmeras dissecações em animais e criou teorias e representações que, segundo ele, poderiam ser aplicadas também ao corpo humano. Sabe-se hoje que muitas das observações de Galeno estavam equivocadas, apesar de serem consideradas inovadoras na época e utilizadas durante os três séculos seguintes.

No século V, os estudos sobre Anatomia foram proibidos, e só foram retomados 700 anos depois com a criação da primeira universidade de Medicina, na atual Itália que trouxe à tona os registros de Galeno.

O médico belga Andreas Vesalius (1514-1564) foi um notável anatomista que dissecou cadáveres durante anos, em Pádua, na Itália. Ele descreveu detalhadamente suas descobertas no livro *De Humani Corporis Fabrica*, publicado em 1543. Esse foi o primeiro livro de Anatomia realmente baseado na observação direta do corpo humano. Nos anos seguintes, a invenção e o aperfeiçoamento do microscópio ajudaram a desvendar a circulação do sangue e também a entender a estrutura de muitos órgãos. Atualmente, há a possibilidade de estudar Anatomia até em pessoas vivas, usando exames como a radiografia e a ressonância magnética, que são técnicas de obtenção de imagens.

No Renascimento, o estudo da Anatomia humana foi incentivado pelos artistas da época. Nesse período, as manifestações artísticas valorizavam a representação realista do corpo humano. A estátua de Davi, esculpida em mármore pelo artista renascentista italiano Michelangelo (1475-1564), entre 1501 e 1504, é um exemplo da preocupação com a representação detalhada da Anatomia humana. Essa obra está exposta em Florença, Itália.

ATIVIDADES

1. Construa uma linha do tempo que apresente os acontecimentos relacionados ao estudo do corpo humano vistos no texto.

2. Em sua opinião, estudos tão antigos quanto os realizados por Galeno e por Vesalius são importantes para o desenvolvimento da ciência? Justifique sua resposta.

Anatomia: ciência que estuda a estrutura, a forma e a organização do corpo humano, interna e externamente.

Dissecação: ato de separar as partes de um órgão ou de um corpo.

ATITUDES PARA A VIDA

- Pensar com flexibilidade

  Muitos fatos hoje considerados absurdos já foram amplamente aceitos ao longo da História. Na Europa da Idade Média, o corpo humano era considerado intocável e não podia ser maculado. Atualmente, em contrapartida, a Anatomia é um ramo muito importante da ciência. Nota-se, portanto, que o pensamento e o conhecimento científico, bem como os valores da sociedade, mudam ao longo do tempo.

TEMA 4
O SISTEMA RESPIRATÓRIO

A respiração é um processo que permite a obtenção de gás oxigênio do ar atmosférico e a eliminação de gás carbônico produzido pelo corpo.

A **respiração pulmonar** consiste nas trocas gasosas que ocorrem entre o pulmão e o ar do ambiente. Por meio do sistema respiratório absorvemos **gás oxigênio** do ar, que é utilizado pelas células na produção de energia, e eliminamos **gás carbônico**, também conhecido como dióxido de carbono. Esse processo ocorre automaticamente por meio de estímulos nervosos involuntários, embora possamos, de maneira consciente, controlar parcialmente a respiração.

O sistema respiratório humano é constituído pelas vias respiratórias, pelos pulmões, pelo diafragma e pelos músculos intercostais.

SISTEMA RESPIRATÓRIO

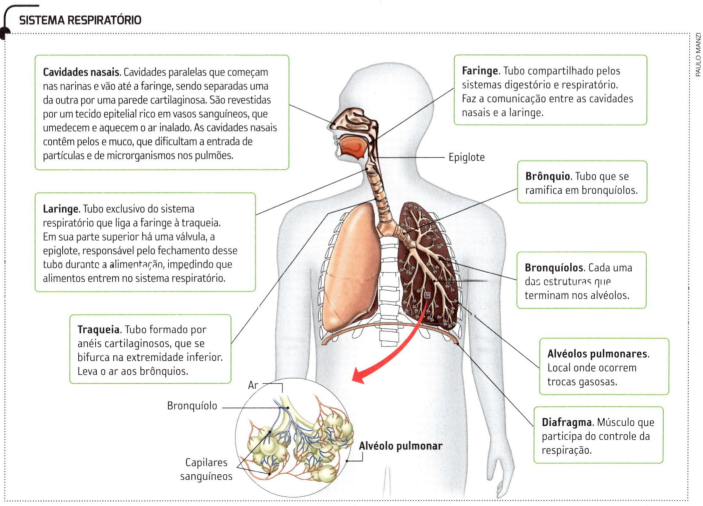

Esquema das vias respiratórias e dos pulmões. No detalhe, ampliação dos alvéolos pulmonares, nos quais ocorrem as trocas gasosas entre o ar do interior dos pulmões e o sangue. Note como eles são altamente irrigados por capilares sanguíneos. (Imagem sem escala; cores-fantasia.)

Fonte: SADAVA, D. et al. *Vida*: a ciência da Biologia. 8. ed. Porto Alegre: Artmed, 2009.

AS VIAS RESPIRATÓRIAS

O ar entra e sai do nosso corpo pelas **vias respiratórias**. Elas compreendem os seguintes órgãos e estruturas: **cavidades nasais**, **faringe**, **laringe**, **traqueia**, **brônquios** e **bronquíolos**.

OS PULMÕES

Os pulmões são órgãos de cor rosada e textura esponjosa. São compostos dos **alvéolos pulmonares**, pequenos sacos de paredes finas, recobertos por capilares sanguíneos. Nos alvéolos ocorre a troca de gases entre o ar atmosférico que chega aos pulmões e o sangue dos capilares.

Os pulmões têm cerca de 300 milhões de alvéolos. Se todos os alvéolos pulmonares de uma pessoa adulta fossem esticados e colocados lado a lado, sua superfície seria de 60 m² a 80 m².

Capilar sanguíneo: vaso sanguíneo fino que permite diversas trocas do sangue com o meio que o envolve.

O DIAFRAGMA E OS MÚSCULOS INTERCOSTAIS

Abaixo dos pulmões encontra-se o **diafragma**, músculo exclusivo dos mamíferos que separa o tórax do abdômen. A ação conjunta desse músculo e dos **músculos intercostais**, localizados entre as costelas, permite a ventilação pulmonar.

OS MOVIMENTOS RESPIRATÓRIOS

Cada vez que respiramos, ocorrem dois movimentos: o de inspiração e o de expiração, que se alternam várias vezes por minuto. Esse conjunto de movimentos é denominado **ventilação pulmonar**.

Na **inspiração**, os músculos intercostais se contraem e elevam as costelas. O diafragma também se contrai, movimentando-se para baixo. Como resultado, o volume da cavidade torácica aumenta e o ar entra nas vias respiratórias.

Na **expiração**, os músculos intercostais e o diafragma relaxam, diminuindo o volume da cavidade torácica, empurrando o ar para fora do organismo.

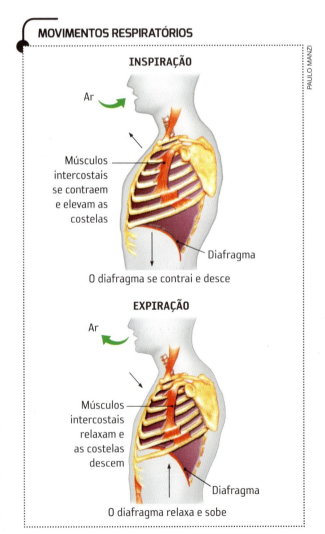

Esquema que ilustra o papel da musculatura intercostal e do diafragma na entrada e na saída de ar dos pulmões. (Cores-fantasia.)

Fonte: SADAVA, D. et al. *Vida*: a ciência da Biologia. 8. ed. Porto Alegre: Artmed, 2009.

A TROCA DE GASES

Os gases envolvidos na respiração são o **gás oxigênio** e o **gás carbônico**. O gás oxigênio é utilizado pelas células no processo de obtenção da energia contida nos nutrientes. A maior parte desse processo, chamado **respiração celular**, ocorre nas mitocôndrias.

Já o gás carbônico é formado no interior das células durante esse processo de obtenção de energia e deve ser eliminado do corpo por causa de sua toxicidade em altas concentrações.

O ar atmosférico, rico em gás oxigênio, é captado pelas vias respiratórias e encaminhado aos pulmões. Nos alvéolos pulmonares, que são altamente vascularizados por capilares sanguíneos, ocorrem as trocas gasosas.

A grande proximidade entre o ar atmosférico no interior dos alvéolos e o sangue no interior dos capilares, bem como a pouca espessura dessas estruturas, permite que esse fenômeno aconteça. O gás oxigênio, que está mais concentrado no ar dos alvéolos pulmonares, passa para o sangue; o gás carbônico, que está mais concentrado no sangue que chega aos pulmões, difunde-se para o ar no interior dos alvéolos.

No sangue, o gás oxigênio é transportado quase exclusivamente por células chamadas glóbulos vermelhos ou hemácias, ao passo que a maior parte do gás carbônico é transportada dissolvida no plasma sanguíneo.

A troca de gases entre as células dos tecidos e o sangue contido nos capilares sanguíneos ocorre no sentido inverso: o gás oxigênio, que está mais concentrado nos capilares sanguíneos, passa para as células dos tecidos. O gás carbônico, que está mais concentrado nas células dos tecidos, passa para o sangue e é transportado para os pulmões, onde é eliminado.

Concentração: referente à quantidade de algo em determinado volume, por exemplo, de gás oxigênio por mL de sangue.

Difundir: espalhar-se por uma área até igualar a concentração do material.

TROCAS GASOSAS NOS ALVÉOLOS PULMONARES

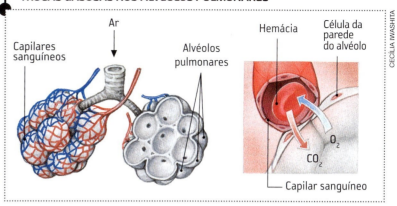

Esquema de alvéolos pulmonares íntegros e em corte. No detalhe, a troca de gases entre o ar de um alvéolo pulmonar e o sangue. (Imagens sem escala; cores-fantasia.)

Fonte: CAMPBELL, N. A. et al. *Biology*: concepts and connections. 6. ed. San Francisco: Benjamin Cummings, 2008.

SAIBA MAIS!

Composição do ar inspirado e expirado

O ar no interior dos alvéolos é parcialmente substituído pelo ar atmosférico a cada respiração. Com isso, o ar inspirado e o ar expirado apresentam concentrações de gases diferentes, conforme indicado a seguir.

Composição dos gases (em porcentagem) presentes no ar inspirado e expirado		
Gás	Ar inspirado (atmosférico)	Ar expirado
Gás nitrogênio (N_2)	78,62%	74,5%
Gás oxigênio (O_2)	20,84%	15,7%
Gás carbônico (CO_2)	0,04%	3,6%

Fonte: GUYTON, A. C.; HALL, J. E. *Tratado de fisiologia médica*. 13. ed. Rio de Janeiro: Elsevier, 2017.

A redução da porcentagem de gás oxigênio no ar expirado é um indicativo de que parte desse gás se difunde no sangue para ser utilizado pelo organismo, enquanto o aumento da porcentagem de gás carbônico indica que este é produzido pelo organismo e eliminado pelos pulmões. Note que no ar expirado ainda existe gás oxigênio que não é absorvido nos pulmões.

DE OLHO NO TEMA

- Qual é a relação entre respiração pulmonar e respiração celular?

TEMA 5

O SISTEMA URINÁRIO

O sistema urinário é responsável pela eliminação de resíduos tóxicos ao corpo.

As atividades celulares originam produtos que em determinadas concentrações se tornam tóxicos, como o gás carbônico, a ureia e o ácido úrico (os dois últimos resultantes do metabolismo de proteínas), e que, portanto, precisam ser eliminados do organismo. Esses produtos do metabolismo celular são chamados **excretas** e o processo de eliminação é denominado **excreção**.

Nos seres humanos, a excreção é realizada principalmente por dois sistemas: o sistema respiratório, responsável pela eliminação do gás carbônico, e o **sistema urinário**, responsável pela eliminação de resíduos tóxicos ou em excesso e pela manutenção do equilíbrio hídrico corporal.

OS COMPONENTES DO SISTEMA URINÁRIO

O sistema urinário é formado pelos **rins** e pelas **vias urinárias**. Os rins produzem a urina e as vias urinárias transportam-na e a armazenam até sua eliminação para o meio externo.

SISTEMA URINÁRIO

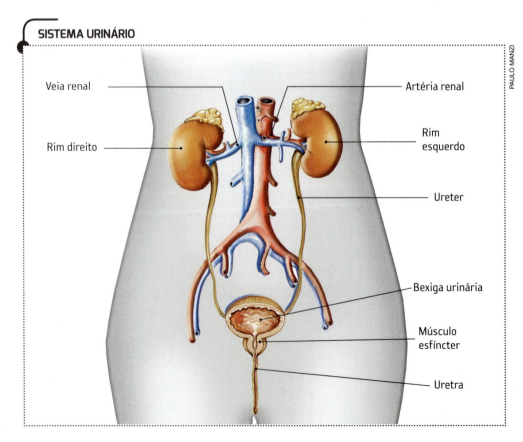

Esquema do sistema urinário feminino. Note que os rins se conectam com as vias urinárias e são irrigados por vasos sanguíneos que permitem a circulação do sangue em seu interior. A bexiga está representada em corte para mostrar sua ligação com o canal da uretra. (Imagem sem escala; cores-fantasia.)

Fonte: SADAVA, D. et al. *Vida*: a ciência da Biologia. 8. ed. Porto Alegre: Artmed, 2009.

32

OS RINS

Os rins são órgãos com formato similar ao de um feijão, de cor vermelho-escura, posicionados acima da cintura e considerados os principais órgãos excretores do corpo. Os seres humanos geralmente têm dois rins que, em adultos, medem aproximadamente 12 cm de altura cada um.

O rim é formado pelas seguintes partes: córtex renal, medula renal e pelve renal.

O **córtex renal**, parte mais externa do rim, é composto de mais de um milhão de **néfrons**, que são as unidades funcionais do rim. Os néfrons filtram o sangue do corpo cerca de 300 vezes por dia, retirando as excretas do organismo e dando origem à urina.

A **medula renal** é a parte central do rim e contém numerosos ductos coletores de urina.

A **pelve renal** é uma cavidade em forma de funil cuja função é coletar a urina formada e conduzi-la até os ureteres, tubos que fazem parte das vias urinárias.

ESTRUTURA DO RIM

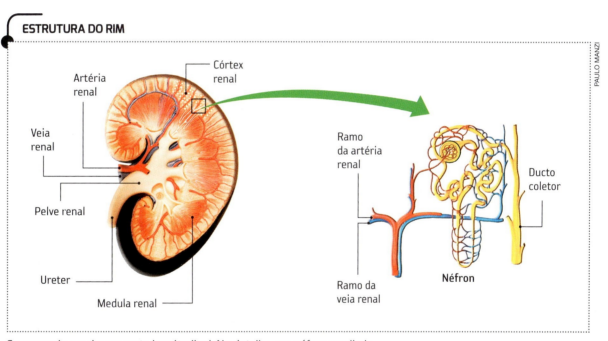

Esquema de um rim em corte longitudinal. No detalhe, um néfron ampliado.
(Imagens sem escala; cores-fantasia.)

Fonte: SADAVA, D. et al. *Vida*: a ciência da Biologia. 8. ed. Porto Alegre: Artmed, 2009.

AS VIAS URINÁRIAS

As vias urinárias são formadas por dois ureteres, pela bexiga urinária e pela uretra.

O **ureter** é um tubo que sai da pelve renal e conduz a urina até a bexiga urinária.

A **bexiga urinária** é uma bolsa muscular na qual se acumula a urina antes de ser expelida. A bexiga aumenta de tamanho à medida que armazena urina.

A **uretra** é o canal pelo qual passa a urina da bexiga urinária até o exterior do corpo. Na parte inferior da bexiga há um músculo que fecha a uretra e controla o ato de urinar.

A FORMAÇÃO DA URINA

Os néfrons são responsáveis pela filtração do sangue e pela formação da urina. A urina é composta de várias substâncias, como água, sais minerais, ureia e ácido úrico. É um líquido amarelo-claro e transparente que pode sofrer variações na intensidade da cor de acordo com a quantidade de água ingerida.

Simplificadamente, podemos dividir a formação da urina em três etapas principais: filtração, reabsorção e secreção.

Durante a **filtração**, substâncias do sangue, como água, sais minerais, nutrientes e excretas, saem dos capilares sanguíneos e passam para o néfron, tornando-se parte do filtrado. As células sanguíneas e algumas proteínas não passam para o néfron e se mantêm na corrente sanguínea.

Na etapa de **reabsorção**, parte da água e dos nutrientes é reabsorvida e volta ao sangue pelos capilares que rodeiam o néfron.

Na **secreção**, determinadas substâncias, que não foram filtradas inicialmente, como ácido úrico, sais minerais e medicamentos, passam diretamente do plasma sanguíneo para o néfron.

 Sistema urinário

Qual é o nome do conjunto de capilares que filtram o sangue nos néfrons? Onde ele se encontra?
Disponível em <http://mod.lk/ac8u01>

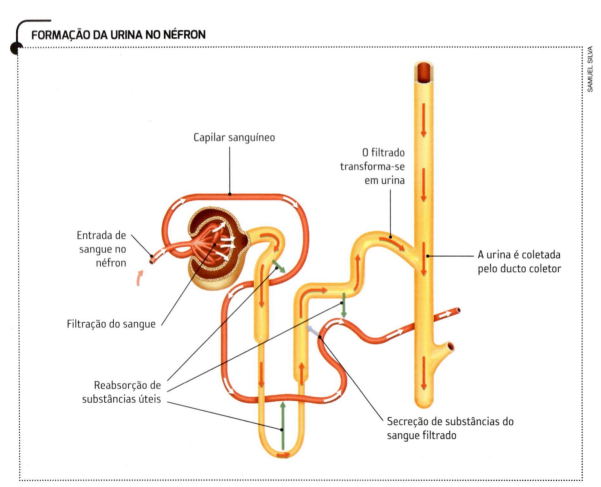

FORMAÇÃO DA URINA NO NÉFRON

Esquema do processo de formação de urina no néfron. (Imagem sem escala; cores-fantasia.)

Fonte: PARKER, S. *The human body book*. Londres: Dorling Kindersley, 2007.

COLETIVO CIÊNCIAS

Rim artificial

Problemas nos rins causam diversas dificuldades e risco de morte. Um tratamento convencional é a hemodiálise, no qual o sangue sai do corpo e é filtrado por uma máquina, retornando para o corpo após a filtração. No entanto, esse procedimento é complexo, custoso e tem grande impacto na qualidade de vida das pessoas.

Pesquisas científicas para o desenvolvimento de um rim artificial que possa ser implantado em pessoas com problemas renais buscam eliminar a necessidade de hemodiálise, reduzir o tempo de espera por uma doação de órgãos e aumentar a qualidade e a expectativa de vida dos pacientes.

Um projeto desenvolvido pela Universidade da Califórnia em parceria com outras universidades e institutos de pesquisa dos Estados Unidos (denominado *The Kidney Project*) conta com cientistas, engenheiros e médicos. A contribuição do conhecimento dessas áreas permitiu a criação de um protótipo de rim biônico composto de membranas de silício, que realizam a filtragem do sangue, e células renais, que executam outras funções, como manter um volume adequado de água e o equilíbrio de compostos, como sódio e potássio, no organismo.

O protótipo desenvolvido é do tamanho de uma xícara de café e alguns testes foram realizados em sete pacientes, em 2016, na forma de um rim artificial portátil externo ao corpo. Os resultados desses testes indicaram a necessidade de ajustes e resolução de efeitos colaterais para que o procedimento possa ser realizado em um número maior de pacientes.

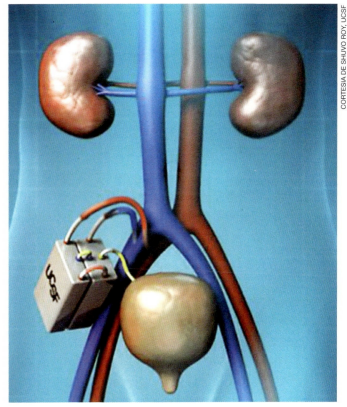

Esquema do dispositivo desenvolvido pela Universidade da Califórnia (UCSF) e seus colaboradores, conectado ao sistema circulatório e à bexiga de um paciente. (Imagem sem escala; cores-fantasia.)

Trilha de estudo

Vai estudar? Nosso assistente virtual no *app* pode ajudar!
<http://mod.lk/tr8u01>

DE OLHO NO TEMA

1. O que significa dizer que os rins filtram o sangue?
2. Embora os rins produzam urina de forma contínua, as pessoas não urinam constantemente. Justifique esse fato.
3. Imagine uma pessoa que tomou grande quantidade de água. O líquido passou pelo sistema digestório, foi absorvido pelo intestino e depois foi para a corrente sanguínea. Explique o que acontece a partir desse momento.

ATIVIDADES — TEMAS 4 E 5

ORGANIZAR O CONHECIMENTO

1. Observe a ilustração a seguir e responda às questões.

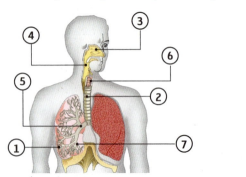

(Imagem sem escala; cores-fantasia.)

a) Indique a localização dos alvéolos pulmonares.

b) O gás carbônico produzido nas células musculares da perna de um atleta é eliminado pela expiração. Explique como isso acontece.

c) Identifique o percurso feito pelo ar durante a inspiração até o interior dos alvéolos. Liste os números dos órgãos na sequência correta, nomeando cada um deles.

2. Corrija as afirmações falsas, reescrevendo-as.

a) No ar inspirado há apenas gás oxigênio.

b) O gás carbônico é um produto da respiração celular.

c) A inspiração é um movimento dos pulmões.

3. Como os rins atuam no processo de excreção do organismo?

4. Substitua as letras destacadas pelo nome das estruturas do sistema urinário correspondentes.

a) Nos **A** ocorre a formação da urina.

b) A urina se acumula na **B**.

c) A **C** é a parte do rim que contém os ductos coletores de urina.

5. Qual(is) das situações a seguir não ocorre(m) nos néfrons durante a formação da urina?

a) Eliminação de substâncias do sangue filtrado.

b) Filtração do sangue.

c) Eliminação da urina para o exterior do corpo.

d) Reabsorção de substâncias pelo sangue.

ANALISAR

6. (Enem) Durante uma expedição, um grupo de estudantes perdeu-se de seu guia. Ao longo do dia em que esse grupo estava perdido, sem água e debaixo de sol, os estudantes passaram a sentir cada vez mais sede. Consequentemente, o sistema excretor desses indivíduos teve um acréscimo em um dos seus processos funcionais.

Nessa situação o sistema excretor dos estudantes

a) aumentou a filtração glomerular.

b) produziu maior volume de urina.

c) produziu urina com menos ureia.

d) produziu urina com maior concentração de sais.

e) reduziu a reabsorção de glicose e aminoácidos.

7. Analise a tabela e responda às questões.

Concentração esperada de algumas substâncias na urina e no plasma sanguíneo (em gramas por litro) de uma pessoa saudável		
Constituintes	Urina	Plasma sanguíneo
Água	950	900
Glicose	0	0,80
Proteínas	0	70
Lipídios	0	5
Ureia	12 a 30	0,25
Ácido úrico	0,4 a 0,8	0,04

Fonte: CAMPERGUE, M. et al. *Sciences de la vie et de la Terre*. 3. ed. Paris: Nathan, 1999.

a) A concentração de glicose e proteínas é maior na urina ou no plasma sanguíneo?

b) A concentração de ureia e ácido úrico é maior na urina ou no plasma sanguíneo? Por que isso ocorre?

COMPARTILHAR

8. A manobra de Heimlich é uma técnica que pode salvar pessoas em situações graves de engasgo que impedem a respiração. Faça uma pesquisa sobre essa técnica e responda às questões a seguir.

a) O que é engasgo?

b) De acordo com a pesquisa, como a manobra de Heimlich deve ser realizada?

c) Explique por que essa técnica permite desengasgar uma pessoa.

d) Em grupos, conversem sobre as informações pesquisadas e proponham ideias para divulgar essa técnica à população. Escolham uma das ideias propostas para compartilhar as informações.

EXPLORE
VALORES DE REFERÊNCIA

Os exames clínicos realizados em laboratórios auxiliam os médicos no diagnóstico de problemas de saúde. Muitos desses exames utilizam valores de referência, ou seja, dados padronizados de determinadas substâncias que costumam estar presentes em indivíduos saudáveis. Com o resultado do exame, portanto, é possível avaliar se as taxas encontradas estão mais altas ou mais baixas que as consideradas adequadas ou, ainda, se o organismo do paciente apresenta substâncias que não deveriam ser detectadas, caso ele estivesse em boas condições de saúde.

O exame de urina é um diagnóstico que pode fornecer pistas sobre doenças renais. Ele é, geralmente, dividido em duas partes: a primeira é feita por meio de transformações químicas, e a segunda, por visualização da urina ao microscópio. Com isso, é possível determinar alguns parâmetros, como densidade, e detectar a presença e a quantidade de alguns elementos, como glicose, bilirrubina (produzida no fígado pela degradação de hemácias), proteínas e hemácias (sangue).

Vamos analisar alguns valores de referência de um exame de urina.

ATIVIDADES

Observe o resultado de um exame de urina.

EXAME DE URINA

RESULTADO DE EXAMES

MATERIAL — URINA JATO MÉDIO
URINA ROTINA

(DATA DA COLETA: 10/01/2019 10:24)

ANÁLISE QUÍMICA QUALITATIVA E QUANTITATIVA REALIZADA EM SISTEMA AUTOMÁTICO DE LEITURA DE FITAS
MÉTODO: REFLECTÂNCIA

CARACTERES GERAIS		VALORES DE REFERÊNCIA
VOLUME ENVIADO:	12 ML	NÃO SE APLICA
DENSIDADE :	1,028	1.015 A 1.025
REAÇÃO (PH) :	5,0	4,5 A 7,8
ODOR :	SUI GENERIS	SUI GENERIS
COR :	AMARELA	NÃO SE APLICA
ASPECTO :	CLARO	CLARO

ELEMENTOS ANORMAIS

GLICOSE :	NEGATIVO	NEGATIVO
BILIRRUBINA :	NEGATIVO	NEGATIVO
CORPOS CETÔNICOS :	NEGATIVO	NEGATIVO
SANGUE :	NEGATIVO	NEGATIVO
PROTEÍNA :	NEGATIVO	NEGATIVO
UROBILINOGÊNIO :	< 1 mg/dL	< 1 mg/dL
NITRITO:	NEGATIVO	NEGATIVO
LEUCÓCITO ESTERASE:	12.000/mL	NEGATIVO

1. Compare os resultados do exame de urina desse paciente com os valores de referência. Qual(is) anormalidade(s) pode(m) ser detectada(s)?

2. Considere que a densidade da água pura é 1 g/mL. Com densidade próxima desse valor, a urina é considerada diluída. Valores maiores indicam urina concentrada. Urina com densidade próxima de 1,03 g/mL indica desidratação ou falha renal, é muito amarelada e geralmente possui odor forte.

   • Com base no resultado da análise do exame, pode-se dizer que o paciente apresenta sinais de desidratação ou falha renal? Justifique sua resposta.

3. Em condições normais de saúde, o que deve acontecer com a glicose filtrada nos rins? Ela deve ser detectada na urina? Justifique sua resposta.

4. A maioria das proteínas não é filtrada pelos rins. A presença de proteínas na urina denomina-se proteinúria e pode indicar doença renal. Esse paciente poderia ser diagnosticado com proteinúria? Justifique sua resposta.

5. É esperado detectar hemácias na urina? Justifique.

ATITUDES PARA A VIDA

Escolhas alimentares

[...] O acesso a informações confiáveis sobre características e determinantes da alimentação adequada e saudável contribui para que pessoas, famílias e comunidades ampliem a autonomia para fazer escolhas alimentares e para que exijam o cumprimento do direito humano à alimentação adequada e saudável.

Fonte: *Guia alimentar para a população brasileira*, do Ministério da Saúde. 2. ed. 2014. Disponível em: <http://mod.lk/grisg>. Acesso em: jul. 2018.

Summer ("Verão"), de Giuseppe Arcimboldo (1526-1593). Pintura sobre madeira feita em 1563.

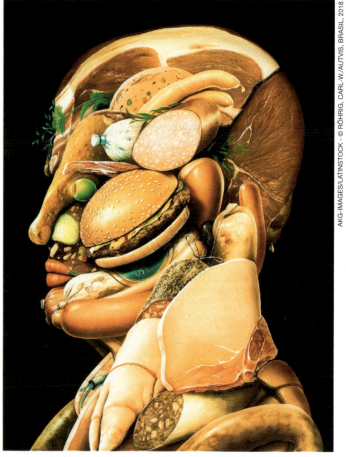

Der Hamburgermann ("O homem hambúrguer"), de Carl-W. Röhrig (n. 1953). Pintura de técnica mista sobre papelão feita em 1989.

TROCAR IDEIAS SOBRE O TEMA

Em grupo, discutam as questões a seguir.

1. Quais aspectos poderiam influenciar as escolhas alimentares de uma pessoa ou de uma família?

2. Que diferenças vocês observam entre as duas pinturas? Que relação é possível estabelecer entre a escolha dos alimentos retratados e a época em que essas obras foram feitas?

3. Carl-W. Röhrig é um artista alemão contemporâneo. Que leitura vocês fazem da obra "O homem hambúrguer"? Que mensagem ela transmite a vocês?

4. Quais são os critérios utilizados por vocês para escolher o alimento que vão consumir? De maneira geral, vocês utilizam os mesmos critérios de escolha? Registrem e comparem as ideias de cada integrante do grupo.

COMPARTILHAR

5. Pesquisem materiais de propaganda de alimentos industrializados, como salgadinhos, biscoitos recheados, chocolates, achocolatados. Podem ser vídeos, anúncios impressos ou cartazes. Analisem o material pesquisado e façam o que se pede.

    a) Que mensagens são utilizadas no material? O que elas procuram "vender": saúde? Sabor? *Status*?

    b) A propaganda utiliza recursos como personagens de desenho animado, artistas famosos ou outros para convencer o consumidor a adquirir e a consumir o produto?

    c) De que maneira a publicidade pode influenciar nas escolhas alimentares? Vocês já compraram algum alimento por impulso, por causa da propaganda?

    d) Onde é possível encontrar as informações nutricionais sobre o produto alimentar? Qual é a importância de consultar esses dados antes de adquirir o produto?

Em grupos, conversem e criem uma lista de atitudes que podem auxiliar as pessoas a controlar a impulsividade no momento das compras no supermercado. Troquem as listas entre os grupos e depois compartilhem as melhores ideias com os familiares e a comunidade.

A função da publicidade não é necessariamente informar ou educar as pessoas acerca do que estão adquirindo, mas sim convencê-las a comprar e aumentar a venda de produtos. Por isso, ao comprar alimentos e decidir o que consumir, é sempre bom considerar o que se está escolhendo e o motivo dessa escolha. No momento da compra, é essencial **controlar a impulsividade**, para fazer escolhas alimentares mais conscientes, mesmo quando optamos por, eventualmente, consumir algum alimento considerado pouco saudável.

COMO EU ME SAÍ?

- No desenvolvimento da lista, eu colaborei com ideias e na execução?
- Percebi a função da publicidade para a compra e o consumo de produtos alimentares?
- Nos momentos de reflexão sobre a minha alimentação, reconheci o consumo de alimentos por impulso?
- Reconheci a importância de controlar impulsos e mudei atitudes diárias para fazer escolhas alimentares mais conscientes?

COMPREENDER UM TEXTO
DOAÇÃO DE ÓRGÃOS NO BRASIL

Texto 1

Enfim... retomada do crescimento

Em 2017, a taxa de doadores efetivos cresceu 14%, [...] e decorreu do aumento de 3,8% na taxa de notificação de potenciais doadores [...] e de 10,2% na taxa de efetivação de doadores [...].

É interessante observar que [...] de 2010 a 2017, a taxa de doadores efetivos cresceu 69%, tendo passado de 9,9 pmp [por milhão de população] para 16,7 pmp [cerca de 3.400 doadores], enquanto a taxa de notificação de potenciais doadores aumentou 41% e a de efetivação da doação teve incremento de 21%.

Com relação aos transplantes de órgãos, neste ano, em relação ao ano passado, houve aumento do transplante renal (7,5%), hepático (12,1%), cardíaco (6,4%) e pulmonar (21,7%), e diminuição do transplante pancreático (17%). Ao analisarmos os últimos dez anos observamos aumento de 71% no transplante renal, 85% no hepático, 100% no cardíaco, 67% no pulmonar e diminuição de 45% no transplante de pâncreas. [...]

Fonte: ASSOCIAÇÃO BRASILEIRA DE TRANSPLANTE DE ÓRGÃOS. Dimensionamento dos Transplantes no Brasil e em cada estado (2010-2017). *Registro Brasileiro de Transplantes*, ano XXIII, n. 4, 2017. Disponível em: <http://mod.lk/grij1>. Acesso em: jul. 2018.

DOAÇÃO DE ÓRGÃOS NO BRASIL ENTRE 2010 E 2017

Potenciais doadores (número absoluto):
- 2010: 6.979
- 2011: 7.238
- 2012: 8.025
- 2013: 8.871
- 2014: 9.351
- 2015: 9.698
- 2016: 10.158
- 2017: 10.629

Doadores efetivos (número absoluto):
- 2010: 1.898
- 2011: 2.048
- 2012: 2.046
- 2013: 2.526
- 2014: 2.713
- 2015: 2.854
- 2016: 2.981
- 2017: 3.415

Os gráficos mostram o panorama da doação de órgãos no Brasil entre 2010 e 2017. Os potenciais doadores são as pessoas que, no período analisado, poderiam ter doado um ou mais órgãos. Os doadores efetivos são as pessoas que, no período analisado, efetivamente doaram um ou mais órgãos.

Fonte: ASSOCIAÇÃO BRASILEIRA DE TRANSPLANTE DE ÓRGÃOS. Dimensionamento dos Transplantes no Brasil e em cada estado (2010-2017). *Registro Brasileiro de Transplantes*, ano XXIII, n. 4, 2017. Disponível em: <http://mod.lk/grij1>. Acesso em: jul. 2018.

Texto 2

Entenda a doação de órgãos

Como posso me tornar um doador de órgãos?

O passo principal para você se tornar um doador é conversar com a sua família e deixar bem claro o seu desejo. Não é necessário deixar nada por escrito. Porém, os familiares devem se comprometer a autorizar a doação por escrito após a morte. A doação de órgãos é um ato pelo qual você manifesta a vontade de que, a partir do momento da constatação da morte encefálica, uma ou mais partes do seu corpo (órgãos ou tecidos), em condições de serem aproveitadas para transplante, possam ajudar outras pessoas.

[...]

Posso doar meus órgãos em vida?

[...] Também existe a doação de órgãos ainda vivo. [...] Os doadores vivos são aqueles que doam um órgão duplo, como o rim, uma parte do fígado, pâncreas ou pulmão, ou um tecido como a medula óssea [...]. Esse tipo de doação só acontece se não representar nenhum problema de saúde para a pessoa que doa.

Fonte: FUNDAÇÃO HOSPITALAR DO ESTADO DE MINAS GERAIS (FHEMIG). *Dúvidas frequentes sobre doação de órgãos.* Disponível em: <http://mod.lk/mmvpp>. Acesso em: jul. 2018.

ATIVIDADES

OBTER INFORMAÇÕES

1. De acordo com o texto, que órgãos e tecidos podem ser doados? Em vida, é possível doar algum órgão ou tecido? Em caso positivo, o que pode ser doado e quem pode fazer esse tipo de doação?

INTERPRETAR

2. De acordo com o texto e os gráficos, responda às questões a seguir.
   a) As informações apresentadas são concordantes ou conflitantes? Justifique sua resposta.
   b) Com base nos gráficos, ao longo do período analisado, como se comportou o número de doadores efetivos? Explique como você chegou a essa conclusão.
   c) Em sua opinião, o que explica a diferença entre o número de potenciais doadores e o número de doadores efetivos?

3. Relacione a mensagem transmitida pelo cartaz com a concretização da doação de órgãos após a morte.

REFLETIR

4. Você se declararia doador ou autorizaria a doação de órgãos de algum familiar? Por quê?

5. Imagine que um parente próximo necessita da doação de um rim. Na sua opinião, que aspectos deveriam ser considerados por um potencial doador para decidir fazer ou não a doação?

6. O que pode ser feito para reduzir a diferença entre o número de doadores potenciais e o de efetivos?

7. De acordo com a Organização Mundial da Saúde (OMS), cerca de 5% dos órgãos transplantados no mundo provêm do mercado ilegal, no qual órgãos humanos são traficados e vendidos. Discuta as possíveis consequências dessa prática.

PESQUISAR E COMPARTILHAR

8. Em grupo, façam uma pesquisa sobre os benefícios da doação de órgãos e tecidos. Reúnam informações sobre os casos em que a doação pode contribuir para a melhoria da qualidade de vida ou mesmo para a sobrevivência do paciente. Procurem descobrir também se a doação em vida pode gerar consequências para a saúde dos doadores. Após a pesquisa, filmem uma apresentação com as informações levantadas e publiquem-na em alguma mídia digital, podendo ser divulgada a outras pessoas da escola e da comunidade.

UNIDADE 2

SISTEMAS CARDIOVASCULAR, LINFÁTICO E IMUNITÁRIO

POR QUE ESTUDAR ESTA UNIDADE?

O transporte e a distribuição de nutrientes, gases e muitas outras substâncias são feitos por vasos interligados que compõem o sistema cardiovascular.

O sistema linfático também é constituído por vasos. O excesso de líquido do organismo flui para esses vasos e compõe a linfa.

Para se proteger de agentes estranhos, nosso organismo conta com células especializadas do sistema imunitário e com estruturas do sistema linfático que auxiliam na detecção e no combate a diferentes agentes.

Compreendendo melhor o funcionamento desses sistemas, podemos nos conscientizar da importância de adotar medidas para preservar nossa saúde.

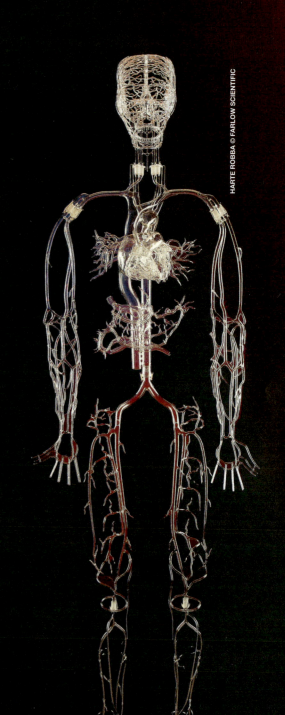

COMEÇANDO A UNIDADE

1. Como os modelos de vidro facilitam a pesquisa sobre o sistema cardiovascular?
2. Qual é a importância de existir uma rede de vasos que conecta todas as partes do corpo?
3. Que líquido circula no interior desses vasos? Você sabe quais são os componentes presentes nele? Existe outro líquido que circula pelo seu organismo?
4. Você acha que todos os vasos do corpo humano foram representados no modelo de vidro? Justifique sua resposta.

ATITUDES PARA A VIDA

- Aplicar conhecimentos prévios a novas situações
- Assumir riscos com responsabilidade

Modelos de vidro de parte dos milhares de vasos sanguíneos que compõem o corpo humano. Esses modelos são encomendados por médicos e outros profissionais da área de saúde para que possam realizar estudos diversos sobre o sistema cardiovascular.

HARTE ROBBA ©FARLOW SCIENTIFIC

TEMA 1

SISTEMA CARDIOVASCULAR

FUNÇÃO E ESTRUTURA DO SISTEMA CARDIOVASCULAR

O sistema cardiovascular é responsável pela circulação do sangue no organismo e inclui, além do sangue, os vasos sanguíneos e o coração.

Os **vasos sanguíneos** são tubos que conduzem o sangue por todo o corpo. O **sangue** é um fluido de cor avermelhada, constituído por elementos sólidos e uma parte líquida denominada plasma, responsáveis pelo transporte de materiais pelo organismo. Ele distribui os nutrientes obtidos no processo de digestão e o gás oxigênio absorvido nos pulmões para todas as células do corpo e também transporta gás carbônico e excretas produzidos no metabolismo celular para os órgãos responsáveis por sua eliminação. O **coração** é um órgão que impulsiona o sangue, como uma bomba, e o mantém circulando por todo o corpo.

> Três elementos principais compõem o sistema cardiovascular: os vasos sanguíneos, o sangue e o coração.

Pressão: força aplicada em uma área.

CORAÇÃO E ALGUNS VASOS SANGUÍNEOS

- Veia jugular
- Veia cava superior
- Veia cava inferior
- Aorta
- Coração
- Artéria renal
- Veia renal
- Artéria femural
- Veia safena magna

Representação esquemática de alguns vasos sanguíneos do corpo humano. Para fins didáticos, os vasos de cor vermelha transportam sangue rico em gás oxigênio, e os de cor azul, sangue rico em gás carbônico. (Imagem sem escala; cores-fantasia.)

Fonte: TORTORA, G. J. *Corpo humano*: fundamentos de Anatomia e Fisiologia. Porto Alegre: Artmed, 2000.

VASOS SANGUÍNEOS

Os vasos sanguíneos formam uma rede de tubos de paredes elásticas que conduzem o sangue pelo corpo. Esses vasos podem ser de três tipos: artérias, veias e capilares sanguíneos.

ARTÉRIAS

As artérias levam o sangue do coração para os tecidos do corpo. Suas paredes são grossas e elásticas, formadas por musculatura não estriada, o que permite que as artérias suportem a elevada pressão do sangue bombeado pelo coração, e sua elasticidade contribui para que elas se contraiam e relaxem a cada batimento cardíaco.

As artérias se ramificam em vasos de paredes mais delgadas (finas), as arteríolas, que, por sua vez, ramificam-se em capilares.

A maioria das artérias transporta sangue rico em gás oxigênio. As exceções são as artérias pulmonares, que levam sangue rico em gás carbônico para os pulmões.

VEIAS

As veias transportam o sangue dos tecidos do corpo para o coração. Assim como as artérias, elas também são formadas por musculatura não estriada. No entanto, apresentam menor diâmetro e são dotadas de paredes mais delgadas em razão da presença de uma camada muscular mais fina.

Os vasos de maior diâmetro, principalmente os das pernas, têm válvulas em seu interior que impedem o refluxo do sangue, garantindo a circulação em um único sentido, de volta ao coração.

A maioria das veias transporta sangue rico em gás carbônico. As veias pulmonares constituem uma exceção, pois transportam sangue rico em gás oxigênio dos pulmões para o coração.

CAPILARES SANGUÍNEOS

Os capilares sanguíneos são vasos com diâmetro muito menor que o das veias e o das artérias, dotados de uma parede constituída apenas por uma camada de células. Com isso, muitos materiais que estão no sangue podem atravessar facilmente a parede, chegando a um líquido que envolve as células dos tecidos. Da mesma maneira, materiais desse líquido, que são provenientes das células, podem passar para o sangue.

Os capilares sanguíneos levam o sangue com nutrientes para as células dos tecidos e recebem os resíduos eliminados por elas, formando uma rede de comunicação entre as artérias e as veias.

SAIBA MAIS!

Varizes

Quando as válvulas no interior das veias não funcionam bem ou a pessoa passa muito tempo parada, sem contrair os músculos das pernas, o sangue pode ficar retido e as veias podem adquirir um aspecto dilatado e tortuoso. Essas dilatações são as varizes. Entre outros sintomas, as varizes provocam cansaço, inchaço e dores nas pernas.

VÁLVULAS

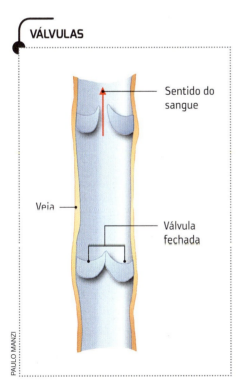

As válvulas das veias se fecham impedindo o retorno do sangue. (Imagem sem escala; cores-fantasia.)

Fonte: SADAVA, D. et al. *Vida*: a ciência da biologia. Porto Alegre: Artmed, 2009.

ESTRUTURA DOS VASOS SANGUÍNEOS

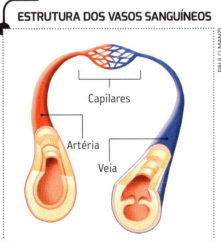

Os capilares sanguíneos permitem a conexão entre artérias e veias. Como suas paredes são constituídas por uma única camada de células, eles possibilitam a passagem de substâncias do sangue para as células e destas para o sangue. (Imagem sem escala; cores-fantasia.)

Fonte: CAMPERGUE, M. et al. *Sciences de la vie et de la Terre*. 3. ed. Paris: Nathan, 1999.

DE OLHO NO TEMA

1. Um aluno afirmou que a diferença entre veias e artérias está no tipo de sangue que cada vaso transporta: as artérias transportam sangue rico em gás oxigênio, e as veias, sangue rico em gás carbônico. Essa afirmação é correta? Justifique sua resposta.

2. O que aconteceria com uma pessoa se o fluxo sanguíneo de uma artéria que leva o sangue que sai do coração para a cabeça fosse interrompido?

TEMA 2

O SANGUE E SEUS COMPONENTES

O sangue humano é um tecido de cor avermelhada formado por uma parte líquida e por uma parte de componentes sólidos.

COMPOSIÇÃO DO SANGUE

O sangue é um líquido viscoso, de cor avermelhada, que circula por todo o organismo, transportando diferentes tipos de materiais. O corpo de um indivíduo adulto tem, em média, de 5 a 6 litros de sangue.

Uma parte do sangue é líquida e recebe o nome de plasma. Nele estão imersas células sanguíneas e fragmentos de células, chamados plaquetas.

PLASMA

O plasma é um líquido de cor amarelada, que representa de 50% a 55% do volume total do sangue. É constituído por água, na qual estão dissolvidos nutrientes, gás oxigênio, gás carbônico e hormônios, além de resíduos produzidos pelas células, que precisam ser eliminados.

CÉLULAS SANGUÍNEAS

As células sanguíneas são produzidas na medula óssea vermelha, que está localizada na parte interna de alguns ossos. Essas células podem ser de dois tipos: glóbulos vermelhos e glóbulos brancos.

GLÓBULOS VERMELHOS

Os **glóbulos vermelhos**, também chamados **hemácias**, são as células sanguíneas mais numerosas (entre 45% e 50% do volume total). Há aproximadamente 5 milhões dessas células em 1 mm^3 – cerca de 1 gota – de sangue. Eles têm a forma de disco, não apresentam núcleo e contêm hemoglobina, a substância responsável pela cor avermelhada característica do sangue.

A hemoglobina é um material que contém ferro e atua no transporte de gás oxigênio e gás carbônico. Combinado à hemoglobina, o gás oxigênio que sai dos pulmões é transportado para todas as células do corpo, assim como parte do gás carbônico produzido nas células é transportada para os pulmões.

Quando não consumimos regularmente alimentos ricos em ferro (carnes vermelhas, feijão, verduras com folhas escuras, entre outros), a quantidade de hemoglobina em nosso organismo pode diminuir e causar anemia.

Os glóbulos vermelhos duram no sangue em torno de 120 dias. Após esse período, são destruídos, principalmente no baço e no fígado.

FASES LÍQUIDA E SÓLIDA DO SANGUE

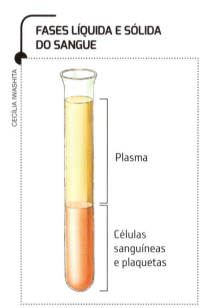

Plasma

Células sanguíneas e plaquetas

Por centrifugação, o plasma é separado dos elementos sólidos do sangue (células sanguíneas e plaquetas). (Imagem sem escala; cores-fantasia.)

Hormônio: tipo de material produzido pelo corpo que regula atividades corpóreas.

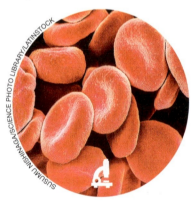

As hemácias são as células mais abundantes do sangue (Imagem obtida com microscópio eletrônico, colorizada artificialmente e ampliada cerca de 4.500 vezes.)

GLÓBULOS BRANCOS

Os **glóbulos brancos**, também chamados **leucócitos**, são células sanguíneas nucleadas, maiores que os glóbulos vermelhos e presentes no sangue em menor quantidade: entre 6 mil e 10 mil por mm^3 (equivale a 0,001 mL), em condições normais. Essas células têm a função de defesa contra agentes estranhos ao organismo, como bactérias, vírus e substâncias tóxicas.

Há glóbulos brancos de vários tipos, que diferem uns dos outros pelo tamanho, pela forma do núcleo e pelo modo como atuam. Alguns fagocitam, isto é, englobam e digerem microrganismos, destruindo-os. Outros produzem **anticorpos**, que neutralizam a ação de corpos estranhos ao organismo. Esses corpos estranhos, quando reconhecidos, são denominados **antígenos**.

A duração dos glóbulos brancos no sangue varia de algumas horas até meses ou anos.

PLAQUETAS

As plaquetas são fragmentos de células da medula óssea muito menores que os glóbulos brancos e os glóbulos vermelhos. Em condições normais de saúde, há em nosso organismo aproximadamente 300 mil plaquetas por mm^3 de sangue. O tempo de duração das plaquetas é curto: de 5 a 9 dias. Essas estruturas promovem a coagulação sanguínea, evitando a perda de sangue pelo organismo.

DE OLHO NO TEMA

1. Uma pessoa teve problemas de saúde relacionados à coagulação sanguínea. Um parente foi informado de que o problema resulta da deficiência de um componente do sangue. Que componente é esse? Justifique sua resposta.

2. A diminuição da quantidade de hemoglobina no sangue causa um tipo de anemia e pode estar associada à baixa disponibilidade de ferro ou à redução do número de hemácias no organismo. De que maneira essa deficiência afeta o organismo?

ORIGEM DAS CÉLULAS SANGUÍNEAS E DAS PLAQUETAS

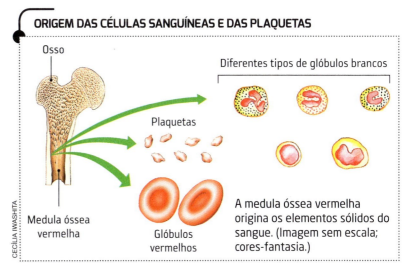

A medula óssea vermelha origina os elementos sólidos do sangue. (Imagem sem escala; cores-fantasia.)

Fonte: TORTORA, G. J. *Corpo humano*: fundamentos de Anatomia e Fisiologia. Porto Alegre: Artmed, 2000.

PROCESSO DE COAGULAÇÃO DO SANGUE

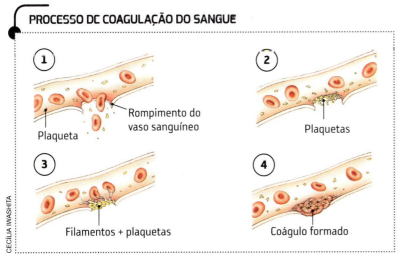

Fonte: TORTORA, G. J. *Corpo humano*: fundamentos de Anatomia e Fisiologia. Porto Alegre: Artmed, 2000.

Coágulo: massa de células sanguíneas reunidas.

(**1**) A primeira reação ao rompimento de um vaso sanguíneo é a contração de suas paredes para reduzir o fluxo de sangue no local.
(**2**) Rapidamente, as plaquetas entram em contato com a parede danificada do vaso e aderem a ela.
(**3**) Em seguida, as plaquetas liberam substâncias que, mediante uma série de transformações químicas, provocam a transformação de um material do plasma — o fibrinogênio — em filamentos.
(**4**) Os filamentos formam uma rede que captura as células sanguíneas, produzindo um **coágulo**. À medida que o vaso sanguíneo vai cicatrizando, o coágulo seca e é reabsorvido. (Imagens sem escala; cores-fantasia.)

47

TEMA 3
O CORAÇÃO

O coração é um órgão musculoso que impulsiona o sangue para todo o corpo.

A ESTRUTURA DO CORAÇÃO

O coração funciona como uma bomba dupla que impulsiona o sangue no interior dos vasos sanguíneos. Dessa forma, o sangue circula por todo o corpo.

As paredes do coração são formadas por um músculo potente, o **miocárdio**. Externamente, o coração é revestido por uma membrana, o **pericárdio**. O tamanho do coração depende do sexo, da idade e do estado de saúde da pessoa.

AS CAVIDADES CARDÍACAS

Existem quatro cavidades no coração: duas superiores, os átrios, e duas inferiores, os ventrículos.

Os **átrios**, direito e esquerdo, têm paredes mais finas e recebem o sangue das veias. A veia cava superior e a veia cava inferior lançam o sangue no átrio direito, e as veias pulmonares, no átrio esquerdo.

Os **ventrículos**, direito e esquerdo, têm paredes grossas e impulsionam o sangue para as artérias. Do ventrículo direito parte o tronco pulmonar, que se bifurca nas artérias pulmonares, que levam o sangue à região dos pulmões. Do ventrículo esquerdo, parte a aorta, que leva o sangue a diversos tecidos e órgãos.

AS VALVAS

Entre as cavidades superiores e inferiores do coração situam-se as valvas atrioventriculares, que impedem o retorno do sangue dos ventrículos para os átrios. Nas saídas dos ventrículos também existem valvas, que impedem o retorno do sangue das artérias para o coração, como a valva do tronco pulmonar e a da aorta.

CORAÇÃO

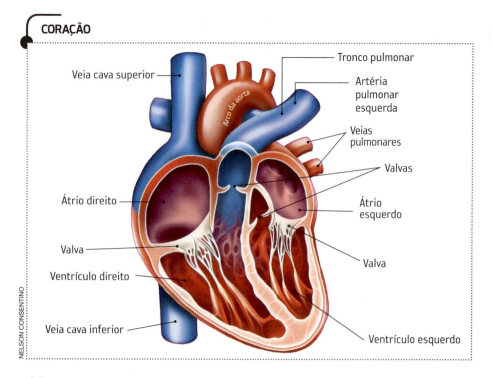

ATITUDES PARA A VIDA

- **Aplicar conhecimentos prévios a novas situações**

  Estabelecer a relação entre as valvas do coração e as válvulas das veias auxilia a determinar as funções e a importância delas no sistema cardiovascular.

Esquema do coração em corte. Duas das quatro veias pulmonares não aparecem, pois estão na metade não representada. (Imagem sem escala; cores-fantasia.)

Fonte: TORTORA, G. J. *Corpo humano*: fundamentos de Anatomia e Fisiologia. Porto Alegre: Artmed, 2000.

OS BATIMENTOS DO CORAÇÃO

Para impulsionar o sangue, o coração bate continuamente por contrações de sua musculatura, chamadas **sístoles**, seguidas de relaxamentos, denominados **diástoles**. Esse conjunto de movimentos alternados e sequenciais recebe o nome de **ciclo cardíaco**.

O coração de um adulto se contrai, em média, 72 vezes por minuto. Ao auscultar o coração com um estetoscópio, é possível detectar dois sons diferentes que provêm do fechamento das valvas: um, mais longo, corresponde ao fechamento das valvas atrioventriculares direita e esquerda; o outro, de menor duração, resulta do fechamento das valvas da aorta e do tronco pulmonar.

Auscultar: ouvir os sons produzidos por órgãos internos do corpo, encostando nele a orelha ou um instrumento.

Estetoscópio: instrumento utilizado por profissionais da área de saúde para auscultar os sons produzidos pelos órgãos internos, como coração e pulmões.

CICLO CARDÍACO

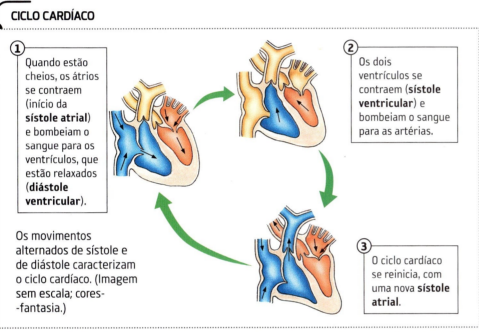

1. Quando estão cheios, os átrios se contraem (início da **sístole atrial**) e bombeiam o sangue para os ventrículos, que estão relaxados (**diástole ventricular**).

2. Os dois ventrículos se contraem (**sístole ventricular**) e bombeiam o sangue para as artérias.

3. O ciclo cardíaco se reinicia, com uma nova **sístole atrial**.

Os movimentos alternados de sístole e de diástole caracterizam o ciclo cardíaco. (Imagem sem escala; cores-fantasia.)

Fonte: TORTORA, G. J. *Corpo humano*: fundamentos de Anatomia e Fisiologia. Porto Alegre: Artmed, 2000.

VAMOS FAZER

O PULSO

Procedimento

Posicione dedos da mão esquerda sobre o antebraço direito na região próxima ao punho. Utilize a foto ao lado como orientação.

Registre em seu caderno

1. Descreva o que você sentiu.
2. Considerando o que você aprendeu sobre o sistema cardiovascular, relacione sua observação com os assuntos estudados neste tema. Em sua resposta, não deixe de mencionar se o pulso foi tomado em uma artéria ou em uma veia.

Orientação de como sentir a pulsação.

DE OLHO NO TEMA

A pressão arterial corresponde à força que o sangue exerce sobre as paredes dos vasos sanguíneos depois de bombeado pelo coração. Ela apresenta duas medidas: a pressão arterial sistólica, que corresponde ao momento em que os ventrículos bombeiam sangue para as artérias; e a pressão arterial diastólica, que corresponde ao momento em que os ventrículos voltam a se encher de sangue.

- Explique a que se referem os nomes dessas medidas. Em qual delas a pressão arterial é mais alta?

49

ATIVIDADES — TEMAS 1 A 3

ORGANIZAR O CONHECIMENTO

1. Observe a imagem a seguir e faça o que se pede.

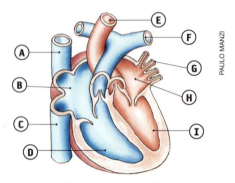

(Imagem sem escala; cores-fantasia.)

   a) Nomeie as estruturas indicadas pelas letras.
   b) O que representam as cores vermelha e azul?
   c) O que aconteceria com o sangue de uma pessoa que tivesse uma abertura conectando os ventrículos direito e esquerdo?

2. (Enem) A terapia celular tem sido amplamente divulgada como revolucionária, por permitir a regeneração de tecidos a partir de células novas. Entretanto, a técnica de se introduzirem novas células em um tecido, para o tratamento de enfermidades em indivíduos, já era aplicada rotineiramente em hospitais. A que técnica refere-se o texto?

   a) Vacina.
   b) Biópsia.
   c) Hemodiálise.
   d) Quimioterapia.
   e) Transfusão de sangue.

3. Transcreva as frases substituindo as letras pelos termos correspondentes do quadro.

   | artérias pulmonares | veias pulmonares |

   a) As (**A**) trazem sangue rico em gás oxigênio dos pulmões para o átrio esquerdo.
   b) O coração bombeia o sangue que está no ventrículo direito para as (**B**), e destas o sangue vai para o pulmão.

4. O corpo humano possui uma quantidade limitada de sangue. Embora esse tecido seja constantemente produzido pelo corpo, há uma quantidade mínima necessária dele para que o corpo funcione. Sabendo disso, qual é a importância do processo de coagulação para o organismo?

5. Em condições normais, o coração realiza alguns movimentos para garantir que o sangue se distribua no corpo e depois volte a esse órgão, alternando sístole e diástole. Qual é a diferença entre esses movimentos? Como esses movimentos se relacionam para estabelecer o ciclo cardíaco?

ANALISAR

6. Sabendo que III representa os pulmões, identifique os demais componentes do corpo, representados por I e II, e os tipos de sangue (rico em gás oxigênio ou em gás carbônico) representados por A e B. Justifique sua resposta.

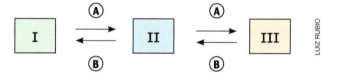

7. A cura de doenças não depende exclusivamente de medicamentos. Existem outros procedimentos que podem curar ou amenizar algumas condições, como o transplante de medula. Para que isso aconteça, é necessário fazer testes de compatibilidade para verificar se a medula de um doador não será rejeitada pelo receptor, o que é, inicialmente, verificado por exames sanguíneos. Sobre isso, responda:

   a) De onde é possível extrair medula óssea de um doador?
   b) Doenças que necessitam desse tratamento afetam quais células do corpo humano?

8. O hemograma é um exame laboratorial que informa sobre glóbulos vermelhos, glóbulos brancos e plaquetas no sangue. Ele é feito a partir da coleta de sangue, que, então, é analisado e as células e as plaquetas têm seu número determinado, geralmente por mm^3 de sangue. A tabela a seguir apresenta os valores considerados normais para adultos, e os gráficos mostram os resultados do hemograma de cinco estudantes adultos.

	Valores normais para adultos
Glóbulos vermelhos	4,5 a 5,9 milhões/mm³
Glóbulos brancos	5 a 10 mil/mm³
Plaquetas	200 a 400 mil/mm³

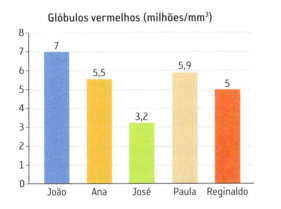

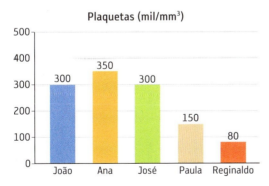

a) Qual estudante pode apresentar deficiência no sistema de defesa do organismo? Justifique sua resposta.

b) Em qual estudante podem ocorrer prejuízos no transporte de gases respiratórios? Justifique sua resposta.

c) Qual estudante pode ter alterações no processo de coagulação sanguínea? Justifique sua resposta.

9. Observe o esquema e responda.

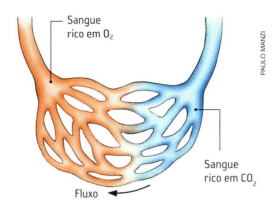

(Imagem sem escala; cores-fantasia.)

- Em qual órgão podem ser encontrados capilares como os apresentados no esquema? Justifique sua resposta.

COMPARTILHAR

10. Leia e responda.

Doação de sangue

Doar sangue é simples, rápido e seguro. Pessoas acima de 16 anos podem doar sangue. Para tanto, basta procurar uma unidade de saúde, onde são feitos uma triagem para avaliar a possibilidade de doação e exames para verificar se a pessoa está saudável.

Nem todos podem doar sangue, é necessário respeitar algumas condições, para garantir a saúde da pessoa que doará o sangue e também da que irá recebê-lo. Apesar disso, o processo é simples e rápido.

A doação de sangue não oferece nenhum risco ao doador e informações sobre os requisitos, os impedimentos e os cuidados pós-doação de sangue podem ser encontrados no *site* da Fundação Pró-Sangue, disponível em: <http://mod.lk/1jjAm>, acesso em: jul. 2018.

- A doação de sangue é um ato de cidadania. Pesquise como as doações podem salvar vidas, qual é a situação dos bancos de sangue do município onde você mora e crie uma ação para explicar às pessoas a importância dos bancos de sangue e incentivar a doação de sangue dos munícipes.

51

EXPLORE
MEDINDO O PULSO

As batidas do coração têm um ritmo que chamamos de pulso ou pulsação. Para medi-lo, os médicos contam quantas vezes o coração bate em um minuto. Podemos perceber essas batidas quando tocamos as têmporas (região lateral da cabeça, na altura dos olhos), a artéria carótida (localizada na lateral do pescoço) ou a região próxima ao punho.

Vamos analisar o que pode ocorrer com a pulsação ao longo de um dia?

 **ATIVIDADES**

INTERPRETAR, RELACIONAR E REFLETIR

O gráfico a seguir representa as medidas de pulsação de um trabalhador em diferentes horas de um dia. Analise-o e responda às questões.

Fonte: *Ciência à mão*. Recursos para a educação em Ciências. Disponível em: <http://mod.lk/BUSIF>. Acesso em: jul. 2018.

1. A pulsação do trabalhador se manteve a mesma ao longo do dia em diferentes atividades?

2. Em qual situação desse dia a pulsação do trabalhador atingiu o menor valor? Construa uma hipótese para explicar por que o número de batimentos é baixo nessa situação.

3. Em quais situações se obteve a medida de 80 batimentos por minuto? O que isso significa?

4. Utilizando os dados do gráfico, demonstre que o número de batimentos cardíacos pode aumentar em situações de esforço físico ou de forte emoção.

5. Qual foi o intervalo de 1 hora em que se atingiu o menor número de batimentos cardíacos por minuto? O que aconteceu no início e no final desse período?

6. Você acha que sua pulsação também varia com as suas atividades diárias? Justifique sua resposta.

7. De que maneira você poderia comprovar sua resposta à atividade anterior?

8. Os valores da sua pulsação poderiam ser os mesmos da pulsação do trabalhador analisado? Como você faria essa comparação?

TEMA 4 — A CIRCULAÇÃO DO SANGUE

O sangue flui por todo o corpo por meio da pequena e da grande circulação.

O PERCURSO DO SANGUE

O percurso do sangue no organismo humano recebe o nome de **circulação sanguínea**. Durante um percurso completo pelo corpo, o sangue passa duas vezes pelo coração. Observe como isso acontece.

DE OLHO NO TEMA

- Que transformação do sangue ocorre nos capilares dos membros inferiores e superiores, da cabeça e dos órgãos internos?

CIRCULAÇÃO DO SANGUE NO CORPO

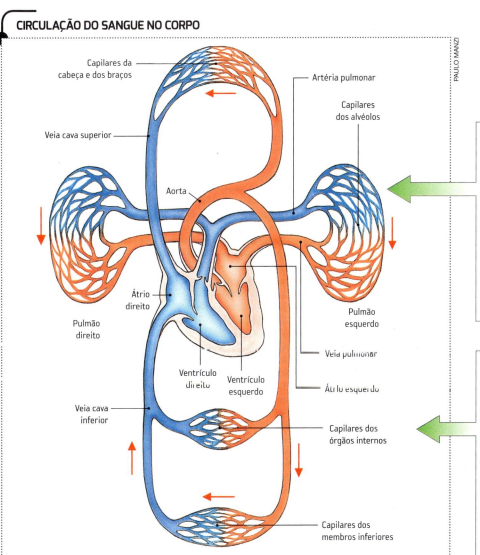

Pequena circulação

Também chamada circulação pulmonar, a pequena circulação vai do coração para os pulmões e retorna deles para o coração.

- O sangue rico em gás carbônico é bombeado do ventrículo direito para o tronco pulmonar, que se divide em duas artérias pulmonares; cada uma delas segue para um pulmão.
- Nos pulmões, o sangue libera gás carbônico e absorve gás oxigênio. O sangue oxigenado vai para o átrio esquerdo pelas quatro veias pulmonares.

Grande circulação

Também chamada circulação geral, a grande circulação é o trajeto que leva o sangue do coração para a maioria dos órgãos do corpo e deles para o coração.

- O sangue proveniente dos pulmões, rico em gás oxigênio, passa do átrio esquerdo para o ventrículo esquerdo. Dele, é impulsionado para a aorta, que se ramifica em muitas outras artérias, que vão para todas as partes do corpo.
- O sangue volta para o coração pelas veias e atinge o átrio direito, tanto pela veia cava superior quanto pela inferior.

Representação esquemática da grande e da pequena circulação do sangue no corpo humano. Para facilitar a compreensão, atribuiu-se a cor azul ao sangue rico em gás carbônico e a cor vermelha ao sangue rico em gás oxigênio. (Imagem sem escala; cores-fantasia.)

Fonte: SADAVA, D. et al. *Vida*: a ciência da biologia. Porto Alegre: Artmed, 2009.

TEMA 5

O SISTEMA LINFÁTICO

O sistema linfático é importante na defesa do organismo.

ESTRUTURA DO SISTEMA LINFÁTICO

O sistema linfático é formado pelos vasos linfáticos e por estruturas como os linfonodos, o timo, o baço e as tonsilas. Parte do líquido que sai dos capilares sanguíneos e banha as células do corpo forma a **linfa**, um líquido esbranquiçado composto de plasma sanguíneo e glóbulos brancos, principalmente linfócitos, que são glóbulos brancos relacionados à defesa do corpo. Ele circula no interior de linfonodos e vasos linfáticos.

Os **linfonodos** são estruturas arredondadas, distribuídas por todo o corpo, geralmente em grupos. Eles contêm glóbulos brancos que identificam e destroem materiais estranhos ao organismo.

O **timo** é um órgão no qual se concentram linfócitos em formação e amadurecimento.

As **tonsilas**, localizadas na entrada das vias respiratórias e do tubo digestório, participam das respostas do corpo a materiais estranhos inalados ou ingeridos. A reação do corpo a esses materiais estranhos é chamada de resposta imunitária.

O **baço** é um órgão rico em linfonodos e armazena alguns glóbulos brancos. Além disso, as células dentro do baço também fagocitam bactérias, plaquetas e glóbulos vermelhos danificados ou envelhecidos e armazenam hemácias para lançá-las à corrente sanguínea quando necessário.

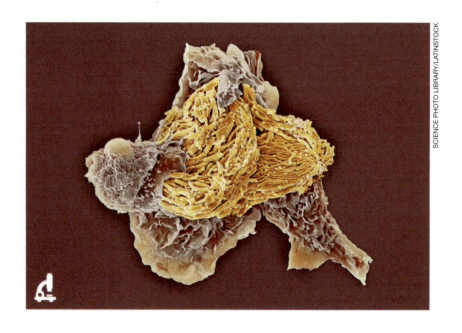

Alguns tipos de glóbulos brancos podem fagocitar células ou materiais diversos, removendo eles do corpo. Na imagem, um tipo de glóbulo branco fagocita uma bactéria patogênica (em amarelo). (Imagem obtida com microscópio eletrônico, colorizada artificialmente e ampliada cerca de 1.700 vezes).

SISTEMA LINFÁTICO

Representação esquemática do sistema linfático com seus principais componentes. (Imagem sem escala; cores-fantasia.)

Legendas: Tonsila; Linfonodo; Timo; Baço.

Fonte: WALKER, R. *The children's atlas of the human body*. Markham: Fitzhenry & Whiteside, 2002.

ENTRANDO NA REDE

No endereço **http://mod.lk/ed1gt** é possível encontrar uma série de vídeos, legendados em português, que explicam diversos aspectos do sistema linfático.

Acesso em: jul. 2018.

FUNCIONAMENTO DO SISTEMA LINFÁTICO

A linfa, formada por materiais que saem dos capilares sanguíneos, é conduzida lentamente pelos vasos linfáticos até retornar à circulação sanguínea e se misturar com o sangue.

O sistema linfático drena os líquidos do corpo que ocupam os espaços entre as células, ajudando o sistema cardiovascular a remover o excesso desses líquidos. Ao contrário das artérias e das veias, os vasos linfáticos não têm seu líquido impulsionado diretamente pelo coração. A pulsação das artérias próximas e, principalmente, os movimentos musculares são os responsáveis pela circulação da linfa.

Junto à rede de vasos do sistema linfático encontram-se os linfonodos. Eles são especializados na filtragem da linfa e contêm grande quantidade de linfócitos. Quando ocorre uma infecção, provocada por vírus, bactérias ou outro agente estranho ao organismo, os linfócitos dos linfonodos se multiplicam e levam essas estruturas a inchar, formando o que popularmente é denominado íngua. Nessas situações, os linfócitos fagocitam microrganismos e outros materiais estranhos da circulação.

Os linfonodos também atuam como filtro, retendo partículas que são aprisionadas e digeridas pelos linfócitos.

DE OLHO NO TEMA

1. Organize uma tabela comparativa entre o sangue e a linfa, indicando: os sistemas do corpo humano a que pertencem, a composição de cada um, os vasos em que circulam e o modo como são impulsionados.

2. A retenção de líquidos e o inchaço, em especial nos membros inferiores, podem ter diferentes causas. Uma das formas recomendadas para combatê-los, em especial em trabalhadores que passam muitas horas sentados, é fazer caminhadas leves. Por que a caminhada pode ajudar a combater o inchaço nas pernas?

TEMA 6 — O SISTEMA IMUNITÁRIO

O sistema imunitário é constituído por estruturas e células de defesa, entre as quais se destacam os glóbulos brancos.

DEFESAS DO ORGANISMO

Os **glóbulos brancos** ou **leucócitos** são células encontradas no sangue e na linfa. Elas protegem o corpo, destruindo microrganismos e outros elementos estranhos ao organismo, compondo, assim, nosso sistema de defesa (**sistema imunitário**) com outras estruturas. Eles nos conferem **imunidade**, que é o conjunto de mecanismos de defesa do organismo contra agentes causadores de doenças e materiais tóxicos.

Quando um antígeno é identificado em alguma parte do corpo, ocorre a mobilização de alguns tipos de glóbulo branco da corrente sanguínea para esse lugar. O aumento local no número de glóbulos brancos, que corresponde a uma defesa do organismo, pode levar à destruição dos antígenos. Caso as reações dessa linha de defesa não consigam eliminar o antígeno, ocorre a ativação de outros tipos de glóbulo branco, como os que produzem anticorpos para uma resposta imune mais específica.

Ao analisar os resultados de um exame de sangue (hemograma), o médico observa, entre outros dados, a quantidade e o tipo de glóbulos brancos por milímetro cúbico de sangue. Essa informação pode ajudá-lo, por exemplo, a identificar um quadro de infecção no organismo.

AÇÃO DO SISTEMA IMUNITÁRIO EM UM FERIMENTO

Para o local do ferimento (**A**) migra grande número de glóbulos brancos (**B**). Por causa do acúmulo de líquido, ocorre um inchaço nesse local. Os glóbulos brancos englobam e destroem bactérias que entraram no corpo pelo ferimento (**C**). (Imagens sem escala; cores-fantasia.)

Fonte: TORTORA, G. J. *Corpo humano: fundamentos de Anatomia e Fisiologia*. Porto Alegre: Artmed, 2000.

SAIBA MAIS!

Resposta imunitária inata

Corresponde à primeira linha de defesa do corpo, sem ação específica, e inclui alguns tipos de glóbulo branco, barreiras físicas, produção de substâncias e ação de microrganismos em locais específicos.

A pele atua como uma barreira do corpo, dificultando a entrada de microrganismos ou materiais no corpo. As glândulas lacrimais produzem substâncias antibacterianas nas lágrimas que lavam o olho. No nariz e na garganta, o muco, os pelos das narinas e cílios do revestimento do nariz e da traqueia aprisionam microrganismos e partículas do ar, impedindo sua entrada nas vias respiratórias. No estômago e no intestino delgado existem enzimas e outras substâncias que dificultam a sobrevivência de organismos invasores. No intestino grosso existem bactérias que vivem em harmonia com o corpo e mantêm um equilíbrio que elimina micróbios nocivos.

IMUNIZAÇÃO ARTIFICIAL

O organismo humano está constantemente exposto à ação de muitos elementos estranhos ao corpo, vivos ou não (partículas estranhas, venenos, toxinas, bactérias e vírus invasores). Para ampliar a proteção que se adquire em relação a esses elementos, os cientistas desenvolvem **soros** e **vacinas**, que aumentam ou induzem a imunidade.

SOROS

Os **soros** contêm doses elevadas de anticorpos produzidos por outra pessoa ou por outro animal, como um cavalo. Os médicos aplicam soro em uma pessoa que foi picada por uma serpente ou outro animal peçonhento, situação que exige tratamento rápido e eficaz.

Peçonhento: diz-se de ser vivo, como algumas serpentes e escorpiões, capaz de injetar ou inocular materiais tóxicos, como venenos.

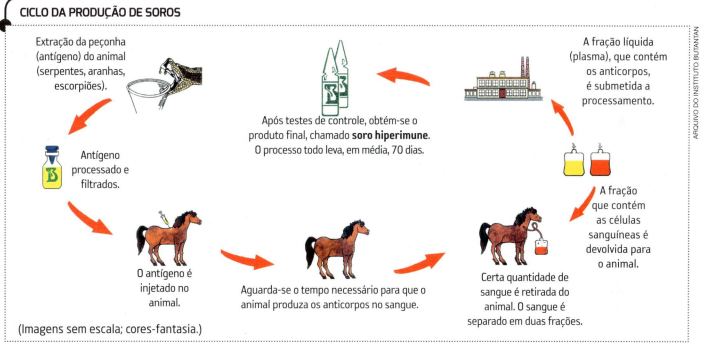

CICLO DA PRODUÇÃO DE SOROS

Extração da peçonha (antígeno) do animal (serpentes, aranhas, escorpiões).

Antígeno processado e filtrados.

O antígeno é injetado no animal.

Aguarda-se o tempo necessário para que o animal produza os anticorpos no sangue.

Certa quantidade de sangue é retirada do animal. O sangue é separado em duas frações.

A fração que contém as células sanguíneas é devolvida para o animal.

A fração líquida (plasma), que contém os anticorpos, é submetida a processamento.

Após testes de controle, obtém-se o produto final, chamado **soro hiperimune**. O processo todo leva, em média, 70 dias.

(Imagens sem escala; cores-fantasia.)

Fonte: INSTITUTO VITAL BRAZIL. Disponível em: <http://mod.lk/9hk0h>. Acesso em: jul. 2018.

VACINAS

Vacinas são substâncias preparadas com microrganismos (vírus ou bactérias) mortos ou inativos ou com fragmentos deles. Vírus e bactérias são considerados inativos quando perdem a capacidade de se reproduzir. Uma vez introduzidas no organismo, as vacinas provocam a produção lenta de anticorpos específicos para cada tipo de microrganismo, em um processo que demora cerca de um mês. É o que acontece, por exemplo, com as vacinas contra o sarampo, a rubéola e a raiva.

O efeito protetor da vacina aparece quando a pessoa entra novamente em contato com o microrganismo (isso também ocorre na vacinação de reforço): o corpo da pessoa vacinada reage rapidamente, produzindo anticorpos que evitam a doença. Assim, a pessoa vacinada não desenvolve a doença.

As vacinas têm prevenido doenças graves como sarampo, difteria, tétano, coqueluche, poliomielite, hepatite, rubéola, tuberculose e febre amarela; e até ajudado a erradicar algumas delas.

PROBLEMAS RELACIONADOS AO SISTEMA IMUNITÁRIO

Há ocasiões em que o sistema imunitário apresenta falhas, por motivos genéticos ou em decorrência de determinadas doenças. A aids, por exemplo, causa problemas no sistema de defesa, permitindo o desenvolvimento de doenças oportunistas que podem até levar à morte. Em outros casos, como o lúpus, ocorre alguma falha no sistema de defesa, que passa a agir contra o próprio corpo. O sistema imunitário também está envolvido com as rejeições de transplantes e as alergias.

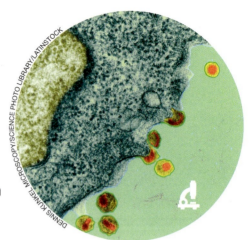

Liberação de vírus HIV de uma célula infectada. O vírus parasita uma célula e usa os recursos dela para se reproduzir e originar outros vírus. Durante esse processo, a célula parasitada pode ser destruída. (Imagem obtida com microscópio eletrônico, colorizada artificialmente e com aumento de cerca de 2.800 vezes.)

AIDS

A **aids** é uma doença que se manifesta após a infecção do indivíduo pelo vírus da imunodeficiência humana, conhecido como HIV (do inglês *Human Immunodeficiency Virus*).

A sigla aids deriva do inglês *acquired immunodeficiency syndrome*, que em português quer dizer síndrome da imunodeficiência adquirida. **Síndrome** designa um grupo de sinais e sintomas que, uma vez considerados em conjunto, caracterizam uma condição. **Imunodeficiência** é a falha do sistema de defesa do organismo humano contra microrganismos invasores, como vírus, bactérias e protozoários. **Adquirida** significa que a aids não ocorre espontaneamente, mas por um fator externo: a infecção pelo HIV.

O HIV destrói um tipo específico de glóbulo branco, um grupo de linfócitos responsáveis pela produção de anticorpos, tornando o indivíduo vulnerável a outras infecções e doenças oportunistas, assim chamadas por surgirem nos momentos em que o sistema imunitário do indivíduo está enfraquecido.

Há alguns anos, o diagnóstico de aids era quase uma sentença de morte. Atualmente, em grande parte dos casos, a aids, quando tratada, pode ser considerada uma condição crônica. Isso significa que uma pessoa infectada pelo HIV, se estiver em tratamento médico, pode viver com o vírus por um longo período sem apresentar nenhum sintoma ou sinal da doença. No entanto, o tratamento traz uma série de efeitos colaterais. Mesmo com os avanços tecnológicos, a prevenção é sempre o melhor caminho.

A aids pode ser prevenida com o uso de preservativos (camisinha feminina ou masculina) durante as relações sexuais. Outros cuidados que devem ser tomados são não compartilhar objetos cortantes e perfurantes, como tesoura ou alicate de unha que não tenham sido esterilizados, e, no caso da necessidade de uma transfusão sanguínea, informar-se sobre as condições dos bancos de sangue pelo disque-saúde (136). As grávidas portadoras do HIV devem fazer pré-natal e ter tratamento adequado; entre os procedimentos necessários pode estar o parto cesárea, para reduzir o risco de o bebê adquirir o vírus ao nascer. Como a transmissão também pode ocorrer pelo leite materno, o bebê geralmente não pode ser amamentado pela mãe.

ENTRANDO NA REDE

No endereço **http://mod.lk/rnz5L** você encontra informações sobre a aids.
Acesso em: jul. 2018.

LÚPUS

O **lúpus** é uma doença crônica de causa desconhecida que leva a alterações fundamentais no sistema imunitário. Essa doença é mais comum em mulheres e pode afetar a pele, as articulações e os rins, entre outros órgãos.

Uma pessoa com lúpus desenvolve anticorpos que reagem contra suas células normais. O lúpus é, portanto, uma doença autoimune. Entretanto, não se trata de uma doença contagiosa ou infecciosa. A maioria dos casos ocorre esporadicamente, indicando que fatores genéticos e ambientais têm papel importante no desenvolvimento da doença.

O lúpus pode ser desencadeado por drogas, como a penicilina e a sulfa, por exposição excessiva à luz solar, por infecções e por problemas emocionais, como o estresse.

REJEIÇÃO A TRANSPLANTES

Transplante é a substituição de um tecido ou órgão. Geralmente, o organismo reconhece as proteínas do tecido ou órgão transplantado como estranhas ao corpo e produz anticorpos, rejeitando-o.

Por isso, para realizar um transplante, é necessário fazer exames que determinem o grau de compatibilidade entre o doador e o receptor, o que pode reduzir o risco de rejeição. Drogas imunossupressoras também são utilizadas, porém elas tornam os indivíduos receptores suscetíveis a doenças infecciosas.

ALERGIAS

Algumas pessoas apresentam reações alérgicas a determinadas substâncias, denominadas **alérgenos**. Os mais comuns são alimentos (leite, amendoim, crustáceos e ovos), alguns antibióticos, vitaminas (B_1 e ácido fólico), venenos de insetos, grãos de pólen, poeira e corantes, entre outros.

A **alergia** é uma reação exagerada do sistema imunitário a substâncias estranhas ao organismo. Algumas reações alérgicas podem ser localizadas, provocando inchaço nas pálpebras e nos lábios, cãibras, coceira e erupções na pele. Outras reações são generalizadas, como o choque anafilático, que causa problemas respiratórios e cardiovasculares, podendo até levar à morte.

Pessoas alérgicas devem consultar especialistas para se informar sobre as maneiras de evitar as reações e como proceder em caso de manifestações alérgicas extremas.

Alguns dos sintomas mais frequentes do lúpus.

Fonte: MAIA, D.; MANINI, R. Brasil aprova nova droga biológica contra o lúpus. *Folha de S.Paulo*, 22 jul. 2013. Disponível em: <http://mod.lk/qvQoh>. Acesso em: jul. 2018.

DE OLHO NO TEMA

1. Uma pessoa cortou a mão e a lesão na pele permite a entrada de microrganismos.
   a) Quais são os elementos sanguíneos envolvidos no processo de coagulação e cicatrização do ferimento?
   b) Explique de que maneira o corpo realiza a defesa contra os antígenos.

2. Por que a vacinação é importante para as pessoas que estão saudáveis?

TEMA 7

A SAÚDE DOS SISTEMAS CARDIOVASCULAR E LINFÁTICO

Doenças de diversos tipos podem afetar o funcionamento do sistema cardiovascular e do sistema linfático.

Trilha de estudo
Vai estudar? Nosso assistente virtual no *app* pode ajudar! <http://mod.lk/tr8u02>

DOENÇAS DO SISTEMA CARDIOVASCULAR

A saúde do sistema cardiovascular pode ser afetada por doenças que atingem o coração, os vasos sanguíneos ou o sangue. A aterosclerose, a leucemia e a hipertensão são algumas dessas doenças.

Alguns fatores predispõem o organismo ao surgimento de distúrbios cardiovasculares. Entre eles estão o consumo elevado de alimentos gordurosos, que pode levar a gordura a se depositar nas paredes dos vasos sanguíneos; a pressão sanguínea elevada; a vida sedentária, que impede a adequada circulação do sangue; o tabagismo; e o alcoolismo.

ATEROSCLEROSE

Com o passar dos anos, as artérias podem ter o diâmetro diminuído, pelo acúmulo de materiais em suas paredes internas. Como consequência, os vasos sanguíneos ficam obstruídos, causando a **aterosclerose**.

Em algumas ocasiões, a obstrução de determinada artéria é total, e o sangue não consegue levar gás oxigênio nem nutrientes às células naquela região do corpo, ocasionando o **infarto**. Se isso acontecer em um órgão vital, como o coração ou o cérebro, poderá causar a morte.

LEUCEMIA

A leucemia é uma forma de câncer cuja principal característica é a formação anormal de glóbulos brancos, que são produzidos descontroladamente na medula óssea, impedem a produção adequada de outras células sanguíneas e não protegem o organismo. O transplante de medula óssea tem sido um tratamento eficaz para esse tipo de câncer.

> **SAIBA MAIS!**
>
> ### Aliados do coração
>
> Uma alimentação saudável e equilibrada e a prática regular de atividade física são os principais aliados do coração, pois ajudam a prevenir diversas doenças cardiovasculares.
>
> Alimentos ricos em gorduras saturadas e *trans* devem ser evitados ou consumidos com moderação. Peixes, azeite e castanhas são alguns dos alimentos que ajudam a reduzir o colesterol e evitam o acúmulo de gordura nas artérias.

A prática de atividades físicas é importante para a saúde do sistema cardiovascular.

HIPERTENSÃO

A pressão sanguínea ou pressão arterial corresponde à força que o sangue exerce nas paredes das artérias. Geralmente, a pressão máxima do sangue (pressão sistólica) em um adulto fica entre 100 e 140 mmHg e a mínima (pressão diastólica), entre 60 e 90 mmHg.

Quando uma pessoa sofre de hipertensão (conhecida por pressão alta), sua pressão máxima aumenta anormalmente. Essa situação pode ser esporádica ou permanente e põe em risco a saúde do paciente, pois nessas condições pode ocorrer ruptura de artérias.

Um instrumento que mede a pressão sanguínea é o esfigmomanômetro. O profissional de saúde ouve os sons por um estetoscópio.

DOENÇAS DO SISTEMA LINFÁTICO

FILARIOSE

A filariose, conhecida antigamente por elefantíase, é uma obstrução dos vasos linfáticos que afeta principalmente os membros inferiores e é causada por vermes parasitas, as filárias (*Wuchereria bancrofti*). O membro afetado fica inchado em razão do acúmulo excessivo de líquido que não retorna à circulação sanguínea. As filárias são transmitidas pela picada de mosquitos contaminados do gênero *Culex*, que possui mais de 300 espécies.

O mosquito contaminado do gênero *Culex* é o transmissor da filariose.

Pus: secreção resultante de inflamação. Contém glóbulos brancos ou seus restos e outras células mortas.

LINFOMA

O linfoma é um câncer, doença em que as células perdem a função e passam a se reproduzir indiscriminadamente, que acomete as células do tecido linfático. Caracteriza-se por um rápido crescimento de um linfonodo ou de uma zona do órgão linfático afetado. A pessoa apresenta apenas sintomas como febre e perda de massa corpórea.

ANGINA TONSILAR (AMIGDALITE)

Quando as tonsilas palatinas (antigamente conhecidas como amígdalas) infeccionam, surge a angina, uma inflamação aguda na garganta, provocada principalmente por vírus ou bactérias. As tonsilas ficam maiores e com pontos brancos ou amarelos cheios de pus.

Muitas pessoas que sofrem de angina tonsilar crônica têm as tonsilas extraídas cirurgicamente. Nem todos os médicos estão de acordo com essa cirurgia, pelo papel protetor que as tonsilas desempenham nas vias respiratórias e no sistema digestório.

> **DE OLHO NO TEMA**
>
> 1. Faça uma pesquisa sobre os cuidados que uma pessoa hipertensa deve ter e descreva-os.
> 2. Considerando o que você aprendeu sobre a função das tonsilas, explique por que a extração delas pode comprometer o sistema imunitário.

ATIVIDADES — TEMAS 4 A 7

ORGANIZAR O CONHECIMENTO

1. Observe a imagem e responda às questões a seguir.

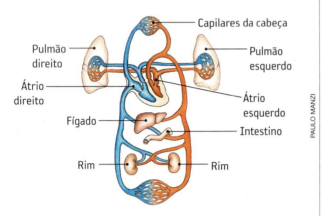

(Imagem sem escala; cores-fantasia.)

a) O vaso que chega ao átrio esquerdo do coração vindo do pulmão é uma veia ou uma artéria?

b) Qual é o trajeto percorrido pelo sangue rico em gás carbônico que vem do intestino, do fígado e dos rins até atingir os pulmões?

c) O que acontece com o sangue rico em gás carbônico quando ele chega aos pulmões?

2. Sobre o sistema linfático, complete as frases, substituindo as letras pelos termos do quadro.

baço	vasos linfáticos
tonsilas	linfonodos
timo	linfa

O sistema linfático é formado por (A) e por órgãos como (B), (C), (D) e (E). No sistema linfático circula um líquido esbranquiçado chamado (F).

3. O que é vacinação? Por que as vacinas são consideradas parte da medicina preventiva?

ANALISAR

4. Responda às questões.

a) Por que é necessário utilizar a própria peçonha de serpente para obter o soro antiofídico?

b) Quais são os componentes ativos do soro antiofídico?

c) Qual é a diferença entre soro e vacina?

COMPARTILHAR

5. Analise os gráficos e, depois, responda.

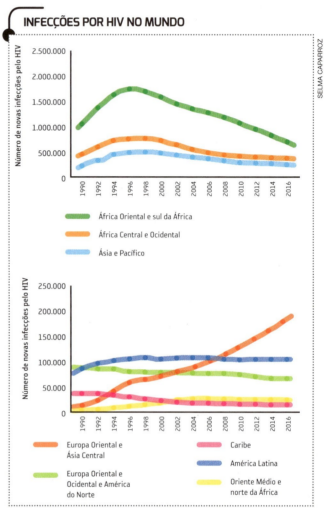

Gráficos com o número de novas infecções por HIV em diferentes regiões do mundo.

Fonte: Gráfico baseado em dados do *Relatório global da aids*, Unaids, 2017. Disponível em: <http://mod.lk/b7x5a>. Acesso em: jul. 2018.

a) Que região apresentava, em 2017, o maior número de novas infecções por HIV?

b) Que locais apresentam maior taxa de aumento de novas infecções por HIV?

Em grupo, preparem um material chamado "Aids: assim pega, assim não pega". Esse material deverá informar, com textos e imagens, comportamentos que oferecem risco de contaminação e outros pelos quais o contágio não acontece. Após a avaliação do professor, divulgue esse material em uma rede social.

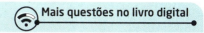 Mais questões no livro digital

PENSAR CIÊNCIA

O coração artificial que bate mais forte

Já bate forte dentro de um brasileiro o mais moderno coração artificial do mundo. Trata-se da terceira geração do *HeartMate3*, aparelho aprovado [...] pela *Food and Drug Administration* (FDA), a agência reguladora americana, e considerado um avanço de tecnologia pelo seu mecanismo de funcionamento e também um salto de qualidade de vida para o paciente em relação aos modelos anteriores. [...]

Os aparelhos conhecidos como corações artificiais têm a função de dar assistência ao ventrículo esquerdo, onde se inicia a aorta, artéria responsável por distribuir, a partir do coração, sangue oxigenado para o restante do organismo. Por isso, ajudam a garantir o bombeamento adequado do sangue em pacientes com insuficiência cardíaca. [...]

O problema em relação ao transplante é que muitos não têm tempo para a espera ou apresentam contraindicações, como idade superior a 65 anos, caso do primeiro brasileiro a receber o *HeartMate3*. Ser portador do HIV, ter câncer ou manifestar alguma condição que debilite seu sistema de defesa também são impeditivos. Nessas circunstâncias, o coração artificial é a saída. [...]

O dispositivo que acaba de ser implantado pela primeira vez no Brasil teve sua superioridade confirmada em um estudo comparativo apresentado nos Estados Unidos dois dias antes da cirurgia no Sírio-Libanês. A análise foi feita usando como parâmetro o desempenho da geração anterior, a *HeartMate2*. O novo equipamento [...] reduziu a praticamente zero os riscos de trombose e de acidentes vasculares cerebrais (AVC). [...]

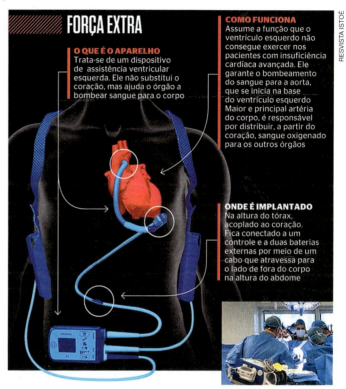

Coração artificial *HeartMate3*, que pode ajudar pessoas com problemas cardíacos.

Próximo desafio

[...] O *HeartMate3* ainda não superou a necessidade de artefatos externos. O paciente precisa se adaptar a conviver com partes instaladas fora do corpo: o controle geral do equipamento e duas baterias externas. [...] O desafio é fazer com que todo o sistema seja instalado internamente, em uma conformação mais próxima da apresentada pelos marca-passos.

Fonte: MESQUITA, R. V. O coração artificial que bate mais forte. *ISTOÉ*. 23 mar. 2018. Disponível em: <http://mod.lk/TR9oU>. Acesso em: jul. 2018.

ATIVIDADES

1. O coração artificial, transplantado recentemente em um brasileiro, recebeu o nome de *HeartMate3*. Por que existe um número associado ao nome desse equipamento? O que isso significa?

2. O coração artificial é composto de estruturas conectadas ao coração humano e fios ligados a baterias externas ao corpo do paciente. Provavelmente, o equipamento foi produzido por pesquisadores de diferentes áreas do conhecimento. Que vantagem há em realizar um trabalho colaborativo para o desenvolvimento de equipamentos médicos?

3. Em sua opinião, qual é a importância dos corações artificiais produzidos pelos pesquisadores?

ATITUDES PARA A VIDA

DISSEMINAÇÃO DE DOENÇAS E EFEITO DA IMUNIZAÇÃO

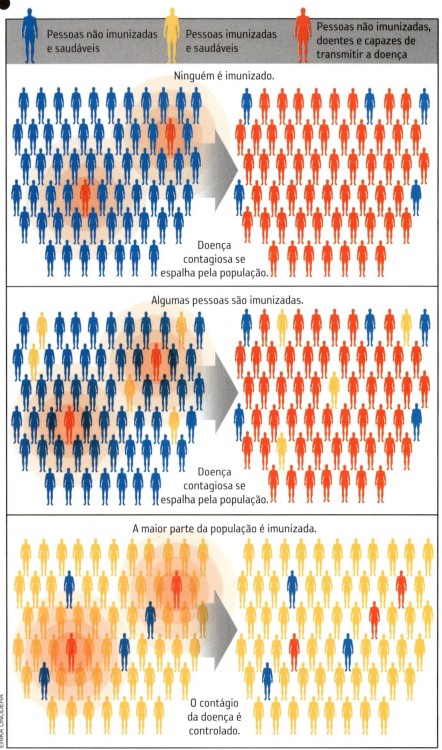

Efeito da imunização da população no controle ou disseminação de uma doença.

Fonte: Ilustração elaborada com base em U.S. Department of Veterans Affaires. Vaccines – Women's Health Guide. Disponível em: <http://mod.lk/maujM>. Acesso em: jul. 2018.

Pais deixam de vacinar seus filhos

[...] No Brasil, a vacinação das crianças é obrigatória desde os anos 1970, garantida pelo Estatuto da Criança e do Adolescente. [...] Independentemente da legislação, dados do Ministério da Saúde divulgados no segundo semestre de 2017 mostram que a taxa de imunização foi a pior dos últimos 12 anos: 84%, ante a meta de 95% (recomendada pela OMS). O que estaria por trás dessa queda?

[...] "À medida que as doenças são erradicadas, a população acha que não precisa mais ser imunizada. Muitos pais nunca viram doenças graves, como o sarampo e a poliomielite, exatamente porque elas deixaram de existir. Assim, a população começa a achar que essas doenças não são graves ou não têm importância", lamenta [Carla Domingues, coordenadora do Programa Nacional de Imunizações do Ministério da Saúde].

[...] Mas não são apenas crenças ou falta de vacinas que fazem com que a carteira de vacinação de algumas crianças brasileiras esteja desatualizada. [...] O medo dos efeitos adversos é o principal motivo. [...]

[...] Outra questão que faz os pais hesitarem, nesse caso, é o medo de reações alérgicas, já que a vacina da gripe é cultivada em ovos embrionados de galinha e, portanto, pode conter traços da proteína do ovo. [...]

Receios à parte, de acordo com a infectologista Júlia [Herkenhoff Carijó, do Hospital Copa D'Or (RJ)], as vacinas são a medida de saúde pública mais bem-sucedida da história da medicina. "Se aplicarmos as recomendadas no calendário vacinal em 4 milhões de crianças, por exemplo, estima-se que poderemos prevenir 20 milhões de doenças e 42 mil mortes ao longo da vida destas pessoas vacinadas. Caso deixemos de vaciná-las, por outro lado, há um risco – não apenas individual, como também para a sociedade – de que doenças infecciosas, inclusive as consideradas erradicadas em determinadas áreas, sejam reintroduzidas nestes locais", ressalta.

Fonte: ZEBINI, D. Pais deixam de vacinar seus filhos. Revista *Crescer*, 26 fev. 2018. Disponível em: <http://mod.lk/GPDVR>. Acesso em: jul. 2018.

COMO EU ME SAÍ?

- Consegui avaliar prós e contras da vacinação?
- Consegui avaliar as informações apresentadas no texto para tomar uma decisão, em uma situação hipotética, sobre tomar ou não vacinas?
- Se eu fosse explicar por que é importante assumir riscos com responsabilidade, eu diria...

TROCAR IDEIAS SOBRE O TEMA

1. De acordo com o texto, a taxa de imunização de 2017, de 84%, foi a mais baixa dos últimos 12 anos. Quais são os fatores apresentados como motivos para essa queda?

2. Qual é a importância da vacinação? Por que você acha que ela é obrigatória para crianças e adolescentes no Brasil?

3. Quais são os riscos de não tomar as vacinas previstas pelo Ministério da Saúde?

4. Depois de avaliar as vantagens e os riscos associados à aplicação das vacinas, troquem ideias sobre: deixar de tomar uma das vacinas previstas no calendário de vacinação brasileiro equivale a assumir um risco com responsabilidade.

COMPREENDER UM TEXTO
CIENTISTAS AMERICANOS DESCOBREM EXISTÊNCIA DE TECIDO IMUNOLÓGICO NO CÉREBRO

Após testes com cérebros de ratos de laboratório, pesquisadores da Universidade de Medicina da Virgínia (UVA), nos Estados Unidos, descobriram a existência de um vasto sistema de vasos, batizados de "vasos linfáticos do Sistema Nervoso Central", no cérebro humano. A função desta "nova parte" do corpo é justamente drenar fluidos do cérebro e levá-lo aos nódulos linfáticos. [...]

O estudo está causando exaltação na comunidade científica ao redor do mundo, já que nunca se soube da existência de vasos linfáticos na região cerebral. A compreensão dessa nova área descoberta nos cérebros humanos pode ajudar a entender e a tratar doenças e problemas como esclerose múltipla, Alzheimer e autismo.

SISTEMA LINFÁTICO NO CÉREBRO

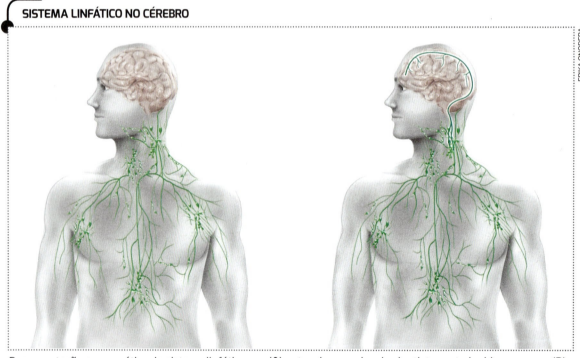

Representação esquemática do sistema linfático: em (**A**) antes da pesquisa de cientistas estadunidenses e em (**B**) depois da descoberta de que existem vasos linfáticos no cérebro.

Para chegar à conclusão da existência desses vasos linfáticos no cérebro, os pesquisadores desenvolveram um método de montagem de lâminas microscópicas com cérebro de ratos sem danificar as meninges. As meninges são delicadas membranas que envolvem e protegem o cérebro. Ao perceberem um padrão de vasos distribuidores de células imunológicas, realizaram testes e confirmaram a existência dos vasos linfáticos. Ao fazer os testes em cérebros humanos, foi possível constatar a presença dos mesmos tipos de vasos. [...]

A dificuldade em se descobrir esse tipo de mecanismo no cérebro se deu pela complexidade e pela localização em que se encontra no órgão. Eles estão nos seios venosos durais, que fazem a transição do sangue entre as veias internas e externas do cérebro, além de estarem próximos a um importante vaso sanguíneo com proporções maiores. Foram essas características que tornaram esses vasos "invisíveis" à ciência até este momento. Como se imagina, esses resultados apresentados prometem causar uma revolução na comunidade científica e no estudo do corpo humano, já que a literatura existente até hoje desconsidera a existência desse sistema no cérebro. Os pesquisadores sempre lutaram para entender como funcionavam a drenagem e as inflamações neurológicas.

O tratamento de doenças que afetam o sistema nervoso pode ser modificado e melhorado com novas descobertas sobre o funcionamento desse e de outros sistemas.

Esses tipos de vasos são conhecidos por sua atuação em outros tecidos do corpo. Eles são responsáveis por drenar e combater qualquer inflamação, levando os líquidos que as originam para as células linfáticas onde o sistema imunológico vai atuar.

Apesar da exaltação, o professor Knipkis se mantém cauteloso para os próximos passos. Ele ressaltou que, pela revelação deste sistema até então desconhecido, já foi um grande passo, mas o cérebro humano é complexo. Portanto, de acordo com o professor, serão necessários muitos estudos para se chegar ao entendimento e às outras muitas descobertas possíveis, por exemplo, com relação ao tratamento das doenças neurológicas.

Fonte: SANSON, R. Cientistas americanos descobrem existência de tecido imunológico no cérebro. *Megacurioso*, 30 jun. 2015. Disponível em: <http://mod.lk/QNHIx>. Acesso em: jul. 2018.

ATIVIDADES

OBTER INFORMAÇÕES

1. Por que a descoberta dos cientistas norte-americanos está causando animação da comunidade científica?

2. Como os cientistas descobriram os vasos no cérebro humano?

3. O resultado desse único estudo foi suficiente para compreender o sistema linfático presente no cérebro?

4. Com base no que foi visto no texto, você acha que descobertas que mudam a visão dos cientistas trazem benefícios?

UNIDADE 3

SISTEMAS ESQUELÉTICO, MUSCULAR, NERVOSO E ENDÓCRINO

POR QUE ESTUDAR ESTA UNIDADE?

O corpo humano possui diversas atividades coordenadas. Movimentos complexos, raciocínio, fala, digestão, e até mesmo o crescimento, são regulados por sistemas através de diferentes mecanismos.

Algumas dessas atividades incluem movimentos, que estão relacionados aos músculos e aos ossos. A estrutura desses órgãos ajuda a entender como eles funcionam e realizam movimentos.

COMEÇANDO A UNIDADE

1. Como nosso corpo pode coordenar processos como correr e respirar?

2. Que estruturas corpóreas estão relacionadas ao movimento do salto com vara?

3. Durante as competições esportivas, existe grande tensão e emoção, tanto em atletas como na torcida. Como o corpo humano controla essas sensações?

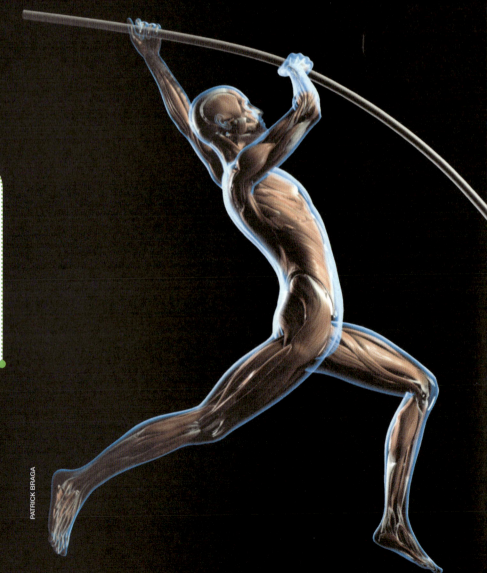

ATITUDES PARA A VIDA

- Assumir riscos com responsabilidade
- Questionar e levantar problemas

O salto com vara é um esporte que requer grande técnica e coordenação motora dos atletas, por contar com muitas variáveis, como aceleração na corrida, posição das mãos, velocidade e direção do vento, entre outras. O atleta Thiago Braz ganhou a medalha de ouro nos Jogos Olímpicos de 2016 no Rio de Janeiro ao saltar 6,03 metros.

TEMA 1

SISTEMA ESQUELÉTICO

Os ossos participam da locomoção e da sustentação do corpo.

O esqueleto é o conjunto de ossos e peças cartilaginosas envolvido com a sustentação, a proteção e a movimentação do corpo humano. O corpo humano de um adulto tem um total de 206 ossos que, apesar da aparência, são estruturas vivas.

TECIDO ÓSSEO

O tecido ósseo se organiza em órgãos, os ossos, que juntos formam o esqueleto. Cada osso é composto principalmente de células e matriz óssea.

As células desse tecido, os **osteócitos**, são vivas e nutridas por vasos sanguíneos.

Os ossos por dentro

Como se dá a formação do calo de consolidação em uma fratura óssea, após o restabelecimento da irrigação sanguínea no local? Disponível em <http://mod.lk/ac8u03>

ESTRUTURA DE UM OSSO LONGO

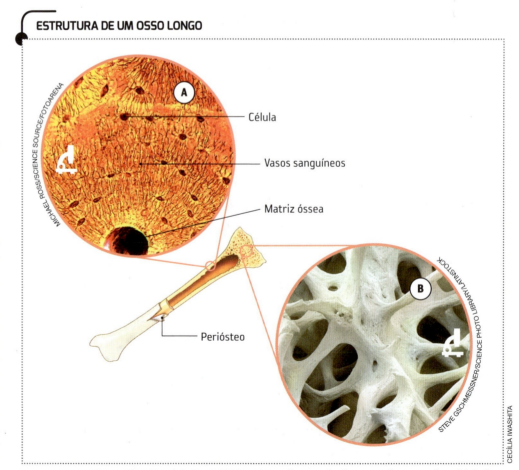

Esquema da estrutura de um osso longo em corte. (Imagem sem escala; cores-fantasia.) Nos detalhes, micrografias dos tipos de tecido que o compõem. **(A)** Tecido ósseo compacto localizado na parte externa do osso. (Imagem obtida com microscópio eletrônico, colorizada artificialmente e ampliada cerca de 220 vezes.) **(B)** Tecido ósseo esponjoso localizado no interior do osso. (Imagem obtida com microscópio eletrônico, colorizada artificialmente e ampliada cerca de 18 vezes.)

Fonte: TORTORA, G. J.; DERRICKSON, B. *Corpo humano*: fundamentos de Anatomia e Fisiologia. Porto Alegre: Artmed, 2016.

A **matriz óssea** envolve as células desse tecido e é composta de sais minerais e proteínas. Ela é produzida pelas células.

Ao ser formada, a matriz óssea não é rígida. Ela só adquire rigidez gradualmente, com o acúmulo de minerais, principalmente aqueles com cálcio e fósforo, o que torna o osso rígido.

As proteínas conferem certa flexibilidade, e a falta delas torna os ossos quebradiços.

A parte externa dos ossos é maciça e formada por tecido ósseo compacto. O interior é constituído pelo tecido ósseo esponjoso e apresenta inúmeras pequenas cavidades que, em alguns ossos, são preenchidas pela medula óssea vermelha ou amarela. Todos os ossos são revestidos externamente pelo periósteo, um tipo de membrana.

A **medula óssea vermelha**, encontrada nas cavidades do tecido ósseo esponjoso das vértebras, das costelas e dos ossos longos, é capaz de originar células do sangue e outros tipos celulares.

A **medula óssea amarela**, encontrada nas cavidades do tecido ósseo esponjoso de determinados ossos, armazena alguns tipos de gordura.

Os ossos podem ser chatos, como os do crânio, curtos como as vértebras, ou longos como o fêmur.

AS ARTICULAÇÕES

O local em que há junção de dois ou mais ossos é denominado **articulação**. As articulações podem apresentar **cartilagens**, um tipo de tecido mais mole que o ósseo porém com certa resistência, e **ligamentos**, faixas de tecido fibroso. As cartilagens diminuem o atrito e o desgaste dos ossos. Entre elas existe o líquido sinovial, que atua como lubrificante. Já os ligamentos impedem que os ossos saiam do lugar e mantêm as articulações na posição correta.

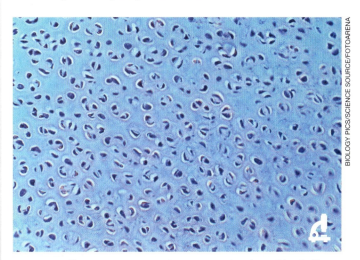

As articulações apresentam cartilagem, um tipo de tecido similar ao ósseo e com matriz extracelular flexível. Em razão de suas características, a cartilagem diminui o atrito entre os ossos durante o movimento. (Imagem obtida com microscópio óptico e ampliada cerca de 4 vezes.)

SAIBA MAIS!

Medula óssea: fonte de células-tronco

A medula óssea vermelha possui células-tronco multipotentes, que podem se diferenciar em todos os tipos de célula sanguínea. Algumas doenças estão associadas ao mau funcionamento da medula óssea; é o caso da leucemia. O transplante de medula óssea tem sido a esperança de cura de muitos pacientes com leucemia, pois ele é capaz de substituir as células doentes por células saudáveis de um doador compatível. Para ser doador, é preciso ter entre 18 e 54 anos e estar com boa saúde. Em geral, para a doação, parte da medula óssea do osso da bacia do doador é retirada. Essas células são injetadas na veia do receptor e, pela circulação, vão se instalar no interior dos ossos e começar a produzir componentes do sangue como glóbulos vermelhos, glóbulos brancos e plaquetas.

DE OLHO NO TEMA

- Não é rara a notícia de que um atleta rompeu o ligamento do joelho durante a prática de exercício físico. O que significa a ruptura de um ligamento? Quais são as possíveis consequências de um ligamento rompido não se recompor?

TEMA 2

SISTEMA MUSCULAR

O tecido muscular apresenta células especializadas em se contrair.

TECIDO MUSCULAR

As células responsáveis pelo movimento dos músculos são chamadas **miócitos**, essas células são alongadas com filamentos microscópicos de proteína – as **miofibrilas** –, as quais são capazes de se contrair ou alongar. Os miócitos também podem ser chamados fibras musculares.

TIPOS DE MÚSCULO

Existem três tipos de tecido muscular no corpo humano com funções e características diferentes.

Os **músculos estriados esqueléticos** são responsáveis pela movimentação do corpo. Estão ligados aos ossos por feixes de tecido denominados **tendões**. São músculos de contração rápida e voluntária. O tecido é chamado estriado porque as fibras que o compõem apresentam faixas (estrias) transversais.

O **músculo estriado cardíaco** é responsável pelos batimentos do coração. Tem contração rápida e involuntária.

Os **músculos não estriados**, também chamados músculos lisos, têm contração lenta e involuntária. São responsáveis pelos movimentos de órgãos internos, como os movimentos peristálticos do sistema digestório.

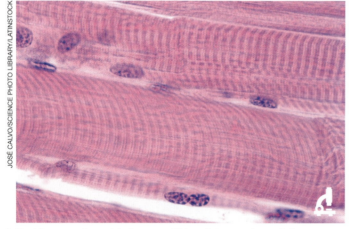

Tecido muscular estriado esquelético visto ao microscópio. Os miócitos desse tecido, também chamados fibras musculares estriadas esqueléticas, são formados pela fusão de inúmeras células que produzem proteínas que tornam essas fibras contráteis e apresentam vários núcleos. (Imagem obtida com microscópio óptico e ampliada cerca de 720 vezes.)

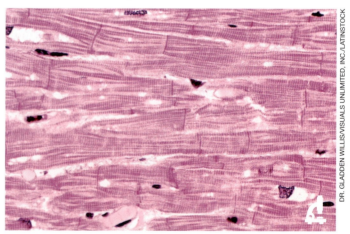

Tecido muscular estriado cardíaco visto ao microscópio. Esse tecido é encontrado apenas no coração, suas fibras musculares são formadas por células dotadas de um só núcleo e suas células conectam-se umas às outras. (Imagem obtida com microscópio óptico e ampliada cerca de 20 vezes.)

CONTRAÇÃO MUSCULAR

A contração muscular ocorre por causa da movimentação de filamentos de **actina** e **miosina**, duas proteínas encontradas no tecido muscular. Além delas, outras proteínas e materiais participam da contração muscular.

CONTRAÇÃO MUSCULAR

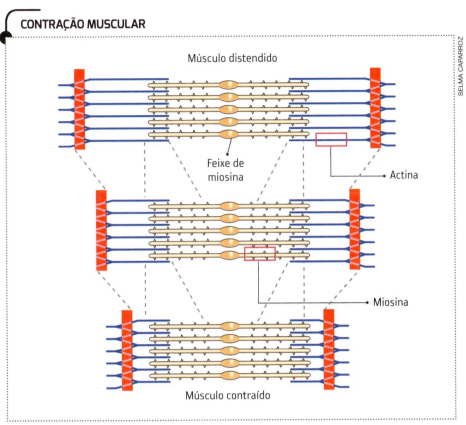

Fonte: SADAVA, D. et al. Vida: a ciência da Biologia. 8. ed. Porto Alegre: Artmed, 2009.

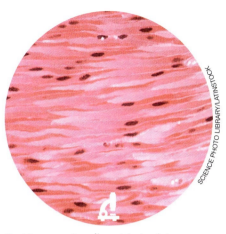

Tecido muscular não estriado visto ao microscópio. Esse tecido é formado por células com as extremidades afiladas. (Imagem obtida com microscópio óptico e ampliada cerca de 142 vezes.)

Os feixes formados por miosina e actina se sobrepõem, contraindo o músculo, ou se estendem, distendendo o músculo. Essa movimentação requer energia. (Imagem sem escala; cores-fantasia.)

MOVIMENTO

Para nos movimentar, necessitamos dos músculos ligados aos ossos por tendões. Quando o músculo se contrai, ele move o osso ao qual está ligado; esse movimento também envolve as articulações.

Muitos músculos esqueléticos trabalham aos pares: enquanto um contrai, o outro relaxa. Por exemplo, quando o bíceps (músculo da parte superior do braço) contrai, o tríceps (músculo da parte inferior do braço) distende e o antebraço se eleva. Quando o tríceps contrai, o bíceps distende e o antebraço abaixa.

Além de possibilitar movimentos, os sistemas esquelético e muscular mantêm a postura ereta do corpo humano.

DE OLHO NO TEMA

- O veneno curare é muito utilizado por índios na caça. Ele paralisa alguns movimentos da presa, porém o coração e o peristaltismo não são afetados. Em que tipo de tecido muscular o curare atua?

TEMA 3

LESÕES NAS ESTRUTURAS LOCOMOTORAS

LESÕES EM OSSOS E ARTICULAÇÕES

A entorse, a luxação e a fratura são exemplos de lesões relacionadas aos ossos e às articulações. Todas elas devem ser tratadas com auxílio médico.

Entorse é o estiramento dos ligamentos das articulações. Causa dor e inchaço, que geralmente diminuem com aplicação de bolsas de gelo e imobilização do local.

Luxação é um deslocamento da articulação. Os ossos saem do lugar e os ligamentos distendem-se ou rompem-se. Causa impossibilidade de movimentação da articulação atingida e dor intensa. Um profissional especializado deve ser procurado para reposicionar o osso. Para a recuperação, pode ser necessário imobilizar o local.

Fratura é a quebra do osso. Causa forte dor no local, que aumenta quando se tenta mover o osso fraturado. A região atingida pode ficar inchada e com hematomas. Geralmente, é necessário reposicionar o osso e imobilizar o local da fratura, engessando-o ou enfaixando-o. Logo após a lesão, como há rompimento de vasos sanguíneos, forma-se um coágulo de sangue na região fraturada. Em seguida, as células do tecido ósseo formam uma rede no local afetado. Após uma ou duas semanas, ocorre a formação de tecido ósseo esponjoso. Em alguns meses, os vasos sanguíneos da região estão regenerados e o novo tecido ósseo está formado.

> Apesar de serem muito resistentes, os ossos, as articulações e os músculos estão sujeitos a lesões.

Estiramento: distensão, alongamento além do normal.

Hematoma: mancha arroxeada causada pela ruptura de capilares sanguíneos no interior de um tecido.

(**A**) Radiografia que mostra luxação dos ossos do ombro.

(**B**) Radiografia que mostra fratura do fêmur da perna direita.

LESÕES NOS MÚSCULOS E NOS TENDÕES

O estiramento e a distensão muscular são exemplos de lesões musculares, e a tendinite, de lesão nos tendões.

O **estiramento** e a **distensão muscular** ocorrem quando o músculo é muito esticado. No caso da distensão ocorre ruptura de células musculares. Ambas as lesões causam dor e dificuldade para realizar os movimentos relacionados ao músculo lesionado. Para visualizar esse tipo de lesão, em geral, podem ser realizados exames de imagem, como ressonância magnética e ultrassonografia.

Tendinite é uma inflamação nos tendões causada por movimentos repetitivos. Causa dor e sensação de fraqueza no membro afetado. O local pode ser imobilizado e os movimentos que causaram a tendinite devem ser evitados.

O tratamento de qualquer uma dessas lesões deve ser feito com acompanhamento médico.

PRÓTESES E ÓRTESES

Muitos profissionais da saúde indicam o uso de próteses e órteses para que pessoas que sofreram algum tipo de lesão ou que apresentam deficiência física possam realizar atividades físicas, melhorar a coordenação motora ou se recuperar.

Próteses são dispositivos internos ou externos implantados no corpo para suprir a falta de um órgão ou restaurar uma função comprometida. Alguns exemplos são pernas e braços mecânicos, implantes e próteses dentárias e articulações artificiais.

Órteses são aparelhos usados para imobilizar ou auxiliar nos movimentos. Podem ser temporárias, para a recuperação de um ligamento ou de um osso; ou duradouras, para deficiências permanentes.

No desenvolvimento de próteses e órteses, procuram-se encontrar materiais mais leves, resistentes e confortáveis. Para isso, conta-se com o conhecimento de diversos profissionais, como engenheiros, médicos, fisioterapeutas, terapeutas ocupacionais e dentistas.

(A)

(B)

Próteses e orteses podem ter várias funções e formatos. (**A**) Próteses para substituir membros inferiores amputados. (**B**) Órtese para imobilizar a mão.

DE OLHO NO TEMA

- Uma lesão muscular pode afetar o funcionamento de um osso? Explique sua resposta.

ATIVIDADES — TEMAS 1 A 3

ORGANIZAR O CONHECIMENTO

1. Analise o esquema de um osso em corte. Em seguida, responda às questões.

a) Quais são as principais funções do esqueleto?

b) Em que parte desse osso pode ser encontrada medula óssea vermelha?

2. Classifique cada um dos itens a seguir como pertencente ao sistema esquelético ou muscular.

a) Miofibrilas.
b) Cartilagem.
c) Miócitos.
d) Osteócitos.

3. Relacione as estruturas indicadas pelos números com as letras que indicam as funções.

I) Músculo estriado esquelético.
II) Músculo estriado cardíaco.
III) Músculo não estriado.

a) Responsável pelos movimentos dos órgãos internos.
b) Responsável, com os ossos e as articulações, pela locomoção do corpo.
c) Responsável pelos batimentos do coração.

ANALISAR

4. Um médico atendeu os seguintes pacientes.

I. Dona Ângela, aposentada de 70 anos, que sofreu uma queda na rua. Seu braço esquerdo ficou inchado e com hematomas. A dor era intensa e piorava quando ela tentava mover o membro. O médico solicitou uma radiografia e imobilizou o local com gesso.

II. José Carlos, de 23 anos, atleta que estava com dor e inchaço no joelho. O médico aplicou no local uma bolsa de gelo. Em seguida, o joelho foi imobilizado.

III. Mariana, 45 anos, escritora cujo trabalho implica passar muito tempo digitando no teclado do computador. Chegou com dor e sensação de fraqueza no polegar da mão direita. O médico receitou um anti-inflamatório, imobilizou o polegar e concedeu uma licença para que ela não trabalhasse por 15 dias.

- Em dupla, indiquem o possível diagnóstico dado pelo médico para cada caso.

5. As figuras abaixo representam etapas do processo de reparação do osso após uma fratura. Ordene e descreva sucintamente essas etapas.

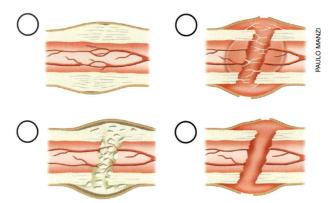

(Imagens sem escala; cores-fantasia.)

COMPARTILHAR

6. Leia o texto e responda à questão.

A osteoporose é uma condição mais comum em [pessoas] acima dos 45 anos que deixa os ossos frágeis e porosos. À medida que vai progredindo com o avançar da idade, a doença aumenta o risco de fraturas, especialmente do quadril, da costela e colo do fêmur.

A estrutura do nosso esqueleto vive em constante renovação. Ganhamos massa óssea até os 20 anos de idade e perdemos com maior velocidade depois dos 40. Dois tipos de células – os osteoclastos e os osteoblastos – estão envolvidos no ciclo de renovação dos ossos. Os osteoclastos promovem a absorção de minerais, eliminando áreas de tecido ósseo e criando umas cavidades.

Os osteoblastos, por sua vez, são encarregados de preencher essas cavidades, produzindo ossos novos. Para isso, usam o cálcio, absorvido com a ajuda da vitamina D. Assim, a cada três meses 10% do esqueleto se renova. [...]

Fonte: TENORIO, G.; PINHEIRO C. O que é osteoporose e quais seus sintomas, tratamentos e causas. *Saúde*. Disponível em: <http://mod.lk/lfbaz>. Acesso em: jul. 2018.

a) Explique como a osteoporose aumenta o risco de fraturas.

b) Para pessoas com osteoporose, um tombo pode causar grandes problemas. Por quê?

c) Pesquise com as pessoas mais velhas que moram com você ou que você conhece se alguma delas tem osteoporose e, em caso positivo, quais os cuidados que toma por causa dessa condição. Compartilhe com seus colegas que alterações ocorrem no estilo de vida das pessoas que têm osteoporose.

d) Pesquise: o que pode ser feito para evitar a osteoporose?

PENSAR CIÊNCIA

Próteses

O uso de próteses é muito abrangente e pode ajudar a melhorar a qualidade de vida de diversas pessoas. Próteses podem ser utilizadas em diversas situações, tanto para alterar aspectos estéticos como até para permitir a sobrevivência de pessoas que passaram por acidentes, ajudando a recuperar lesões cerebrais ou possibilitando a realização de movimentos.

Em razão de sua grande diversidade, a construção de próteses compreende diversos profissionais e cuidados. A fabricação e o uso de próteses dentárias, por exemplo, exige cuidados e procedimentos muito diferentes daqueles envolvidos em uma prótese de joelho ou quadril. Os cuidados incluem a escolha do material, como será feita sua ligação ao corpo da pessoa e se ele pode favorecer a ocorrência de infecções, entre outros.

O tipo de material utilizado varia de acordo com a função da prótese. Ela pode ser mais maleável ou rígida, dependendo de sua finalidade. É necessário um controle severo do tipo, da qualidade e das especificações do material para evitar problemas como corrosão ou quebra. Além disso, é importante que existam próteses de materiais diversificados, em razão de possíveis alergias.

Os procedimentos mais modernos incluem um desenvolvimento específico de próteses individualizadas para o usuário. São feitos diversos exames de imagem, como tomografias, para montar modelos em computadores que depois são fabricados por impressoras 3D.

As próteses costumam ser apenas uma parte do tratamento. Após um implante de uma prótese na perna, por exemplo, são necessários diversos exercícios, fisioterapia e acompanhamento médico para que uma pessoa possa voltar a andar.

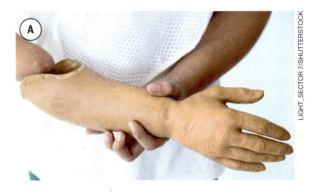

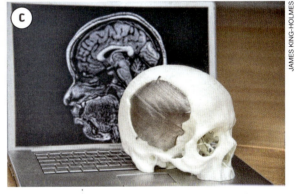

Existem diversos tipos de prótese, com as mais diversas aplicações e feitos com diferentes materiais. (**A**) Braço artificial; (**B**) prótese metálica de joelho; (**C**) prótese metálica de crânio. As duas últimas foram feitas com o auxílio de impressoras 3D.

ATIVIDADES

1. Cite alguns cuidados que devem ser tomados na fabricação e na implantação de próteses.
2. Qual é a importância de desenvolver novos materiais para próteses?
3. Quais são as vantagens de moldar uma prótese e imprimi-la em 3D de forma que ela seja específica para uma pessoa?

TEMA 4

SISTEMA NERVOSO

O sistema nervoso integra e coordena diversas funções e as ações do corpo.

O sistema nervoso humano integra todos os estímulos recebidos pelo corpo e coordena suas funções e suas ações. A unidade estrutural e funcional do sistema nervoso é o **neurônio**, célula altamente especializada na transmissão e na integração das mensagens (estímulos) recebidas do ambiente.

Informações captadas por órgãos dos sentidos (como a luz que forma uma imagem ou um som) e por mecanismos internos do corpo (como o aumento da concentração de gás carbônico no sangue) estimulam os neurônios, que produzem **impulsos nervosos** que acionam órgãos do sistema nervoso, capazes de elaborar respostas a esses estímulos.

TIPOS DE NEURÔNIO

Dependendo do modo como atuam no organismo, os neurônios podem ser classificados em sensitivos, motores ou associativos.

Os **neurônios sensitivos** levam as informações dos órgãos dos sentidos (olhos, orelhas, língua, pele e nariz) até o sistema nervoso central.

Os **neurônios motores** levam as mensagens de ação (sentar, correr, pular etc.) do sistema nervoso central até as glândulas e os músculos.

Os **neurônios associativos** ligam os neurônios sensitivos aos neurônios motores.

Os neurônios trabalham de maneira coordenada para interpretar os estímulos do ambiente e responder a eles. A coordenação nervosa tem início sempre após a percepção de estímulos, seguindo para o sistema nervoso e deste para os órgãos que executam as respostas.

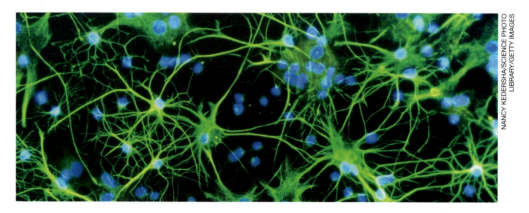

Os neurônios se comunicam, transmitindo impulsos nervosos que acionam respostas ou levam informações ao encéfalo. Existem espaços microscópicos entre suas terminações. (Imagem obtida em microscópio eletrônico, colorizada artificialmente, com aumento de cerca de 440 vezes.)

O SISTEMA NERVOSO CENTRAL

Simplificadamente, o sistema nervoso pode ser dividido em duas partes: **sistema nervoso central** e **sistema nervoso periférico**.

O sistema nervoso central é formado pelo **encéfalo** e pela **medula espinal**. Essas estruturas são compostas de bilhões de neurônios e de outras células, constituindo centros de coordenação nervosa.

O ENCÉFALO

O encéfalo é a maior estrutura de integração e controle do sistema nervoso. Ele é protegido pelos ossos do crânio e por três membranas sobrepostas, as **meninges**. Entre as meninges circula o líquido cerebrospinal ou liquor, que protege o tecido nervoso. Os órgãos componentes do encéfalo são o **cérebro**, o **cerebelo** e o **tronco encefálico**.

O CÉREBRO

O **cérebro** é o órgão mais volumoso do encéfalo e divide-se em dois hemisférios: direito e esquerdo. Em um indivíduo adulto, a massa cerebral tem aproximadamente 1.200 gramas.

No cérebro distinguem-se duas partes: a mais externa, denominada córtex cerebral, e a mais interna, a medula cerebral.

O **córtex cerebral** é formado pela substância cinzenta, que consiste basicamente no conjunto de corpos celulares dos neurônios. Essa área do cérebro é responsável pela memória, pela inteligência e pela consciência. Já a **medula cerebral** é formada pela substância branca, constituída por axônios que conectam neurônios localizados em regiões diferentes do corpo.

Além de centralizar as ações conscientes, o cérebro recebe e processa as informações enviadas pelos sentidos (visão, audição, tato, gustação e olfato), coordena os movimentos voluntários (como caminhar, falar e pegar objetos) e é o centro de memória, inteligência, linguagem, criatividade e outras atividades intelectuais.

ENCÉFALO

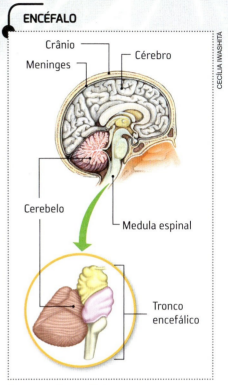

Esquema do encéfalo em corte mostrando no detalhe o cerebelo e o tronco encefálico. As três meninges encefálicas não podem ser visualizadas individualmente nesse esquema. (Imagem sem escala; cores-fantasia.)

Fonte: CAMPBELL, N. A. et al. *Biology*: concepts and connections. 6. ed. São Francisco: Benjamin Cummings, 2008.

CÓRTEX E MEDULA CEREBRAL

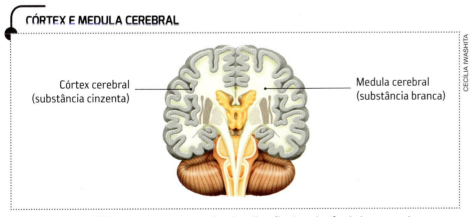

Esquema do encéfalo em corte, mostrando a localização da substância branca e da substância cinzenta no cérebro. (Imagem sem escala; cores-fantasia.)

Fonte: PARKER, S. T. *The human body book*: an illustrated guide to its structure, function and disorders. Londres: Dorling Kindersley, 2007.

O HIPOTÁLAMO

O hipotálamo é uma área do cérebro encarregada de coordenar órgãos internos e atividades de manutenção do corpo, como o controle da temperatura corporal e da quantidade de materiais no sangue, como a glicose e o gás carbônico. O hipotálamo também regula a ingestão de alimentos, por meio das sensações de fome e de saciedade, e a ingestão de líquidos, pela sensação de sede, além de estar associado aos sentimentos de raiva e de prazer e à sensação de dor.

O CEREBELO

O **cerebelo** está situado na parte posterior, sob o cérebro, e atrás do tronco encefálico. Assim como o cérebro, ele também apresenta dois hemisférios, constituídos de substância cinzenta na superfície e substância branca no interior. Além de ajudar a coordenar o movimento dos músculos, o cerebelo atua no controle do equilíbrio e da postura do corpo.

O TRONCO ENCEFÁLICO

No tronco encefálico são elaboradas ordens para a realização de atividades vitais e involuntárias, como o controle dos batimentos cardíacos, a respiração, a deglutição, a tosse, o vômito e o espirro. Sua porção mais inferior está ligada à medula espinal.

A MEDULA ESPINAL

A **medula espinal** é um cordão de tecido nervoso alojado na coluna vertebral. As vértebras são ossos que envolvem a medula, proporcionando estabilidade e proteção contra choques mecânicos.

Em um adulto, a medula espinal tem aproximadamente a espessura de um dedo mínimo. Na medula, a substância cinzenta ocupa a parte interna, e a substância branca, a parte externa. Ao longo da medula partem nervos dispostos em pares. No total, são 31 pares de nervos conectados a ela.

A medula espinal exerce duas funções principais: servir de via de conexão entre os nervos e o encéfalo e elaborar respostas simples e rápidas para determinados estímulos, geralmente relacionados a situações de emergência, como afastar a mão de uma superfície quente.

Lesões na medula podem produzir paralisia e perda da sensibilidade em muitos órgãos, desde os pés até a cabeça, dependendo da altura da lesão. Isso ocorre porque a lesão interrompe a comunicação entre o encéfalo e os nervos provenientes de órgãos abaixo dela.

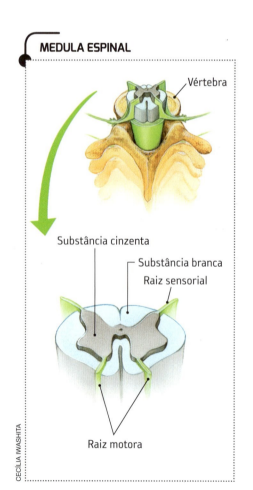

Representação da estrutura da medula espinal. (Imagem sem escala; cores-fantasia.)

Fonte: TORTORA, G. J.; DERRICKSON, B. *Corpo humano*: fundamentos de Anatomia e Fisiologia. Porto Alegre: Artmed, 2016.

O SISTEMA NERVOSO PERIFÉRICO

O sistema nervoso periférico (SNP) é constituído por **nervos** e **gânglios nervosos** e sua função é conectar o sistema nervoso central ao resto do corpo.

Os nervos são conjuntos de dendritos e axônios que levam mensagens dos órgãos receptores para o sistema nervoso central ou do sistema nervoso central para os órgãos efetores. Eles se ramificam e se espalham por todo o corpo.

Nervos ligados ao encéfalo são chamados **nervos cranianos** e nervos ligados à medula espinal são denominados **nervos espinais**, ou nervos raquidianos. As pessoas possuem 12 pares de nervos cranianos e 31 pares de nervos espinais. Os nervos cranianos são responsáveis pelo fluxo de impulsos nervosos entre encéfalo, órgãos dos sentidos e músculos, principalmente da região da cabeça. Já os nervos espinais relacionam a medula espinal a músculos e células de diversas partes do corpo.

Os gânglios nervosos são pequenas dilatações que contêm corpos celulares de neurônios, presentes em determinados nervos.

O sistema nervoso periférico abrange todas as partes do corpo humano. Para facilitar seu estudo, costuma-se dividi-lo em **sistema nervoso periférico voluntário** e **sistema nervoso periférico autônomo**.

ESTRUTURA DE UM NERVO

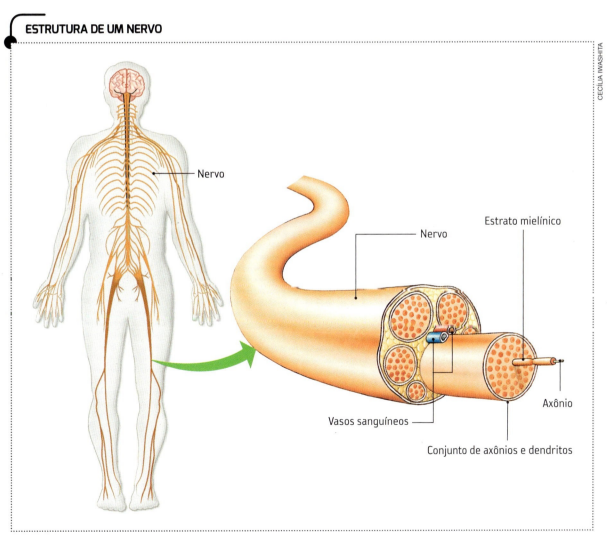

Esquema com a estrutura de um nervo em corte. (Imagens sem escala; cores-fantasia.)

Fonte: WALKER, R. *The children's atlas of the human body*. Markhan: Fitzhenry & Whiteside, 2002.

81

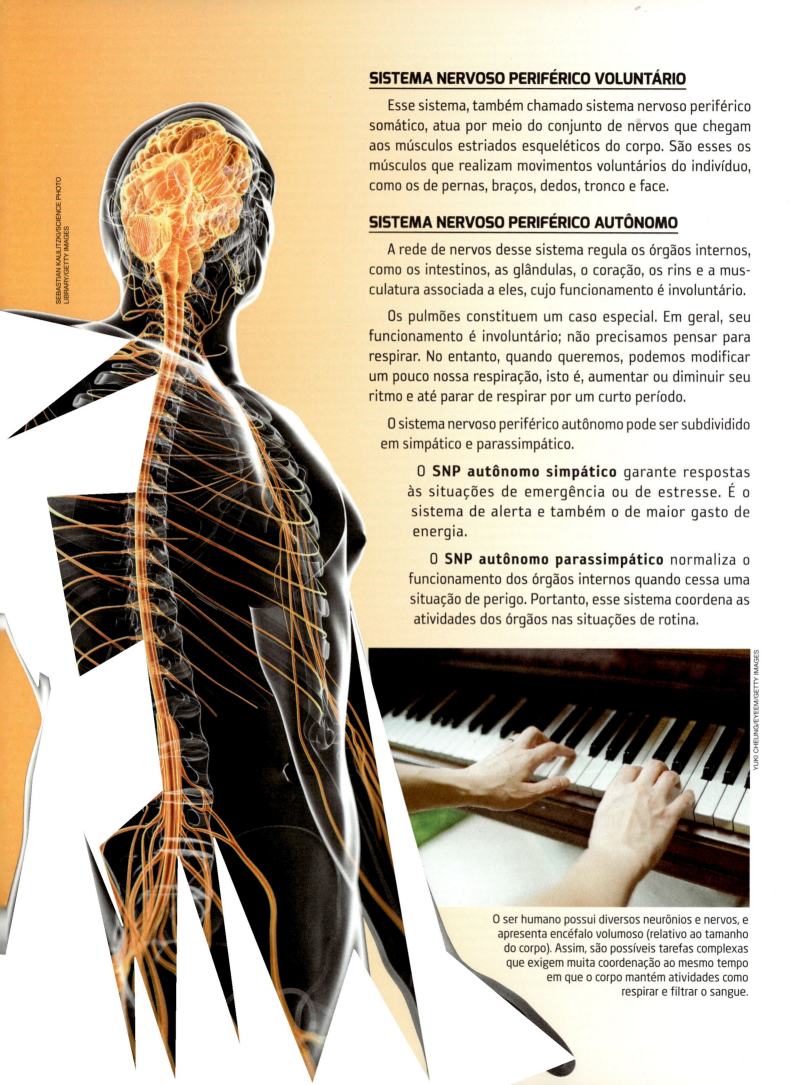

SISTEMA NERVOSO PERIFÉRICO VOLUNTÁRIO

Esse sistema, também chamado sistema nervoso periférico somático, atua por meio do conjunto de nervos que chegam aos músculos estriados esqueléticos do corpo. São esses os músculos que realizam movimentos voluntários do indivíduo, como os de pernas, braços, dedos, tronco e face.

SISTEMA NERVOSO PERIFÉRICO AUTÔNOMO

A rede de nervos desse sistema regula os órgãos internos, como os intestinos, as glândulas, o coração, os rins e a musculatura associada a eles, cujo funcionamento é involuntário.

Os pulmões constituem um caso especial. Em geral, seu funcionamento é involuntário; não precisamos pensar para respirar. No entanto, quando queremos, podemos modificar um pouco nossa respiração, isto é, aumentar ou diminuir seu ritmo e até parar de respirar por um curto período.

O sistema nervoso periférico autônomo pode ser subdividido em simpático e parassimpático.

O **SNP autônomo simpático** garante respostas às situações de emergência ou de estresse. É o sistema de alerta e também o de maior gasto de energia.

O **SNP autônomo parassimpático** normaliza o funcionamento dos órgãos internos quando cessa uma situação de perigo. Portanto, esse sistema coordena as atividades dos órgãos nas situações de rotina.

O ser humano possui diversos neurônios e nervos, e apresenta encéfalo volumoso (relativo ao tamanho do corpo). Assim, são possíveis tarefas complexas que exigem muita coordenação ao mesmo tempo em que o corpo mantém atividades como respirar e filtrar o sangue.

Os sistemas simpático e parassimpático coordenam ações antagônicas no controle das funções do organismo. Observe algumas dessas ações no esquema a seguir.

Antagônico: contrário; oposto.

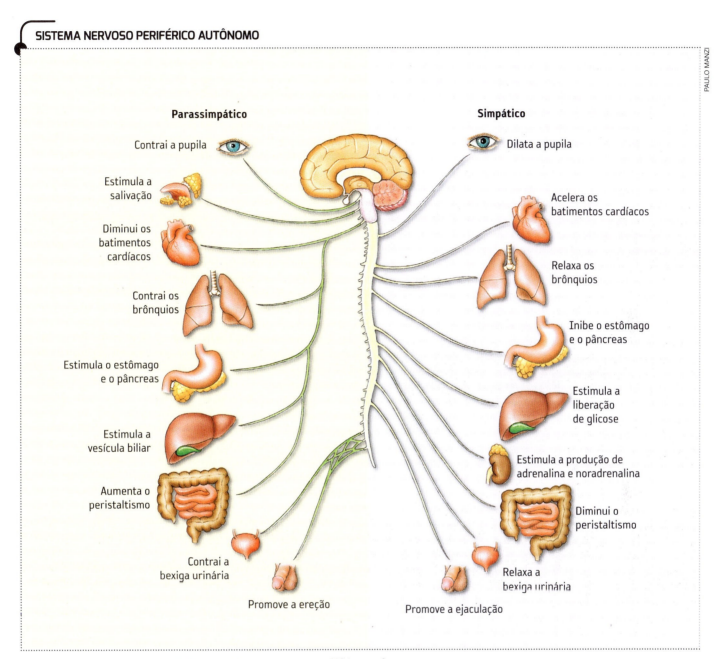

Representação das ações controladas pelo sistema nervoso periférico autônomo.
(Imagem sem escala; cores-fantasia.)

Fonte: CAMPBELL, N. A. et al. *Biology*: concepts and connections. 6. ed. São Francisco: Benjamin Cummings, 2008.

DE OLHO NO TEMA

1. Imagine que você está andando na rua e toma um susto com uma buzina repentina. Qual parte do sistema nervoso é responsável por esse tipo de reação?

2. Depois de sofrer um acidente de moto, uma pessoa deixou de sentir as pernas. Por que isso pode ter acontecido?

TEMA 5

SISTEMA ENDÓCRINO

🔑 Os hormônios são essenciais para a regulação de diversos processos corpóreos.

O sistema endócrino é composto de **glândulas endócrinas**, estruturas formadas por células que produzem materiais utilizados em outras partes do corpo. O termo endócrino indica que esses materiais são liberados dentro do corpo, por exemplo no sangue.

As glândulas endócrinas secretam **hormônios**, substâncias produzidas e liberadas em pequenas quantidades no sangue ou em outros fluidos corporais, exercendo um efeito específico sobre uma ou mais partes do corpo. A produção de hormônios pelas glândulas endócrinas é controlada pelo sistema nervoso e pelas próprias glândulas.

LOCALIZAÇÃO E HORMÔNIOS DE ALGUMAS GLÂNDULAS ENDÓCRINAS

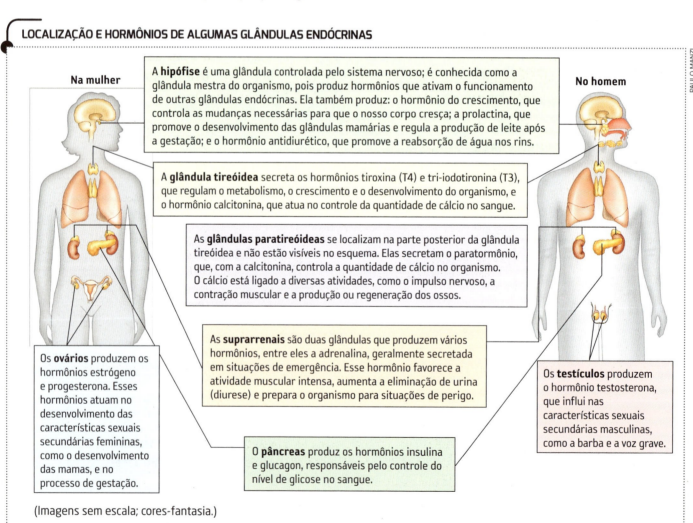

Na mulher / No homem

A **hipófise** é uma glândula controlada pelo sistema nervoso; é conhecida como a glândula mestra do organismo, pois produz hormônios que ativam o funcionamento de outras glândulas endócrinas. Ela também produz: o hormônio do crescimento, que controla as mudanças necessárias para que o nosso corpo cresça; a prolactina, que promove o desenvolvimento das glândulas mamárias e regula a produção de leite após a gestação; e o hormônio antidiurético, que promove a reabsorção de água nos rins.

A **glândula tireóidea** secreta os hormônios tiroxina (T4) e tri-iodotironina (T3), que regulam o metabolismo, o crescimento e o desenvolvimento do organismo, e o hormônio calcitonina, que atua no controle da quantidade de cálcio no sangue.

As **glândulas paratireóideas** se localizam na parte posterior da glândula tireóidea e não estão visíveis no esquema. Elas secretam o paratormônio, que, com a calcitonina, controla a quantidade de cálcio no organismo. O cálcio está ligado a diversas atividades, como o impulso nervoso, a contração muscular e a produção ou regeneração dos ossos.

As **suprarrenais** são duas glândulas que produzem vários hormônios, entre eles a adrenalina, geralmente secretada em situações de emergência. Esse hormônio favorece a atividade muscular intensa, aumenta a eliminação de urina (diurese) e prepara o organismo para situações de perigo.

Os **ovários** produzem os hormônios estrógeno e progesterona. Esses hormônios atuam no desenvolvimento das características sexuais secundárias femininas, como o desenvolvimento das mamas, e no processo de gestação.

O **pâncreas** produz os hormônios insulina e glucagon, responsáveis pelo controle do nível de glicose no sangue.

Os **testículos** produzem o hormônio testosterona, que influi nas características sexuais secundárias masculinas, como a barba e a voz grave.

(Imagens sem escala; cores-fantasia.)

Fonte: TORTORA, G. J.; DERRICKSON, B. *Corpo humano*: fundamentos de Anatomia e Fisiologia. Porto Alegre: Artmed, 2016.

Glicose: tipo de açúcar utilizado no metabolismo celular.

A ação dos hormônios é específica devido a **receptores**, estruturas na membrana da célula que reconhecem especificamente cada hormônio. Assim, um hormônio pode estar em contato com diversas células, mas só vai produzir efeitos nas que apresentarem receptores para ele.

Com o sistema nervoso, o sistema endócrino controla muitas funções do corpo humano, como o crescimento, a velocidade do metabolismo, a absorção de nutrientes, a produção de leite nas lactantes e o desenvolvimento sexual.

AS GLÂNDULAS ENDÓCRINAS

Podem ser citadas como exemplos de glândulas endócrinas a hipófise, a glândula tireóidea, as glândulas paratireóideas, as suprarrenais, o pâncreas, os testículos e os ovários.

De modo geral, os hormônios são produzidos continuamente nas glândulas endócrinas, mas são secretados somente quando essas glândulas recebem um estímulo.

Outras glândulas endócrinas são constituídas por células capazes de detectar estímulos que indicam a necessidade de secreção de seus hormônios. É o caso do pâncreas.

O pâncreas produz dois hormônios: o **glucagon** e a **insulina**, que têm funções antagônicas. Enquanto o glucagon eleva a concentração de glicose no sangue, a insulina a reduz.

O excesso de açúcar no sangue prejudica a circulação sanguínea e pode causar danos em vários órgãos, como os olhos, os rins, o cérebro e a pele. A falta de açúcar no sangue, ao contrário, reduz a disponibilidade de energia para os tecidos.

Quando a concentração de glicose no sangue aumenta, o pâncreas é estimulado a secretar insulina. Esta estimula a absorção e utilização de glicose pelas células do corpo. Assim, o nível de glicose no sangue cai.

Quando a concentração de glicose no sangue fica muito baixa, o pâncreas é estimulado a secretar glucagon. Como consequência da ação desse hormônio, o fígado libera glicose no sangue, aumentando sua concentração.

CONTROLE DA CONCENTRAÇÃO DE GLICOSE NO SANGUE

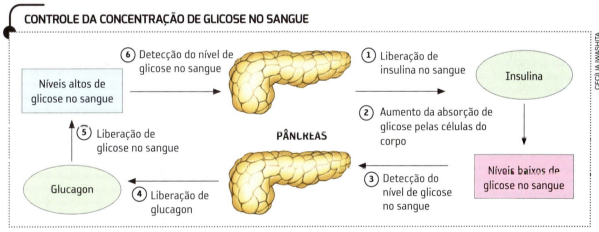

(Imagens sem escala; cores-fantasia.)

Fonte: CAMPBELL, N. A. et al. *Biology*: concepts and connections. 6. ed. São Francisco: Benjamin Cummings, 2008.

DE OLHO NO TEMA

1. A ação das glândulas suprarrenais soma-se à ação de qual parte do sistema nervoso? Quais são os efeitos produzidos no organismo pelo hormônio adrenalina, secretado por essas glândulas?

2. Explique o que acontece com a produção de insulina e glucagon após uma refeição.

TEMA 6

SAÚDE DOS SISTEMAS NERVOSO E ENDÓCRINO

Fisiologia do estresse
O objeto digital apresenta algumas respostas físicas ao estresse, envolvendo reações em diversas partes do corpo humano.

Diversos distúrbios podem afetar os sistemas nervoso e endócrino.

Trilha de estudo
Vai estudar? Nosso assistente virtual no *app* pode ajudar!
<http://mod.lk/tr8u03>

DISTÚRBIOS NEUROLÓGICOS

O sistema nervoso, como outros sistemas do corpo humano, está sujeito a infecções por bactérias e vírus. Algumas dessas infecções provocam doenças, como a poliomielite e a hidrofobia (raiva), que podem causar paralisias ou até mesmo a morte. Felizmente, a vacinação de pessoas, no caso da poliomielite, ou dos animais transmissores, no caso da raiva, pode prevenir essas doenças, que já causaram dificuldades a milhares de pessoas.

DOENÇAS DEGENERATIVAS

São aquelas relacionadas a alteração do funcionamento de células, tecidos ou órgãos. Os exemplos mais comuns são a **doença de Parkinson**, distúrbio que provoca tremores e afeta os movimentos, tornando-os instáveis, e a **doença de Alzheimer**, que causa perda de memória, da fala e/ou da percepção. Não há cura definitiva para essas doenças, embora existam tratamentos capazes de melhorar a vida dos pacientes.

TRANSTORNOS MENTAIS

Pode ser citada uma infinidade desses transtornos, como: transtorno obsessivo-compulsivo (a pessoa afetada passa, por exemplo, a comer ou a fazer compras exageradamente, sem conseguir parar); depressão (estado de apatia e ampla falta de disposição, mesmo sem motivo aparente); e transtornos psicóticos (a pessoa afetada não interpreta adequadamente a realidade e tem delírios ou alucinações — caso dos esquizofrênicos). Esses distúrbios são decorrentes de muitas causas (genética, uso de drogas, doenças etc.), ainda não totalmente conhecidas. O tratamento exige acompanhamento médico.

PREVENÇÃO DE DISTÚRBIOS NEUROLÓGICOS

Algumas atitudes ajudam a prevenir os distúrbios neurológicos, como:
- manter uma alimentação saudável e equilibrada;
- praticar regularmente tanto exercícios físicos quanto mentais, como leitura, jogos que estimulem o raciocínio (xadrez, palavras cruzadas etc.) e atividades manuais (bordado, tocar instrumentos musicais etc.);
- reservar tempo para o descanso e o lazer, evitando o estresse;
- evitar o consumo de álcool, cigarro e outras drogas.

Atividades manuais, como desenhar e pintar, ajudam a prevenir doenças degenerativas ou psíquicas.

DESEQUILÍBRIOS ENDÓCRINOS

O excesso ou a falta de um hormônio, ou mesmo a dificuldade de ele ser reconhecido pelas células, põem em risco o equilíbrio do organismo, desencadeando as chamadas disfunções hormonais. Entre elas, encontram-se o diabetes, o hipotireoidismo e o hipertireoidismo.

DIABETES

O diabetes é uma doença provocada pela produção e/ou ação insuficientes da insulina. Como consequência, parte da glicose que circula no sangue — proveniente da digestão dos alimentos — não é absorvida pelas células e acumula-se no sangue. Os sintomas mais comuns são: sede, aumento da frequência de urinar, fadiga e aumento do apetite.

Dois tipos de diabetes são mais frequentes: o tipo I e o tipo II.

O diabetes tipo I, também chamado de diabetes juvenil, deve-se à destruição das células produtoras de insulina por uma resposta autoimune, ou seja, o organismo entende que as próprias células são corpos estranhos.

O diabetes tipo II, além da origem genética, está ligado à obesidade e ao sedentarismo. Nesse tipo de diabetes, há uma contínua produção de insulina pelo pâncreas, porém ela não é absorvida pelas células. O diabetes tipo II é cerca de 8 a 10 vezes mais comum que o tipo I e pode ser controlado com uma dieta adequada e a prática regular de exercícios físicos. Em alguns casos, são necessários medicamentos orais ou a combinação deles com a insulina, mas sempre sob orientação médica.

As pessoas diabéticas podem ter problemas de visão, dificuldade na cicatrização de feridas, doenças cardiovasculares, entre outros.

HIPERTIREOIDISMO E HIPOTIREOIDISMO

O hipertireoidismo, causado pelo excesso de produção de hormônios pela glândula tireóidea, é responsável por sintomas como insônia, taquicardia, emagrecimento acentuado e olhos "arregalados" (exoftalmia). O tratamento pode incluir ingestão de medicamentos específicos, cirurgia ou administração de iodo radioativo.

Já o hipotireoidismo é causado pela insuficiência na produção dos hormônios tireoidianos. Os principais sintomas são: ganho de massa corpórea, embora o apetite permaneça normal ou até se torne menor que o habitual, cansaço e sonolência. O tratamento pode incluir a ingestão do hormônio tiroxina.

ATITUDES PARA A VIDA

- Assumir riscos com responsabilidade

As escolhas que fazemos no nosso modo de vida trazem consequências; escolher uma vida mais ativa ajuda a prevenir diversas doenças, assim como escolher uma vida sedentária pode trazer prejuízos à saúde. Assim, devemos nos informar sobre os possíveis efeitos de nossas escolhas para **assumir riscos com responsabilidade**.

A prática regular de atividade física e a alimentação saudável e balanceada ajudam a evitar distúrbios como o diabetes tipo II.

DE OLHO NO TEMA

Um paciente apresenta os seguintes sintomas: batimentos cardíacos acelerados, perda de peso e insônia. O médico pede um exame de sangue e diz que ele pode estar com um distúrbio hormonal.

1. Qual poderia ser o distúrbio hormonal nesse caso?
2. O que ocasiona esse distúrbio?

ATIVIDADES
TEMAS 4 A 6

ORGANIZAR O CONHECIMENTO

1. Observe as estruturas representadas no esquema e responda às questões.

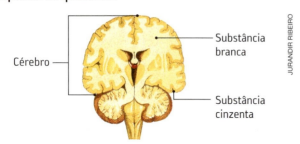

(Imagem sem escala; cores-fantasia.)

a) Qual parte dos neurônios é o principal componente da substância branca? E da substância cinzenta?

b) As substâncias branca e cinzenta estão distribuídas da mesma maneira no cérebro e na medula espinal? Justifique sua resposta.

2. Observe as ilustrações e faça uma tabela indicando a glândula representada por cada número e os hormônios produzidos por ela.

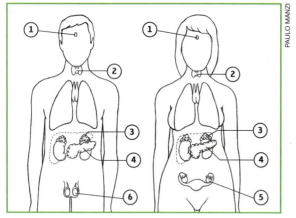

(Imagem sem escala.)

a) Pâncreas
b) Hipófise
c) Glândula tireóidea
d) Suprarrenais
e) Ovários
f) Testículos

3. Ainda sobre o sistema endócrino, responda às questões a seguir.

a) No organismo, onde as glândulas endócrinas lançam suas secreções?

b) Qual é a glândula controlada pelo hipotálamo? Explique como ocorre esse controle.

ANALISAR

4. Uma atração comum em parques de diversão são as montanhas-russas. Elas causam sensações de euforia, medo e tensão, entre outras.

a) Que parte do sistema nervoso é responsável pelas sensações que ocorrem no passeio na montanha-russa?

b) Depois de alguns minutos, o que deve acontecer com as pessoas que andaram na montanha-russa?

5. Leia o texto abaixo e a seguir responda às questões.
O hormônio antidiurético equilibra os níveis de água e sais do corpo. Ele estimula a reabsorção de água pelos rins. Sua produção é controlada pela hipófise.

- O que acontece com a quantidade de água na urina se os níveis de hormônio antidiurético no sangue estiverem baixos? E se eles estiverem altos?

COMPARTILHAR

6. Em um estudo, pesquisadores mediram o nível de glicose no sangue de dois voluntários. As medições foram feitas a cada 30 minutos, logo depois que eles almoçaram. Os resultados estão na tabela a seguir.

Horário	Nível de glicose no sangue (mg/dL)	
	Voluntário A	Voluntário B
13 h	70	150
13 h 30 min	90	250
14 h	110	300
14 h 30 min	100	280
15 h	80	250
15 h 30 min	70	220
16 h	70	200

a) Use os dados da tabela para construir um gráfico de linhas com os níveis de glicose de cada voluntário.

b) Sabendo que os níveis adequados de glicose no sangue vão até 110 mg/dL, o que podemos inferir sobre a saúde dos voluntários? Justifique sua resposta.

c) Diversas doenças, como o diabetes, estão relacionadas aos hábitos de vida que podemos ter desde a infância. Junte-se com alguns colegas e pesquisem sobre doenças relacionadas a hábitos de vida. Depois, façam um cartaz explicando essa relação e como é possível dificultar ou prevenir o aparecimento da doença.

88

EXPLORE
QUANTO DURA 1 MINUTO?

A noção da passagem do tempo está relacionada com a capacidade geral de estar alerta. Quando estamos mais apáticos, imaginamos o tempo passando mais devagar, ao passo que ele parece passar mais depressa quando estamos mais alertas. Como será que nossa percepção se altera nos diferentes momentos do dia?

Estudos recentes afirmam que o sistema nervoso possui "relógios biológicos", um conjunto de ritmos e comportamentos que variam ao longo de um período. De acordo com esses estudos, além de integrar e coordenar as funções e as ações do corpo, o sistema nervoso também é capaz de organizá-las no tempo. Nos chamados ciclos circadianos (do latim, *circa* = "cerca"; *diem* = "dia"), por exemplo, há períodos de cerca de 24 horas que apresentam variações relacionadas às alterações de luminosidade. Nesse caso, determinadas variáveis (temperatura corporal, pressão arterial, nível de atenção, disponibilidade de glicose e colesterol, entre outras substâncias) atingem seus níveis máximos durante o dia e seu nível mais baixo durante a noite. Com base nos resultados dessas pesquisas, os cientistas estão identificando os horários mais indicados para a prática de atividades físicas, o estudo, a alimentação, o sono etc.

O experimento a seguir destina-se a observar a variação da percepção de tempo.

Material
- Caderno para anotações e lápis
- Papel milimetrado para a elaboração de gráficos
- Cronômetro

Planejamento e coleta de dados

Uma boa maneira de verificar a noção da passagem do tempo é estimar quanto demora um minuto sem olhar o relógio. Para isso, reúna-se com um colega e encontrem um local tranquilo, onde não haja relógios.

Com o auxílio do cronômetro, façam o procedimento descrito a seguir.

1. Peça a seu colega que ajuste o cronômetro no valor zero e, quando você estiver preparado, sinalize para que ele dispare a contagem. (Atenção, apenas ele pode acompanhar a contagem e não deve interferir em sua concentração.)

2. Estime o tempo de 1 minuto contando até 60 ou usando outra estratégia mental. Quando julgar que passou 1 minuto, peça a seu colega que pare o cronômetro imediatamente, observe o valor marcado e anote o resultado. Repitam esse procedimento a cada 2 horas, no período diurno, por 4 dias.

3. Registrem os dados obtidos em um gráfico. No eixo **x** marquem os horários das medições. No eixo **y** indiquem o número de segundos cronometrados em cada uma delas. Verifiquem quanto vocês se distanciaram ou se aproximaram de 1 minuto (60 segundos).

4. Padronizem as medições sempre nos mesmos horários e elaborem um gráfico para cada dia.

ATIVIDADES

TRABALHAR COM AS INFORMAÇÕES COLETADAS

1. Comparem as variações ao longo de um dia. O que vocês observaram?
2. Comparem as variações entre os dias. Vocês acham que a percepção do tempo melhorou?
3. Comparem seus resultados com os dos outros colegas. Eles são semelhantes ou variam? Por que vocês acham que isso ocorreu?
4. Que situações ou condições vocês acham que podem interferir nos resultados?

AVALIAR A ATIVIDADE

5. Quais foram suas maiores dificuldades durante a execução da atividade?
6. Vocês mudariam algum item do procedimento da atividade? Como e por quê?

ATITUDES PARA A VIDA

Doping esportivo

O *doping* esportivo é o uso de substâncias, materiais ou métodos que visam aumentar o desempenho de um atleta durante uma competição. Existem diversas maneiras de dopagem: hormônios, transfusões sanguíneas, drogas estimulantes etc.

Em nível internacional, o *doping* esportivo é controlado pela Wada (*World Anti-doping Agency*, em inglês, Agência mundial antidoping). Essa agência cadastra laboratórios e indica maneiras de fazer os exames antidoping.

Muitas entidades consideram que o *doping* gera uma vantagem injusta em uma competição esportiva, pois faz com que laboratórios e centros médicos também participem do esporte, e nem todos os atletas têm condições de conseguir esse acompanhamento. Já outras defendem que o *doping* está disseminado no meio esportivo e permite aos atletas melhores rendimentos e se recuperar mais rapidamente de lesões.

O Brasil apresentou 18 casos de *doping* registrados pela Wada em 2015. Vale lembrar que nem todos os esportes e campeonatos estão regulados pela Wada.

OS 10 ESPORTES COM MAIS CASOS DE *DOPING* REGISTRADOS PELA WADA EM 2015

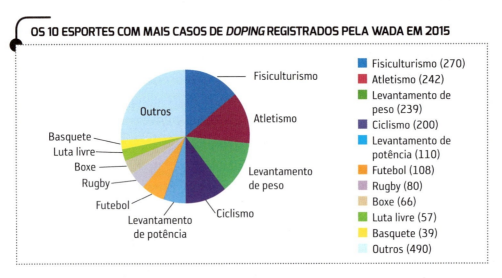

- Fisiculturismo (270)
- Atletismo (242)
- Levantamento de peso (239)
- Ciclismo (200)
- Levantamento de potência (110)
- Futebol (108)
- Rugby (80)
- Boxe (66)
- Luta livre (57)
- Basquete (39)
- Outros (490)

AS 10 NACIONALIDADES MAIS ACUSADAS NO ANTIDOPING EM 2015

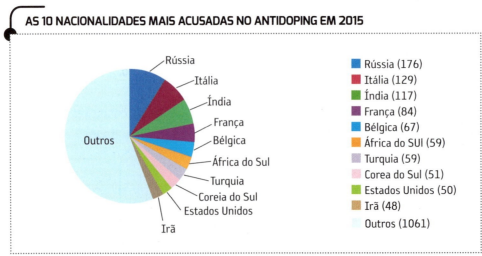

- Rússia (176)
- Itália (129)
- Índia (117)
- França (84)
- Bélgica (67)
- África do Sul (59)
- Turquia (59)
- Coreia do Sul (51)
- Estados Unidos (50)
- Irã (48)
- Outros (1061)

Fonte: WADA. 2015 Anti-Doping Rule Violations (ADRVs) Report. Disponível em: <http://mod.lk/mbqya>. Acesso em: jul. 2018.

O *doping* pode ter efeitos nocivos. Entre os efeitos colaterais, pode causar hipertensão arterial, infartos do miocárdio e cerebral, embolia pulmonar, convulsões, alterações menstruais, infertilidade, insônia, diabetes, úlceras gástricas e perda de massa óssea. Esses efeitos podem até levar a morte, dependendo da intensidade, do tipo e do tempo de uso de agentes dopantes.

OBTER INFORMAÇÕES

1. O que é considerado *doping* esportivo?
2. O *doping* pode afetar o funcionamento do sistema endócrino?
3. Como o *doping* pode melhorar o desempenho dos atletas?

TROCAR IDEIAS SOBRE O TEMA

4. O Brasil não aparece entre os 10 países com mais casos de *doping* em 2015. Isso significa que o país tem um bom controle antidoping?
5. É possível afirmar que o *doping* esportivo é um recurso utilizado por países pobres para conseguir competir em condição de igualdade com países desenvolvidos?
6. Há algumas associações que defendem a liberação do *doping* esportivo. Quais seriam os efeitos disso:
   a) na prática esportiva?
   b) na vida pessoal dos atletas?

Nesta atividade, fiquem atentos à importância de **questionar e levantar problemas**. O *doping* esportivo pode continuar proibido, ser liberado ou até mesmo a legislação antidoping pode ser alterada para gerar uma flexibilização das regras sem liberar totalmente o *doping*. Em qualquer caso, são criadas novas situações que podem gerar problemas; assim, é importante ler, interpretar e analisar dados para fazer questionamentos e antecipar problemas que mudanças ou a manutenção do sistema atual trazem. Diversos aspectos devem ser analisados, como esportivo, ético, financeiro, saúde etc.

COMO EU ME SAÍ?

- Utilizei os conhecimentos que tenho para analisar os dados fornecidos?
- Percebi que mesmo fazendo alterações nas regras ainda podem existir problemas?
- Consegui gerar questionamentos utilizando as informações que estão no texto?

COMPREENDER UM TEXTO

Texto 1

Depressão afeta mais de 300 milhões de pessoas e é a doença que mais incapacita pacientes, diz OMS

Mais de 300 milhões de pessoas vivem com depressão, alertou a Organização Mundial da Saúde (OMS) [...] Segundo o organismo das Nações Unidas, a patologia já é considerada a principal causa de problemas de saúde e incapacidade em todo o mundo, gerando perdas anuais de 1 trilhão de dólares. [...]

Para mobilizar mais esforços pela transformação desse cenário, a agência decidiu marcar a data internacional com a campanha "Depressão: vamos conversar". Além de garantir que todos os pacientes em necessidade recebam atendimento, a iniciativa quer estimular pessoas vivendo com o transtorno a buscar ajuda livres de qualquer estigma. Em países de alta renda, quase 50% dos indivíduos com depressão não recebem tratamento.

"Estes novos números são um sinal de alerta para que todos os países repensem suas abordagens de saúde mental e tratem-na com a urgência que merece", enfatizou a diretora-geral da OMS, Margaret Chan.

"A depressão afeta a todos nós. Não discrimina por idade, raça ou história pessoal. Isso pode prejudicar os relacionamentos, interferir na capacidade das pessoas de ganhar a vida e diminuir seu senso de autoestima", disse a diretora da Organização Pan-Americana da Saúde (OPAS), Carissa Etienne, em pronunciamento para o Dia Mundial.

A dirigente ressaltou que, embora muitas vezes seja vista como um problema de saúde desafiador, "mesmo a depressão mais grave pode ser superada com o tratamento adequado. E o primeiro passo para obter tratamento é conversar".

Sintomas, tratamentos e custos

A OMS lembra que "a depressão é diferente das flutuações de humor usuais e das respostas emocionais de curta duração dadas aos desafios cotidianos".

A doença é o resultado de uma interação complexa entre fatores sociais, psicológicos e biológicos, podendo agravar o estresse e provocar disfunções.

Segundo a agência da ONU, a depressão é um transtorno mental comum, caracterizado por tristeza persistente e uma perda de interesse por atividades de que as pessoas normalmente gostam, acompanhadas por uma incapacidade de realizar atividades diárias por 14 dias ou mais.

Além disso, as pessoas com depressão normalmente apresentam vários dos seguintes sintomas: perda de energia; alterações no apetite; dormir mais ou menos do que se está acostumado; ansiedade; concentração reduzida; indecisão; inquietação; sentimentos de inutilidade, culpa ou desesperança; e pensamentos sobre autolesão ou suicídio.

O tratamento da patologia envolve geralmente psicoterapia ou medicação antidepressiva — os dois métodos também podem ser combinados. [...]

A doença também é um fator de risco importante para o suicídio, responsável pela morte de centenas de milhares de vidas a cada ano.

Para Shekhar Saxena, diretor do Departamento de Saúde Mental e Abuso de Substâncias da OMS, "uma melhor compreensão da depressão e como ela pode ser tratada, embora essencial, é apenas o começo". "O que precisa ser seguido é a expansão sustentada dos serviços de saúde mental acessíveis por todos, até mesmo pelas populações mais remotas do mundo", enfatizou.

Fonte: ORGANIZAÇÃO MUNDIAL DE SAÚDE (OMS). Disponível em: <http://mod.lk/m2h2x>. Acesso em: jul. 2018.

Texto 2

O grande desafio na depressão – superar o preconceito

Uma das piores consequências da depressão é o estigma que a cerca.

Claro que a angústia que a acompanha pode ser enorme, mas depressão não é a mesma coisa que tristeza. Os pacientes costumam, sim, sentirem-se tristes, mas frequentemente é uma melancolia

92

diferente do normal. Todo mundo fica chateado quando coisas ruins acontecem, é uma reação absolutamente esperada. Mas na depressão é o contrário: os sentimentos negativos vêm primeiro e só depois surgem os motivos para eles. E até que a pessoa se dê conta que está doente ela já gastou muito tempo sofrendo, tentando compreender por que está tão desanimada sem motivos aparentes. É muito comum que os familiares condenem o paciente, por exemplo, dizendo que ele está assim porque só fica pensando nas coisas ruins do passado. É difícil compreender que normalmente o processo é inverso: por estar deprimida é que a pessoa fica remoendo pensamentos negativos.

Como se não bastasse, além de aumentar a ocorrência das emoções negativas, como indisposição, insegurança, raiva e a própria tristeza, a depressão ainda reduz a capacidade de experimentar emoções positivas. Fica mais difícil sentir alegria, empolgar-se com algo, achar graça na vida e até mesmo desejar a própria melhora. O que aumenta o fardo dos pacientes, acusados de estarem assim porque não se ajudam, não se esforçam, não querem melhorar.

Se o problema fosse só o preconceito, já seria ruim suficiente – se não é fácil arranjar emprego, manter relacionamentos e tocar a vida sem depressão, imagine tentar superar ao mesmo tempo os sintomas da doença e as barreiras erguidas pela discriminação. Mas é pior: quanto maior a ignorância, maior o estigma e menor a chance de os pacientes procurarem ajuda.

Por isso é tão importante explicar – sempre, incansavelmente – que depressão não é fraqueza moral, não é falta de caráter, não é falta de ter o que fazer. É uma doença. Pode acontecer com qualquer um. Comigo. Com você. [...]

Ajude, portanto, a passar adiante informações sérias – e não mitos – sobre a depressão. E evite julgar os pacientes ou buscar em suas atitudes a causa do sofrimento. [...]

Fonte: BARROS, D. M. Estadão.
Disponível em: <http://mod.lk/ciwlb>. Acesso em: jul. 2018.

Conversar com as pessoas sobre depressão e procurar acompanhamento médico são atitudes muito importantes para tratar essa doença.

ATIVIDADES

OBTER INFORMAÇÕES

1. Quais são os sintomas da depressão? Como é feito o tratamento dessa doença?
2. Pessoas com depressão são vítimas de preconceito? Por quê?

INTERPRETAR

3. O termo depressão é comumente utilizado como sinônimo de tristeza. Essa analogia é correta?
4. A depressão é uma doença que atinge milhões de pessoas, mas existe tratamento e muito estudo sobre esse tema. Assim, pode-se considerar essa doença um problema solucionado?
5. Existe alguma atitude que pode ser tomada para combater o preconceito relacionado à depressão?

93

UNIDADE 4
REPRODUÇÃO E ADOLESCÊNCIA

POR QUE ESTUDAR ESTA UNIDADE?

Todos os seres vivos se reproduzem. Em muitas espécies, ocorrem transformações físicas ao longo da vida, permitindo que a reprodução ocorra. Nos seres humanos, uma etapa de grandes mudanças é a adolescência. Nessa fase da vida, muitas incertezas nos rodeiam. É importante conhecer as modificações que acontecem na adolescência para compreendermos maneiras de lidar com elas da melhor forma possível.

COMEÇANDO A UNIDADE

1. Você concorda que a adolescência é uma fase cheia de incertezas e dúvidas? Justifique.

2. Que mudanças ocorrem com o corpo durante a puberdade?

3. Você sabe como evitar uma gravidez? Conhece métodos de prevenção de infecções sexualmente transmissíveis?

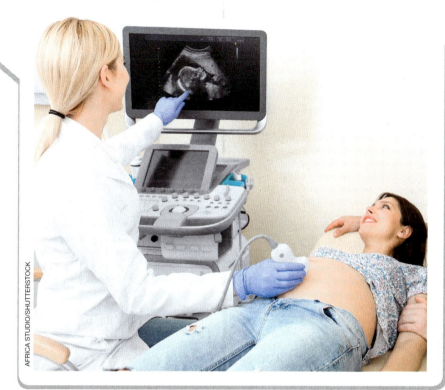
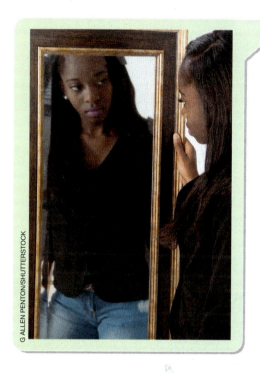

ATITUDES PARA A VIDA
- Escutar os outros com atenção e empatia
- Pensar com flexibilidade

Diversas alterações acontecem na adolescência, tanto no corpo das pessoas quanto em suas atitudes e responsabilidades.

95

TEMA 1 — REPRODUÇÃO

Uma das características próprias dos seres vivos é a capacidade de gerar descendentes.

Existem diferentes estratégias de reprodução nos diversos grupos de seres vivos, mas todos têm em comum a capacidade de gerar novos indivíduos.

REPRODUÇÃO ASSEXUADA E SEXUADA

Reprodução e sexo são termos biologicamente diferentes, embora ligados. Reprodução significa geração de novos indivíduos e sexo significa mistura de material genético.

Quando a reprodução não envolve mistura de material genético a chamamos de **reprodução assexuada**. Quando a reprodução envolve mistura de material genético a chamamos de **reprodução sexuada**.

REPRODUÇÃO ASSEXUADA

Indivíduos gerados por reprodução assexuada costumam ser geneticamente iguais àquele que os gerou. Bactérias, protozoários, alguns animais e plantas têm esse tipo de reprodução como a mais comum. Veja a seguir alguns processos de reprodução assexuada.

Divisão binária ou **cisparidade:** organismos unicelulares, como protozoários e bactérias, podem se reproduzir ao dividir-se, gerando dois indivíduos iguais.

Brotamento: animais como a hidra ou as esponjas podem se reproduzir por brotamento. Através de divisões celulares, esses seres geram brotos de células, que se soltam dando origem a outros indivíduos, idênticos ao organismo-mãe.

Fragmentação: alguns animais têm grande capacidade de regeneração e, quando fragmentados, podem reconstituir suas partes formando novos indivíduos.

DIVISÃO BINÁRIA EM BACTÉRIAS

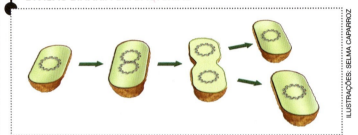

Representação esquemática da divisão binária de uma bactéria. Bactérias e protozoários duplicam seus materiais genéticos e se dividem, gerando células iguais. (Imagem sem escala; cores-fantasia.)

Fonte: REECE, J. B. et al. *Biologia de Campbell*. Porto Alegre: Artmed, 2015.

BROTAMENTO EM HIDRA

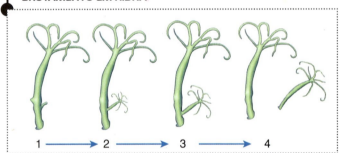

Representação das etapas do brotamento de uma hidra. O broto forma um novo indivíduo ao se separar do organismo que o originou. (Imagem sem escala; cores-fantasia.)

REGENERAÇÃO EM ESTRELA-DO-MAR

Esquema da fragmentação de uma estrela-do-mar. Ao se fragmentar em duas partes, ela forma dois novos indivíduos, que refazem as partes que faltam. (Imagem sem escala; cores-fantasia.)

Estaquia: muitas plantas têm a capacidade de formar novos indivíduos a partir de pedaços de caules e folhas. Nesse processo, os organismos formados são idênticos à planta que os originou.

Os processos de reprodução assexuada geram muitos indivíduos e são relativamente simples, mas costumam ser indivíduos idênticos. Assim, espécies que se reproduzem dessa forma são mais facilmente afetadas por mudanças ambientais.

REPRODUÇÃO SEXUADA

Quando há mistura de material genético, dizemos que houve reprodução sexuada. Ela, geralmente, envolve células reprodutivas que se chamam **gametas**.

Quando o gameta masculino encontra o gameta feminino, eles podem se fundir no processo de fecundação, dando origem à primeira célula de um novo indivíduo, que possui uma mistura do material genético dos pais.

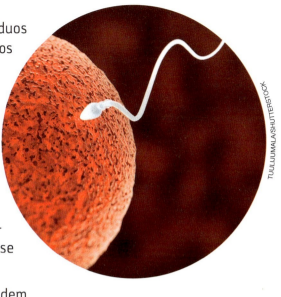

Encontro do óvulo com o espermatozoide no processo de fecundação. (Imagem sem escala; cores-fantasia.)

ESTAQUIA

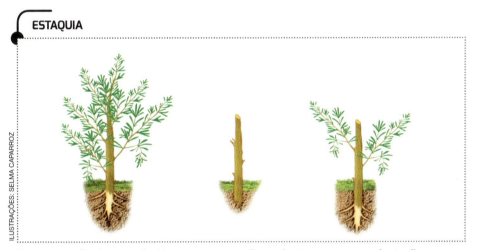

Representação da estaquia. Nesse caso, um galho pode gerar uma nova planta. (Imagem sem escala; cores-fantasia.)

DE OLHO NO TEMA

- Por que, em humanos, por mais parecido que um filho biológico seja com seu pai ou sua mãe, não podemos dizer que ele é geneticamente idêntico a nenhum deles?

SAIBA MAIS!

A reprodução sexuada produz indivíduos geneticamente diferentes dos pais e é importante para gerar novas características em uma população. Por gerar variabilidade genética, a reprodução sexuada é muito importante para a evolução das espécies. Esse tipo de reprodução pode ser observado em uma enorme gama de seres vivos, de bactérias a animais mais complexos, como os vertebrados.

Plantas com flores produzem gametas, que ficam nas flores e nos grãos de pólen. Para ocorrer o encontro desses gametas é necessário que o grão de pólen seja carregado até a flor, por meio da polinização.

Bactérias podem doar pedaços de DNA a outras em um tipo de reprodução sexuada chamado conjugação.

CONJUGAÇÃO BACTERIANA

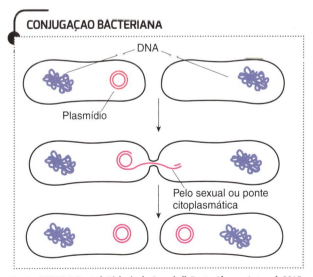

Fonte: REECE, J. B. et al. *Biologia de Campbell*. Porto Alegre: Artmed, 2015.

TEMA 2
CRESCIMENTO E MUDANÇAS NO CORPO HUMANO

Desde o nascimento até a morte, o corpo passa por diversas transformações.

A ADOLESCÊNCIA

Na adolescência, o corpo se prepara para amadurecer sexualmente, ou seja, ser capaz de se reproduzir e de gerar descendentes. O início e o fim da adolescência variam muito de uma pessoa para outra, mas geralmente compreendem o período que vai dos 10 aos 19 anos de idade.

A **puberdade** é o período de transição entre a infância e a adolescência, no qual ocorre o amadurecimento dos órgãos sexuais, que se tornam aptos para a produção e a liberação dos gametas.

AS MUDANÇAS FÍSICAS NA ADOLESCÊNCIA

A adolescência é o período no qual o corpo passa por rápidas e intensas mudanças físicas. Essa fase pode ser muito difícil para alguns jovens, pois as transformações que ocorrem no corpo podem levá-los a se sentir diferentes, desajeitados ou preocupados, perguntando-se se a nova aparência é comum ou saudável. Ao compreender o que está acontecendo com o próprio corpo, o adolescente pode adquirir mais segurança e autoconfiança.

É importante ter em mente que o início das mudanças não acontece para todas as pessoas na mesma idade. Com o tempo, porém, todos passarão por transformações.

No início da puberdade, as meninas tendem a passar por alterações corporais mais evidentes do que os meninos. Em média, elas atingem a altura aproximada de adulto aos 17 anos, e os rapazes continuam a crescer até completar 19 anos. Essa fase de aumento acentuado da altura própria da puberdade é conhecida como "estirão do crescimento".

Os pelos aparecem em maior quantidade na adolescência. Crescem pelos ao redor dos órgãos sexuais externos (chamados pelos pubianos ou púbicos) e nas axilas. Nos meninos, podem surgir também pelos no peito e na face (barba e bigode).

Nas garotas, há o desenvolvimento das mamas e ocorre a primeira menstruação. As mamas produzem leite que será usado, após a gravidez, para alimentar o bebê. Na adolescência, não é raro uma mama crescer mais que a outra.

Nessa fase, o corpo de muitas meninas fica com formato mais curvilíneo e quadris mais largos. Muitos meninos também apresentam alargamento dos ombros, aumento da massa muscular e desenvolvimento do pênis e dos testículos. Além disso, a voz se modifica, tornando-se mais grave.

MAMA HUMANA EM CORTE

Ductos de leite
Aréola
Mamilo
Tecido adiposo
Ligamentos musculares

Representação esquemática de uma mama humana, em corte. No interior das mamas, desenvolvem-se estruturas envolvidas na produção do leite. (Imagem sem escala; cores-fantasia.)

Fonte: TORTORA, G. J. *Corpo humano:* fundamentos de anatomia e fisiologia. Porto Alegre: Artmed, 2000.

MUDANÇAS NO CORPO HUMANO NA ADOLESCÊNCIA

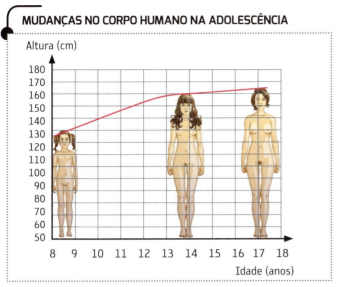

Algumas mudanças no corpo feminino:
- Crescimento em altura.
- Aparecimento de pelos no púbis e nas axilas.
- Desenvolvimento das mamas.
- Alargamento dos quadris.

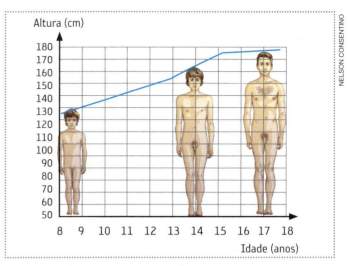

Algumas mudanças no corpo masculino:
- Crescimento em altura.
- Aumento da massa corporal.
- Aparecimento de pelos no púbis, na face e nas axilas.
- Desenvolvimento do tórax e dos órgãos genitais.

Fonte: CAMPERGUE, M. et al. *Sciences de la vie et de la Terre*. 4. ed. Paris: Nathan, 1998.

Além das mudanças físicas, os jovens passam a ter interesses e sentimentos diferentes dos que apresentavam na infância. Alguns deles são relativos à sexualidade.

Ao adquirir mais consciência de si mesmos e passar a se preocupar com a opinião dos outros, muitos adolescentes podem se sentir inseguros e fragilizados. Por estarem mais atentos ao que acontece fora de sua vida particular e de sua rotina, os jovens também mudam suas perspectivas, desenvolvendo novos interesses muitas vezes relacionados ao seu próprio futuro.

Muitos jovens podem experimentar mudanças súbitas de humor. Nessa fase da vida, é importante ter apoio de amigos e familiares. Aprender a se relacionar com os outros é fundamental.

ENTRANDO NA REDE

No endereço **http://mod.lk/aezue**, você encontra mais informações sobre sexualidade e saúde na adolescência.

Acesso em: mar. 2018.

AS MUDANÇAS HORMONAIS

As mudanças físicas da puberdade são controladas por **hormônios sexuais**. Nos **testículos**, glândulas do sistema genital masculino, ocorre a produção de **testosterona**. Na puberdade, esse hormônio leva ao desenvolvimento dos **caracteres sexuais secundários masculinos**, como aparecimento de barba e bigode e de pelos na região dos órgãos sexuais e nas axilas, além de alterações na voz.

Nos **ovários**, glândulas do sistema genital feminino, ocorre a produção de dois hormônios sexuais: o **estrógeno** e a **progesterona**. Na puberdade, o estrógeno leva ao desenvolvimento dos **caracteres sexuais secundários femininos**, como aparecimento de pelos na região dos órgãos sexuais e nas axilas, desenvolvimento das mamas e alargamento dos quadris.

TEMA 3

O SISTEMA GENITAL MASCULINO

Esperma: fluido constituído pelo líquido nutritivo produzido pelas glândulas sexuais acessórias (líquido seminal) e pelos espermatozoides.

> O sistema genital masculino de um adolescente ou adulto produz diariamente milhões de espermatozoides, os gametas masculinos.

COMPONENTES DO SISTEMA GENITAL MASCULINO

A principal função do sistema genital masculino é a produção dos gametas, os **espermatozoides**. Além disso, o pênis, órgão desse sistema, é responsável pela deposição do esperma ou sêmen no interior da vagina, permitindo o encontro do espermatozoide com o ovócito, uma célula formada pelo sistema reprodutor feminino que participa da fecundação.

O sistema genital masculino é formado por **testículos**, **ductos genitais**, **glândulas sexuais acessórias** e **pênis**.

No sistema genital masculino, os espermatozoides são produzidos no testículo e armazenados no epidídimo. Ao passar pelos ductos deferentes, eles recebem as secreções das glândulas sexuais acessórias, formando o sêmen, que, durante o ato ou estímulo sexual, é eliminado pelo pênis através da uretra.

SISTEMA GENITAL MASCULINO

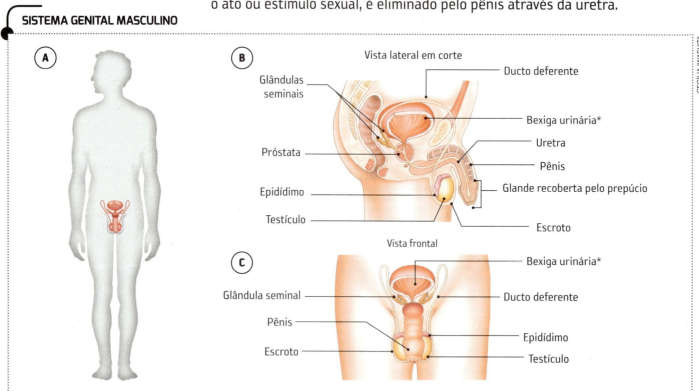

Representações do sistema genital masculino. (**A**) Sua localização no corpo humano. (**B**) Órgãos vistos em corte lateral. (**C**) Órgãos vistos frontalmente.
*A bexiga urinária não faz parte do sistema genital masculino. Está representada no esquema apenas para facilitar a localização das demais estruturas. (Imagens sem escala; cores-fantasia.)

Fonte: CAMPBELL, N. A.; MITCHELL, L. G.; REECE, J. B. *Biology*: concepts and connections. 2. ed. Menlo Park: Benjamin Cummings, 2000.

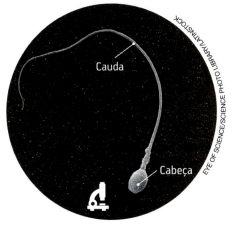

Os espermatozoides são células muito pequenas (visíveis apenas ao microscópio), móveis e numerosas. Eles são compostos da cauda, que promove a locomoção, e da cabeça, que contém estruturas que possibilitam a fecundação. (Imagem obtida com microscópio eletrônico, colorizada artificialmente e ampliada cerca de 2.600 vezes.)

TESTÍCULO HUMANO

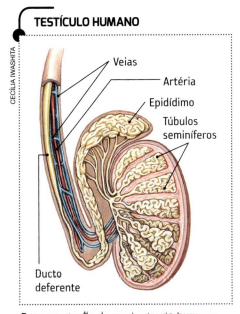

Representação de um testículo humano, em corte. A localização dos testículos fora da cavidade corporal permite que eles mantenham uma temperatura cerca de 3 °C mais baixa que a do restante do corpo. Essa temperatura mais baixa é importante para a produção e a sobrevivência dos espermatozoides. (Imagem sem escala; cores-fantasia.)

Fonte: TORTORA, G. J. *Corpo humano: fundamentos de anatomia e fisiologia.* Porto Alegre: Artmed, 2000.

Os **testículos** são duas glândulas sexuais de forma oval protegidas externamente por uma bolsa de pele, o **escroto**. Cada testículo apresenta numerosos tubos, os **túbulos seminíferos**, que passam a produzir espermatozoides a partir da puberdade. Cada espermatozoide possui uma cauda que garante sua mobilidade. Além dos espermatozoides, nos testículos também é produzido o hormônio sexual masculino, a **testosterona**.

Os **ductos genitais** são tubos cuja função é conduzir os espermatozoides até o exterior do sistema genital masculino. São ductos genitais os epidídimos, os ductos deferentes e a uretra.

O **epidídimo** localiza-se sobre cada testículo. É nele que os espermatozoides ficam armazenados e completam seu desenvolvimento.

Os **ductos deferentes** são tubos com parede muscular que conduzem os espermatozoides do epidídimo até a uretra.

A **uretra** conduz os espermatozoides até o meio externo. Ela tem início na bexiga urinária, liga-se aos ductos deferentes, percorre todo o pênis e se abre para o meio externo. É um tubo comum a dois sistemas: o sistema genital masculino e o sistema urinário. No entanto, a expulsão dos espermatozoides e a da urina nunca ocorrem simultaneamente.

As glândulas seminais e a próstata constituem as chamadas **glândulas sexuais acessórias**.

As **glândulas seminais** produzem um líquido viscoso, chamado de líquido seminal, que nutre os espermatozoides e facilita sua mobilidade.

A **próstata** produz um líquido leitoso, o líquido prostático, que tem a função de neutralizar problemas causados pelos resíduos de urina acumulada na uretra e das secreções vaginais, protegendo os espermatozoides.

O líquido seminal e o líquido prostático fazem parte do esperma.

O **pênis** é um órgão de forma cilíndrica com uma dilatação na extremidade. Essa região é chamada de **glande** e é recoberta por uma pele, o **prepúcio**.

Durante a excitação sexual, o pênis recebe grande quantidade de sangue e aumenta de tamanho, tornando-se rígido e ereto. A ereção possibilita que o pênis penetre na vagina.

Durante o ato sexual ou com o aumento de estímulos no pênis, o esperma é expelido do corpo. Esse processo recebe o nome de **ejaculação**. Em cada ejaculação são expelidos cerca de 3 mL de esperma.

DE OLHO NO TEMA

A cada ejaculação, são liberados entre 200 e 400 milhões de espermatozoides. A partir da puberdade e até o fim da vida, o sistema genital masculino produz gametas constantemente. No entanto, após a relação sexual, apenas um espermatozoide é capaz de fertilizar um ovócito feminino.

- Relacione a forma do espermatozoide com sua função e discuta como essa produção de gametas masculinos, aparentemente excessiva, contribui para o sucesso na reprodução humana.

TEMA 4

O SISTEMA GENITAL FEMININO

O sistema genital de uma mulher fisicamente madura possibilita a fecundação e o desenvolvimento do feto até o seu nascimento.

COMPONENTES DO SISTEMA GENITAL FEMININO

A função principal do sistema genital feminino é a produção dos gametas. Além disso, esse sistema é responsável pela produção de hormônios e pela nutrição e acomodação do feto até seu nascimento.

O sistema genital feminino é formado por **ovários**, **tubas uterinas**, **útero**, **vagina** e **pudendo feminino**.

No sistema genital feminino, os ovários armazenam milhares de ovócitos, com os quais as mulheres já nascem. Aproximadamente a cada 28 dias, eles liberam um (ou eventualmente mais de um) ovócito, que percorre as tubas uterinas e, se fertilizado, transforma-se em óvulo e dá origem ao embrião. Quando não há fertilização, o ovócito é descartado na menstruação junto com a descamação da mucosa interna do útero.

SISTEMA GENITAL FEMININO

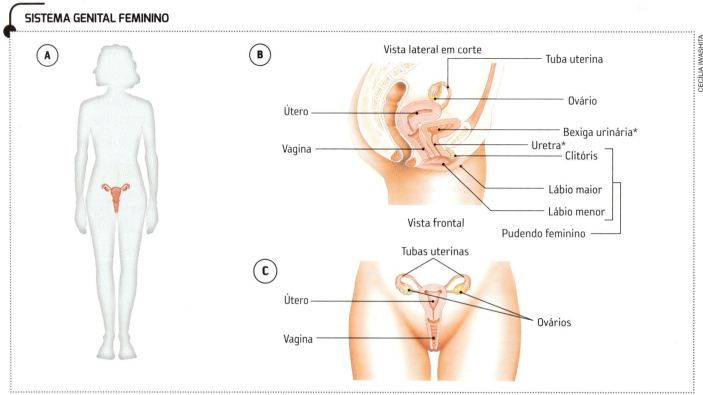

Representações do sistema genital feminino. (**A**) Sua localização no corpo humano. (**B**) Órgãos vistos em corte lateral. (**C**) Órgãos vistos frontalmente.
*A bexiga urinária e a uretra não fazem parte do sistema genital feminino. Estão representadas no esquema apenas para facilitar a localização das demais estruturas. (Imagens sem escala; cores-fantasia.)

Fonte: CAMPBELL, N. A.; MITCHELL, L. G.; REECE, J. B. *Biology*: concepts and connections. 2. ed. Menlo Park: Benjamin Cummings, 2000.

Os **ovários** são duas glândulas sexuais de formato arredondado, responsáveis pela produção dos gametas femininos, os ovócitos. O ovócito só recebe o nome de óvulo após ser fecundado por um espermatozoide.

Quando nasce, a menina já tem milhares de ovócitos em seus ovários. A partir da puberdade, os ovários passam a produzir os hormônios sexuais femininos: o **estrógeno** e a **progesterona**, responsáveis pelo desenvolvimento dos caracteres sexuais secundários femininos, pelo controle da menstruação e pela preparação do útero para receber o embrião. Esses hormônios também estimulam o desenvolvimento e a liberação de ovócitos, dos ovários para as tubas uterinas. Esse processo é chamado de ovulação e ocorre aproximadamente a cada 28 dias.

As **tubas uterinas** são dois tubos musculares revestidos de cílios. Ao se contrair, elas conduzem o ovócito do ovário até o útero.

No interior da tuba uterina, normalmente ocorre a fecundação, ou seja, a formação de um zigoto a partir do ovócito e do espermatozoide.

O **útero** é um órgão oco com paredes musculares. Ele abriga o embrião durante o seu desenvolvimento até o momento do parto.

A **vagina** é um canal com cerca de 7 cm de comprimento, que liga o útero ao meio externo. Sua abertura pode ser parcialmente fechada por uma membrana chamada **hímen**. Por ser dotada de grande elasticidade, a vagina possibilita a relação sexual e a passagem do bebê durante o parto.

O **pudendo feminino**, também chamado de vulva, é a parte genital externa, formada pelos lábios maiores, pelos lábios menores e pelo clitóris. Os **lábios maiores** são duas dobras de pele que recobrem os lábios menores. Os **lábios menores** são duas dobras de pele que protegem a entrada da vagina.

O **clitóris** é um pequeno órgão rico em terminações nervosas, localizado na região anterior das partes externas do sistema genital. Ele se enche de sangue e aumenta de tamanho durante a excitação sexual, estando diretamente envolvido no orgasmo feminino.

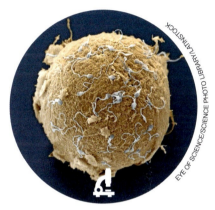

Ovócito humano e espermatozoides tentando penetrá-lo. (Imagem obtida com microscópio eletrônico, colorizada artificialmente e ampliada cerca de 425 vezes.)

Orgasmo: momento em que o prazer sexual atinge o ponto mais alto.

MATURAÇÃO DO OVÓCITO NO OVÁRIO

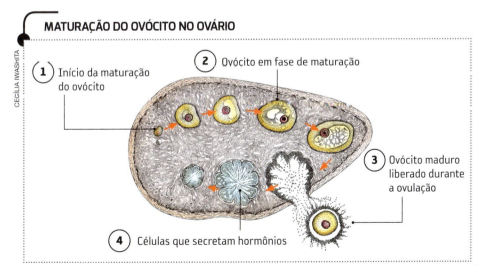

Representação esquemática de um ovário, em corte, mostrando as etapas de maturação e a liberação de um ovócito. No ovário, os ovócitos estão em um estágio primário de desenvolvimento. A partir da puberdade, a cada 28 dias aproximadamente, um ovócito amadurece e é liberado para a tuba uterina na ovulação. (Imagem sem escala; cores-fantasia.)

Fonte: CAMPBELL, N. A.; MITCHELL, L. G.; REECE, J. B. *Biology*: concepts and connections. 2. ed. Menlo Park: Benjamin Cummings, 2000.

DE OLHO NO TEMA

Atualmente, muitas mulheres optam por ter filhos após os 35 anos de idade. Sabe-se, no entanto, que a partir dessa idade a tendência é ocorrer uma queda na fertilidade, diminuindo as chances de engravidar.

- Qual é a relação disso com o fato de as mulheres já nascerem com todos os ovócitos que serão liberados em sua idade fértil?

103

TEMA 5

OS MÉTODOS ANTICONCEPCIONAIS

O ato sexual permite a reprodução dos indivíduos. Além do fator biológico, para muitas pessoas, o sexo também é um ato afetivo de troca de carinho e de prazer entre um casal.

É possível evitar a gravidez com os **métodos anticoncepcionais** ou **contraceptivos**. Eles impedem a fecundação ou a implantação do embrião no útero e são classificados de acordo com o mecanismo de atuação. O casal deve escolher o método mais adequado à sua saúde e ao seu estilo de vida. A escolha de um tipo de contraceptivo deve ser feita sempre com a orientação de um profissional da saúde.

> Os métodos anticoncepcionais devem ser utilizados para evitar a gravidez ou escolher o momento adequado para ter um filho.

Espermicida: creme composto de substâncias capazes de matar os espermatozoides.

MÉTODOS ANTICONCEPCIONAIS DE BARREIRA

Os métodos de barreira impedem que os espermatozoides cheguem ao ovócito, evitando a fecundação. São eficientes e simples de ser usados. Os preservativos e o diafragma são métodos desse tipo.

A **camisinha** ou **preservativo masculino** é o contraceptivo de barreira mais utilizado. Ele também protege os parceiros das infecções sexualmente transmissíveis (IST), como a aids e o HPV. Não tem contraindicação e pode ser adquirido sem receita médica.

A **camisinha feminina** também é um método de barreira e deve ser inserida na vagina um pouco antes do ato sexual. Protege o casal com bastante eficiência contra IST, não tem contraindicação e não necessita de receita médica.

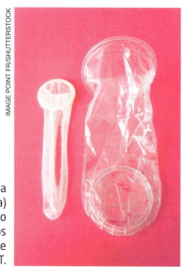

Tanto a camisinha masculina (à esquerda) quanto a feminina são eficientes métodos anticoncepcionais, que também previnem as IST.

Diafragma, que deve ser usado com cremes espermicidas.

O **diafragma** é uma pequena capa de borracha ou silicone que a mulher deve inserir na vagina antes de cada relação sexual. Antes de passar a usá-lo, a mulher precisa fazer um exame médico específico. O diafragma deve ser utilizado com um **espermicida**, inserido no máximo 6 horas antes da relação sexual, e só retirado de 6 a 8 horas após a última relação sexual. A higienização e o armazenamento corretos do diafragma são fatores importantes na prevenção de infecções genitais.

MÉTODOS ANTICONCEPCIONAIS COMPORTAMENTAIS

Os métodos comportamentais se efetivam por meio das atitudes das pessoas. Um deles é a **tabelinha**, que consiste na marcação dos dias férteis e não férteis do ciclo menstrual em um calendário. O casal deve evitar relações sexuais nos dias férteis. Esse método apresenta um alto índice de falha, pois o ciclo menstrual nem sempre é regular, o que compromete um cálculo preciso do período fértil. Mesmo em mulheres com ciclo menstrual regular, podem ocorrer variações de um ciclo para outro por diferentes fatores, como condições emocionais e distúrbios hormonais.

Outro método anticoncepcional comportamental é o **coito interrompido**, em que o casal procura interromper a penetração antes da ejaculação. Trata-se de um método altamente arriscado, pois pode ocorrer liberação de espermatozoides antes mesmo da sensação prazerosa que acompanha a ejaculação.

MÉTODOS ANTICONCEPCIONAIS HORMONAIS

Os métodos que se utilizam de hormônios atuam no ciclo menstrual e impedem a ovulação. O exemplo mais conhecido é a **pílula**.

Também chamada de **anticoncepcional oral**, a pílula é feita com hormônios sintéticos similares ao estrógeno e à progesterona, hormônios naturalmente produzidos pelo corpo da mulher. Existem outras formas de anticoncepcionais hormonais, como os injetáveis, o anel intravaginal, o adesivo transdérmico e o implante subcutâneo. O uso de métodos hormonais pode causar efeitos colaterais, como náusea, dor de cabeça, inchaço e aumento da pressão sanguínea. Por isso, o acompanhamento médico para esses métodos é indispensável.

> **SAIBA MAIS!**
>
> ### Revolução sexual
>
> O surgimento das pílulas anticoncepcionais representou um importante passo nas transformações culturais que caracterizaram o mundo a partir da década de 1960. Aliada a uma atualização dos costumes e das tradições da época, a pílula foi um dos fatores mais importantes da chamada "revolução sexual", que deu às mulheres maior controle e autonomia sobre sua sexualidade. Com o uso da pílula, elas não mais dependiam de seus parceiros para optarem por engravidar ou não. Essa autonomia, somada a outras mudanças, como o maior acesso à educação e ao mercado de trabalho, contribuiu para uma revisão do papel da mulher na sociedade.

O adesivo transdérmico transfere os hormônios da pele para a corrente sanguínea.

A pílula é um método anticoncepcional hormonal, que só deve ser utilizada com acompanhamento médico.

> **SAIBA MAIS!**
>
> A ligadura das tubas uterinas e a vasectomia podem ser reversíveis, embora não haja garantia disso. O Sistema Único de Saúde (SUS) realiza essas cirurgias apenas em casos em que o paciente tem mais de 25 anos de idade e pelo menos dois filhos ou quando a gestação oferece risco de morte para a mãe e/ou para o futuro bebê.

MÉTODOS ANTICONCEPCIONAIS CIRÚRGICOS

Entre os métodos anticoncepcionais cirúrgicos estão a ligadura das tubas uterinas e a vasectomia.

A **ligadura das tubas uterinas**, também conhecida como laqueadura tubária, é um procedimento cirúrgico em que o médico amarra ou corta as tubas uterinas. Desse modo, impede-se que o ovócito chegue ao útero ou se encontre com os espermatozoides.

A **vasectomia** é um procedimento em que os ductos deferentes (tubos que conectam os testículos ao pênis) são cortados. Dessa maneira, a passagem dos espermatozoides produzidos pelos testículos é bloqueada.

Esses métodos não são aconselhados para jovens.

MÉTODOS ANTICONCEPCIONAIS INTRAUTERINOS

Os métodos intrauterinos são aparelhos utilizados no interior do útero destinados a evitar o encontro do espermatozoide com o ovócito e, caso ele ocorra, impedir a implantação do óvulo fecundado no útero. O mais utilizado é o dispositivo intrauterino, conhecido como **DIU**.

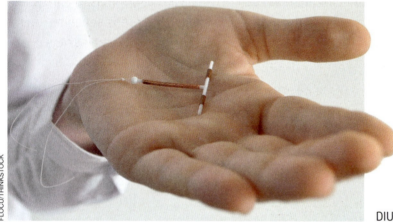

O DIU é uma pequena peça com hastes de cobre ou plástico, introduzida pelo médico no útero da mulher. Pode conter ou não hormônios que são liberados gradativamente. Para colocá-lo, a mulher deve fazer um exame ginecológico completo. Os DIUs mais modernos podem permanecer de 5 a 10 anos no organismo da mulher.

DIU com haste de cobre.

> **DE OLHO NO TEMA**
>
> Nesta atividade, você e seus colegas terão que se colocar no lugar de um médico que atenderá seis casos bem diferentes entre si. Em duplas, discutam qual é o melhor método anticoncepcional para cada caso, justificando suas indicações.
>
> 1. Maria tem 25 anos e não tem filhos. Apresenta pressão alta.
> 2. Cleide e Rafael têm 42 anos, 4 filhos e não desejam ter mais crianças.
> 3. Roberto tem 18 anos e nenhum filho.
> 4. Mônica tem 33 anos e um filho. Seu ciclo menstrual é muito irregular.
> 5. Laís tem 21 anos e não tem filhos. Apresenta saúde normal.
> 6. Marta e Paulo têm 30 anos e ainda não pretendem ter filhos.

TEMA 6

INFECÇÕES SEXUALMENTE TRANSMISSÍVEIS (IST)

Diversas infecções causadas por bactérias, vírus e outros agentes patogênicos podem ser transmitidas durante o ato sexual.

CONTÁGIO E SINTOMAS GERAIS DAS IST

Há uma ampla variedade de infecções sexualmente transmissíveis. Incluem-se nessa categoria todas as que podem ser transmitidas por **contato sexual**. O contágio por contato sexual pode se dar pela troca de secreções no ato sexual, não somente durante a penetração, mas também em outros momentos nos quais ocorre contato físico entre os parceiros, nas relações entre pessoas de qualquer sexo.

Por envolver regiões do corpo bastante íntimas, a primeira pessoa a suspeitar da presença de uma IST costuma ser o próprio paciente. Sintomas como lesões, manchas, odores, secreções (corrimento) e coceira nos órgãos sexuais e/ou na região pubiana são indicativos de infecções sexualmente transmissíveis e, em todos os casos, um profissional da saúde deve ser consultado.

Exames preventivos e uso de preservativos são importantes não só para nos proteger de ser infectados por outras pessoas, mas também porque podemos ser portadores de agentes patogênicos de uma doença sem apresentar nenhum sintoma. Nesse caso, atuamos como **portadores assintomáticos**, correndo o risco de transmitir uma IST enquanto pensamos estar saudáveis.

IST CAUSADAS POR BACTÉRIAS

As IST causadas por bactérias mais conhecidas são a sífilis, a gonorreia e o cancro mole; costumam ser tratadas com o uso de antibióticos (somente com prescrição médica).

A **sífilis** é causada pela bactéria *Treponema pallidum*. Além do contágio por contato sexual, pode ser transmitida também pela placenta (de mãe para filho) e por transfusão de sangue. Seu primeiro sintoma é uma lesão na genitália externa, chamada cancro duro. Se não tratada, a doença pode evoluir para quadros mais graves, afetando outras partes do corpo. Se atinge regiões vitais, pode até levar à morte.

A **gonorreia**, também chamada de blenorragia, é causada pela bactéria *Neisseria gonorrhoeae*, ou gonococo, e infecta a uretra, comprometendo algumas vias genitais. Seu sintoma principal é a sensação de ardência na uretra, seguida de um corrimento amarelado.

O **cancro mole**, causado pela bactéria *Haemophilus ducreyi*, caracteriza-se por feridas múltiplas, doloridas e moles na genitália externa.

SAIBA MAIS!

Em muitos meios de comunicação, é comum encontrar a sigla DST (doença sexualmente transmissível) em vez de IST. Essa substituição foi feita pois é mais abrangente, uma vez que estar infectado nem sempre significa manifestar a doença e seus sintomas. Portadores dos vírus da sífilis, herpes genital e aids, por exemplo, apresentam a infecção mas podem não manifestar a doença.

IST CAUSADAS POR VÍRUS

Os principais exemplos de IST causadas por vírus são o herpes genital, a aids, as verrugas ocasionadas por HPV e a hepatite B.

O **herpes genital** caracteriza-se por pequenas bolhas na área genital, que formam feridas e, após um tempo variável, desaparecem sem deixar cicatrizes. O vírus do herpes simples (HSV, do inglês *herpes simplex virus*), causador dessa doença, pode permanecer latente por um período e manifestar-se quando há queda da imunidade. Medicamentos prescritos por profissionais da saúde podem afetar a reprodução do vírus e até impedir sua manifestação, mas não o eliminam por completo do organismo da pessoa.

Entre todas as IST, a síndrome da imunodeficiência adquirida (sida ou **aids**, do inglês *acquired immunodeficiency syndrome*) é certamente a que mais desafios traz às Ciências Biomédicas. Ao ser infectado pelo vírus da imunodeficiência humana (HIV, do inglês *human immunodeficiency virus*), o paciente sofre a destruição de um tipo de linfócito, componente fundamental do sistema imunitário. Com isso, seu organismo não consegue combater agentes patogênicos, tornando-se vulnerável à manifestação de doenças oportunistas, como a pneumonia.

Além do contágio por contato sexual, o HIV pode ser transmitido por transfusão de sangue ou de órgãos contaminados, pelo uso de seringas ou materiais cirúrgicos infectados, por inseminação artificial com sêmen contaminado, de mãe para filho através da placenta ou durante o parto e a amamentação.

O papilomavírus humano (**HPV**, do inglês *human papiloma virus*) é um grupo de vírus que pode provocar a formação de verrugas na pele e na região genital. Essas verrugas podem ser precursoras de tumores, principalmente o câncer do colo de útero. Exames como o Papanicolau permitem detectar essa doença, e a vacina contra o HPV previne a infecção por quatro tipos de papilomavírus.

O vírus da **hepatite B** (VHB) infecta as células do fígado e pode causar diversas formas da doença (aguda, crônica e fulminante). A transmissão ocorre pelo contato com sangue, saliva, sêmen e secreções vaginais da pessoa infectada. Como a doença pode ser assintomática, a prevenção é muito importante. A vacina contra hepatite B também previne a doença.

108

USO DA CAMISINHA MASCULINA

1

Abra a embalagem cuidadosamente sem usar os dentes nem objetos cortantes.

2

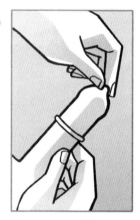 

Segure a ponta da camisinha e aperte-a para tirar o ar (essa etapa é muito importante). Depois, desenrole a camisinha até a base do pênis já ereto.

3

Após o uso, dê um nó no preservativo e descarte-o no lixo. O preservativo nunca deve ser reutilizado.

Fonte: GRUPO DE INCENTIVO À VIDA (GIV). Disponível em: <http://mod.lk/niaku>. Acesso em: jul. 2018.

IST CAUSADAS POR OUTROS AGENTES PATOGÊNICOS

Também há IST provocadas por outros seres vivos.

A **pediculose pubiana**, por exemplo, é causada pelo piolho *Phthirus pubis*, popularmente conhecido como "chato", que se instala entre os pelos pubianos. A proliferação desse piolho provoca coceira e pequenas hemorragias.

Já a **tricomoníase** é causada pelo protozoário *Trichomonas vaginalis*, que leva à produção de um corrimento pela vagina, no caso da mulher, e pela uretra, nos homens. Em ambos os casos causa ardência, porém, é comum que os homens sejam portadores assintomáticos, ou seja, que não manifestem sintomas embora apresentem o agente causador.

A **candidíase** é provocada por fungos do gênero *Candida*. Há várias formas da doença, entre elas a oral (sapinho) e a ocular, e nem todas são sexualmente transmissíveis. Ela acomete a pele, causando dor, irritação e vermelhidão, e pode levar à produção de secreções.

O chato (*Phthirus pubis*) é muito pequeno e causa a pediculose pubiana, caracterizada por coceiras e pequenas hemorragias. (Imagem obtida com microscópio eletrônico, colorizada artificialmente e ampliada cerca de 20 vezes.)

DE OLHO NO TEMA

Analise o caso apresentado e responda às questões abaixo.

Pouco mais de uma semana após uma relação sexual sem o uso de preservativo, uma pessoa começou a sentir um ardor na região genital e, em seguida, passou a expelir um corrimento de coloração amarelada.

1. O que esse sintoma pode significar e como essa pessoa deve proceder?
2. Que procedimentos devem ser tomados para evitar esse tipo de infecção?

ATIVIDADES — TEMAS 1 A 6

ORGANIZAR O CONHECIMENTO

1. Responda às questões.
 a) Defina reprodução sexuada e assexuada.
 b) Por que a reprodução sexuada é considerada mais relevante para a origem de novas espécies do que a reprodução assexuada?

2. Escreva uma frase utilizando os termos abaixo.

sexuada	gameta	feminino	masculino
fecundação		geneticamente diferentes	

3. Indique se as estruturas pertencem ao sistema genital masculino (M), ao feminino (F) ou a ambos (M/F), e cite suas funções.

Epidídimo	Uretra	Ovários	Útero
Glândulas seminais		Próstata	Clitóris

4. Relacione os métodos anticoncepcionais com suas funções.
 I. Diafragma
 II. Tabelinha
 III. Laqueadura tubária
 a) Intervenção cirúrgica em que se amarram ou cortam as tubas uterinas.
 b) Capa de borracha ou silicone colocada no interior da vagina como barreira com um gel espermicida.
 c) Baseia-se na estimativa da data da menstruação para evitar relações sexuais durante o período fértil.

5. Responda:
 a) Cite exemplos de IST causadas por bactérias. Como elas podem ser tratadas?
 b) Como a aids afeta o organismo?
 c) O que são portadores assintomáticos e que dificuldades eles trazem para a detecção de IST?

ANALISAR

6. Um antibiótico está sendo testado contra algumas espécies de bactérias. Sabe-se que uma delas se reproduz comumente por divisão binária enquanto a outra, além de divisão binária, também faz conjugação. Em qual das espécies há mais chances de encontrar indivíduos resistentes ao antibiótico?

7. A composição do sêmen inclui, além dos espermatozoides, secreções das glândulas acessórias. Sabendo disso, analise o gráfico e responda.

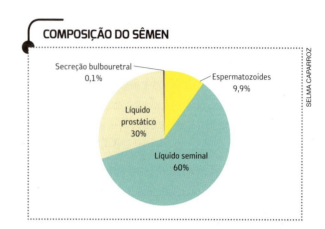

COMPOSIÇÃO DO SÊMEN
Secreção bulbouretral 0,1%
Espermatozoides 9,9%
Líquido prostático 30%
Líquido seminal 60%

 a) Qual componente do gráfico não está presente no sêmen de um homem que fez vasectomia?
 b) As secreções das glândulas acessórias compõem a maior parte do sêmen. Como esse fato contribui para o encontro dos espermatozoides com o ovócito?

8. Métodos anticoncepcionais diferem entre si no modo de impedir a gravidez e no público a que se destinam. Também se diferenciam pela eficiência, medida pelo índice de falha, isto é, pela taxa de gravidez não desejada em cada 100 mulheres. Analise a tabela e responda.

Método anticoncepcional	Índice de falha (%) No uso consistente e correto	Índice de falha (%) Tal como usado comumente*
Preservativo masculino	2	15
Preservativo feminino	5	21
Coito interrompido	4	27
Pílula oral (de progesterona)	0,3	8
Vasectomia	0,1	0,15

* Os valores da coluna se referem ao modo como os métodos são, em geral, utilizados, não necessariamente da forma correta.

Fonte: OMS; USAID; JOHNS HOPKINS. Planejamento familiar: um manual global para profissionais e serviços de saúde. Disponível em: <http://mod.lk/bwgwl>. Acesso em: jul. 2018.

 a) O uso de preservativo masculino ou feminino é sempre bastante eficiente e seguro? Justifique.
 b) Por que o coito interrompido é o método contraceptivo com maior índice de falha entre todos os apresentados?
 c) Por apresentar o menor índice de falha, a vasectomia é o método mais indicado para todos os casos? Explique.

EXPLORE

A descoberta do vírus da aids

O vírus da aids foi identificado em dois anos e meio. [...] A autoria da descoberta [...] foi cercada de controvérsias entre dois grupos: o de Luc Montagnier, do Instituto Pasteur, na França, e o de Robert Gallo, do National Cancer Institute (NCI), nos EUA.

[...]

Ao surgirem os primeiros casos de aids em São Francisco e Nova York, Gallo suspeitou que um retrovírus fosse o responsável pela infecção. Segundo Montagnier, "essa ideia cruzou o Atlântico" e foi encontrá-lo em Paris no final de 1982 pesquisando retroviroses em culturas de glóbulos brancos por meio de uma técnica desenvolvida anos antes por Gallo, no NCI.

Em janeiro de 1983, Montagnier cultivou células obtidas por biópsia de um gânglio de um jovem homossexual francês que apresentava ínguas pelo corpo. No rótulo da amostra foram colocadas as iniciais do paciente: BRU. Poucos meses depois, recebeu amostras de sangue de outro paciente homossexual (iniciais LAI) portador de um tipo de câncer associado à aids.

Tanto no gânglio de BRU como no sangue de LAI foi possível isolar um retrovírus. [...] Em maio de 1983, Montagnier e seu grupo publicaram o que hoje é considerado o primeiro relato sobre o isolamento do HIV.

[...]

Em fevereiro de 1983, o francês Jacques Leibowitch chegou de Paris para visitar o laboratório do NCI com amostras de sangue colhidas de pacientes com aids. Numa delas [...] foram isolados dois retrovírus diferentes: um era o HTLV-1 [...], o outro era uma forma aberrante, posteriormente caracterizada como HIV.

Com o refinamento das técnicas, Mika Popovic, assistente de Gallo, foi capaz de cultivar outros isolados virais obtidos de pacientes americanos. Entre eles, os que foram identificados pelas siglas RF, IIIB e

Da esquerda para a direita, Luc Montagnier (1932-) e Robert Gallo (1937-) durante evento nos Estados Unidos, em 2009.

MN passaram a ser usados por vários pesquisadores e conduziram às demonstrações de que o HIV era realmente o agente da aids.

[...] No final de 1984, esse teste foi padronizado e, no ano seguinte, colocado à disposição do mercado. Foi um enorme avanço no combate à epidemia.

Fonte: VARELLA, D. *A descoberta do vírus da aids*. Drauzio, 15 abr. 2011. Disponível em: <http://mod.lk/axam3>. Acesso em: jul. 2018.

 **ATIVIDADES**

INTERPRETAR, RELACIONAR E REFLETIR

1. Aponte os procedimentos científicos que levaram à descoberta do vírus da aids.

COMPARTILHAR

2. Em grupo, façam uma pesquisa sobre a história da aids: os primeiros registros, as pesquisas de Montagnier e Gallo e o desenvolvimento de drogas para pessoas infectadas com o HIV. Construam uma linha do tempo e exponham o material em um mural na escola.

TEMA 7

O CICLO MENSTRUAL E A FECUNDAÇÃO

> No ciclo menstrual ocorrem dois processos importantes: a maturação do ovócito e o desenvolvimento das paredes uterinas.

COMO OCORRE O CICLO MENSTRUAL

No **ciclo menstrual** ocorre a maturação do ovócito e a preparação do útero para receber um possível embrião. Um ciclo menstrual de 28 dias compreende as seguintes etapas:

- Durante a primeira metade do ciclo, um ovócito de um dos ovários amadurece. Começa o desenvolvimento da parede do útero, que se prepara para receber e nutrir o embrião, tornando-se mais espessa e repleta de vasos sanguíneos.

- Por volta da metade do ciclo (14º dia, nesse caso) acontece a **ovulação**. O ovócito liberado por um dos ovários segue para a tuba uterina. Nos dias próximos à ovulação, a mulher se encontra no chamado **período fértil**. As chances de acontecer uma gravidez aumentam nesse período.

- Durante os dias que se seguem, o ovócito continua avançando em direção ao útero. Se não é fecundado, ele degenera e parte das paredes do útero começa a se desprender, juntamente com o sangue proveniente da ruptura dos vasos sanguíneos. Eles são eliminados pela vagina durante a **menstruação**.

Costuma-se considerar o primeiro dia de menstruação como o primeiro dia do ciclo menstrual. A menstruação dura cerca de 3 a 5 dias e o ciclo menstrual pode variar de mulher para mulher. A duração de 28 dias constitui apenas uma média.

CICLO MENSTRUAL DE 28 DIAS

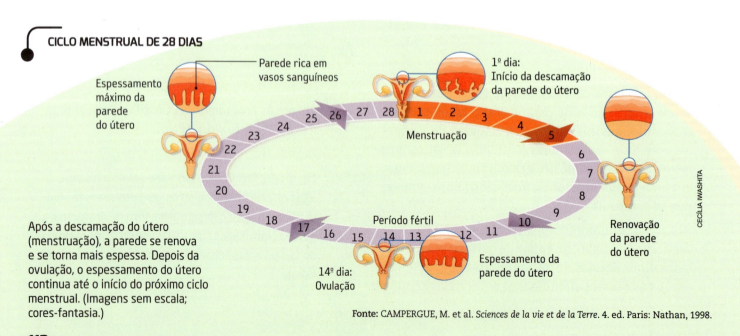

Após a descamação do útero (menstruação), a parede se renova e se torna mais espessa. Depois da ovulação, o espessamento do útero continua até o início do próximo ciclo menstrual. (Imagens sem escala; cores-fantasia.)

Fonte: CAMPERGUE, M. et al. *Sciences de la vie et de la Terre*. 4. ed. Paris: Nathan, 1998.

O ENCONTRO DO OVÓCITO COM O ESPERMATOZOIDE

A **fecundação** ou **fertilização** consiste na união do ovócito com o espermatozoide. Depois de fecundado, o ovócito passa por alterações e passa a ser chamado óvulo. Normalmente, o encontro e a união dos gametas masculino e feminino ocorrem nas tubas uterinas.

Durante o ato sexual, milhões de espermatozoides são liberados pelo homem na vagina da mulher. Os gametas masculinos percorrem o útero e chegam às tubas uterinas.

A maioria dos espermatozoides morre durante esse trajeto. Apenas alguns conseguem chegar até o ovócito e em geral somente um deles penetra no gameta feminino. Depois de ser fecundado por esse espermatozoide, o óvulo produz substâncias que impedem a entrada de outros espermatozoides.

Um ovócito é liberado do ovário aproximadamente na metade do ciclo menstrual. Como os espermatozoides podem sobreviver de 3 a 4 dias dentro do corpo da mulher após a relação sexual, a fertilização pode ser decorrente de uma relação ocorrida quatro dias antes da liberação do ovócito. Por isso, costuma-se considerar que o período fértil abrange o intervalo de 4 dias antes e 4 dias depois da ovulação.

A união do núcleo do óvulo com o núcleo do espermatozoide promove a formação do **zigoto**, que contém material genético das duas células que o formaram.

No início, o zigoto é uma única célula. À medida que continua seu trajeto pelas tubas uterinas, em direção ao útero, o zigoto se divide por mitose. Primeiro, formam-se duas células, depois, quatro e assim sucessivamente. Essas células originam o **embrião**.

Por volta de 7 dias após a fecundação, o embrião chega ao útero e se implanta na parede uterina. O processo de implantação do embrião na parede uterina é chamado de **nidação**.

DE OLHO NO TEMA

Diversos mitos e tabus perpassam a discussão sobre a sexualidade humana. Entre eles, a ideia de que as meninas, antes da primeira menstruação, são seguramente inférteis e não correm o risco de engravidar.

- Com base no diagrama do ciclo menstrual, explique por que essa ideia é falsa.

Mitose: divisão celular que resulta na formação de duas células iguais à célula original.

 Fertilização

Em média, quantos espermatozoides chegam ao óvulo, segundo a animação? Que estruturas auxiliam no trajeto do zigoto até o útero? Disponível em <http://mod.lk/ac8u04>

FECUNDAÇÃO DE OVÓCITO

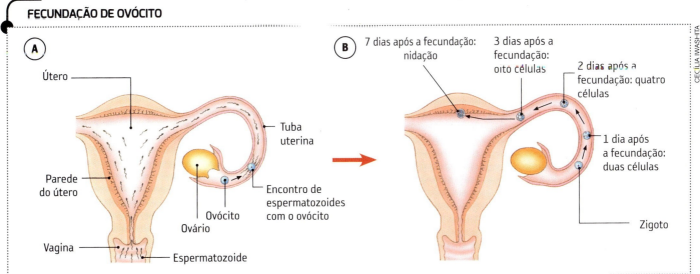

Representação da fecundação. (**A**) Encontro do ovócito com o espermatozoide. (**B**) Desenvolvimento do zigoto até a nidação.

Fonte: TIME-LIFE. *Corpo humano*. Rio de Janeiro: Abril, 1995.

> **SAIBA MAIS!**

Fertilização *in vitro*

A infertilidade conjugal afeta entre 10% e 30% dos casais e é caracterizada pela incapacidade de engravidar, constatada após um ano (12 ciclos menstruais) de relações sexuais frequentes sem uso de nenhum método contraceptivo. A técnica de fertilização *in vitro* (ou reprodução assistida) surgiu como uma alternativa para que esses casais pudessem gerar filhos.

Em linhas gerais, essa técnica consiste na realização da fertilização de um ovócito por um espermatozoide artificialmente. Para isso, coleta-se uma amostra de ovócitos da mãe e uma amostra de sêmen do pai.

Dando seguimento ao processo, os gametas coletados são fertilizados em laboratório por meio de diferentes técnicas escolhidas em função de sua eficiência e do grau de infertilidade do casal. Uma dessas técnicas é a injeção intracitoplasmática de espermatozoides (ICSI, sigla do termo em inglês *intracitoplasmatic sperm injection*), na qual os espermatozoides são injetados no ovócito, promovendo a fecundação.

Tendo ocorrido a fecundação, esses óvulos fertilizados são cultivados em laboratório por um período de 2 a 6 dias, de modo a se verificar quais desses embriões gerados podem ser viáveis. Em seguida, até 3 embriões podem ser implantados na parede do útero a fim de que prossigam naturalmente com seu desenvolvimento. A expectativa é que pelo menos um desses embriões seja viável e resulte em um feto. Porém, existe a possibilidade de se formarem gêmeos ou trigêmeos em 27% e 3% dos casos, respectivamente.

Apesar de complexa, a fertilização *in vitro* tem sido bem-sucedida. O primeiro "bebê de proveta", como são chamados os bebês gerados a com ajuda dessa técnica, nasceu em 1978 em Londres. Desde então, a evolução da tecnologia tem sido grande e seus procedimentos e resultados seguem se aprimorando. No Brasil, a primeira criança proveniente de reprodução assistida nasceu em 1984, no Paraná.

Atualmente, o número de fertilizações *in vitro* tem aumentado, sendo uma das causas a postergação da gestação, que pode influenciar na diminuição da fertilidade feminina.

ETAPAS DA FERTILIZAÇÃO *IN VITRO*

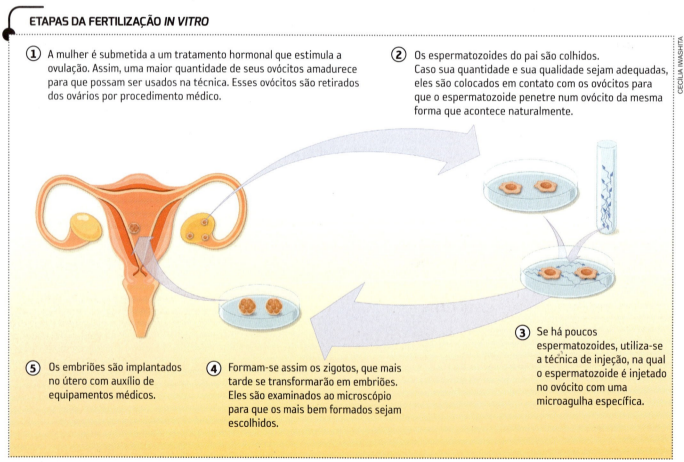

① A mulher é submetida a um tratamento hormonal que estimula a ovulação. Assim, uma maior quantidade de seus ovócitos amadurece para que possam ser usados na técnica. Esses ovócitos são retirados dos ovários por procedimento médico.

② Os espermatozoides do pai são colhidos. Caso sua quantidade e sua qualidade sejam adequadas, eles são colocados em contato com os ovócitos para que o espermatozoide penetre num ovócito da mesma forma que acontece naturalmente.

③ Se há poucos espermatozoides, utiliza-se a técnica de injeção, na qual o espermatozoide é injetado no ovócito com uma microagulha específica.

④ Formam-se assim os zigotos, que mais tarde se transformarão em embriões. Eles são examinados ao microscópio para que os mais bem formados sejam escolhidos.

⑤ Os embriões são implantados no útero com auxílio de equipamentos médicos.

Representação esquemática da técnica da reprodução assistida. O útero, as tubas uterinas e um dos ovários estão representados em corte. (Imagens sem escala; cores-fantasia.)

TEMA 8 — A GESTAÇÃO E O PARTO

Até que esteja pronto para nascer, o bebê tem seu desenvolvimento garantido por estruturas do organismo da mãe.

A GRAVIDEZ

A **gravidez** ou **gestação** tem início quando o ovócito é fecundado e termina quando a mulher dá à luz. Após a fecundação, o zigoto passa por divisões celulares e recebe o nome de **embrião**.

A ausência de menstruação é o primeiro indício de gravidez. Mas é possível que o atraso no ciclo seja decorrente de outros fatores, que podem ser hormonais ou até mesmo emocionais. Assim, para confirmar se está grávida ou não, a mulher deve fazer um exame laboratorial. O **teste de gravidez** pode ser feito pelo exame de urina ou de sangue.

Uma gestação ideal dura aproximadamente 9 meses, ou seja, cerca de 40 semanas. Na fase inicial de desenvolvimento do bebê, formam-se os anexos embrionários, que são estruturas encarregadas de proteger e nutrir o feto. Entre essas estruturas encontram-se o saco amniótico e a placenta.

O **saco amniótico** é uma bolsa repleta de líquido, chamado **líquido amniótico**, no qual o feto fica mergulhado durante toda a gravidez. Sua função é proteger o feto, amortecendo os choques físicos e as pressões que a barriga da mãe possa vir a sofrer e regulando a temperatura corporal.

O saco amniótico é popularmente conhecido como bolsa-d'água e geralmente se rompe pouco antes do nascimento do bebê.

A **placenta** é a estrutura que comunica o feto com a mãe. Ela é formada por tecido do embrião e do útero materno. Pela placenta, o feto recebe gás oxigênio e outros nutrientes e elimina gás carbônico e excretas. A placenta e o feto estão unidos pelo **cordão umbilical**.

O FETO NO INTERIOR DO ÚTERO

Para acomodar o feto em desenvolvimento, o útero aumenta cerca de 10 vezes o seu tamanho original durante a gravidez. (Imagem sem escala; cores-fantasia.)

Fonte: CAMPERGUE, M. et al. *Sciences de la vie et de la Terre*. 1. ed. Paris: Nathan, 1998.

O SACO AMNIÓTICO E A PLACENTA EM CORTE

Fonte: CAMPERGUE, M. et al. *Sciences de la vie et de la Terre*. 4. ed. Paris: Nathan, 1998.

Reprodução humana

Vídeo apresenta a fecundação e o desenvolvimento do zigoto humano até a completa formação do feto.

O saco amniótico protege o bebê contra choques físicos e a placenta permite a troca de nutrientes e de resíduos entre o feto e a mãe. (Imagem sem escala; cores-fantasia.)

MUDANÇAS NO ORGANISMO FEMININO DURANTE A GESTAÇÃO

Durante a gestação, o organismo da mulher passa por diversas mudanças.

- O útero chega a aumentar cerca de 10 vezes, e sua massa passa de 45 gramas, antes da gravidez, para 1 quilograma, aproximadamente.
- As mamas aumentam de volume. Esse aumento prepara a mulher para o aleitamento do bebê.
- A gestante pode ter azia, vômitos e náuseas, que são mais frequentes até o terceiro mês de gestação.
- Pode ocorrer variação da pressão arterial. Isso requer atenção especial, pois há risco de complicações para a mãe e para o feto.
- A frequência das micções aumenta devido à compressão da bexiga urinária pelo crescimento do útero e do feto. Além disso, durante a gestação ocorre o aumento da atividade do sistema urinário.

Micção: ato de urinar.

CUIDADOS DURANTE A GESTAÇÃO

É importante que durante a gravidez as futuras mães sejam assistidas por profissionais de saúde. Esse acompanhamento, chamado de **pré-natal**, é feito para prevenir qualquer problema de saúde tanto da mãe como do feto.

A gestante deve seguir uma alimentação saudável e equilibrada. Além disso, ela não deve ingerir bebidas alcoólicas nem usar outros tipos de droga, como a nicotina encontrada no tabaco. As substâncias presentes nas bebidas alcoólicas, em medicamentos e outras drogas podem passar para o feto, através da placenta e prejudicar seu desenvolvimento. Sobretudo nesse período, a administração de medicamentos só deve ser feita com orientação médica.

O pré-natal deve ser assegurado a todas as gestantes.

Os exames pré-natais, como o ultrassom, devem ser realizados por um profissional da saúde em quem a gestante confie, ao longo de toda a gravidez.

GRAVIDEZ NA ADOLESCÊNCIA

O momento da geração de um bebê é um período de grandes mudanças. Quando ocorre muito cedo, a gravidez pode significar, para os pais, responsabilidades para as quais não estão preparados.

Há vários mitos envolvendo o sexo e a gravidez. Ao contrário do que algumas pessoas pensam, uma garota pode ficar grávida na primeira relação sexual. A gravidez na adolescência pode ser decorrente do fato de muitas jovens desconhecerem ou não utilizarem os meios para evitá-la.

Uma gravidez inesperada, em qualquer idade, pode trazer sentimentos opostos. O casal pode sentir-se feliz e orgulhoso ou, ao contrário, preocupado e aborrecido. A chegada de um bebê deve primordialmente acontecer num momento planejado pelo casal. Portanto, tornar-se pai e mãe é um processo que deve começar antes de a gravidez acontecer.

O PARTO

Normalmente, o nascimento do bebê ou **parto** ocorre após 9 meses de gestação. Porém diversos fatores podem ocasionar um parto antes desse período, que nesse caso recebe o nome de **parto prematuro**.

O momento do parto pode ser anunciado e percebido pela gestante de várias maneiras. Algumas delas são:

- **cólicas:** conhecidas como "dores do parto", decorrentes das contrações da musculatura do útero. Perto da hora do parto, essas contrações ficam mais intensas e ocorrem em intervalos de tempo menores.
- **rompimento do saco amniótico:** também conhecido como "rompimento da bolsa". As membranas do saco amniótico se rompem e o líquido de seu interior extravasa.

Podem-se distinguir três fases no parto normal. A **dilatação** do colo do útero permite a passagem do bebê. Ela é facilitada pelas contrações da musculatura uterina.

No momento da **saída do bebê**, as contrações do útero são mais fortes, ajudando a empurrar a criança em direção à vagina. Geralmente a cabeça do bebê sai primeiro e logo depois o restante do corpo. Então, o cordão umbilical do recém-nascido é cortado.

Depois do nascimento da criança, o útero volta a se contrair para a **expulsão da placenta**. É importante que toda a placenta seja removida do útero para evitar riscos de infecção no organismo materno.

DE OLHO NO TEMA

Durante a gestação, o casal, e sobretudo a mulher, deve tomar uma série de precauções para não prejudicar o desenvolvimento do feto. Entre elas, seguir uma dieta rica e saudável, evitar esforços físicos intensos, não consumir bebidas alcoólicas, não fumar e não ingerir determinados tipos de medicamentos.

1. Em que medida esses cuidados colaboram para uma gestação saudável?
2. Caso essas medidas não sejam adotadas pela gestante, quais são os riscos para o bebê?

Trilha de estudo

Vai estudar? Nosso assistente virtual no *app* pode ajudar!
<http://mod.lk/tr8u04>

FASES DE UM PARTO NORMAL

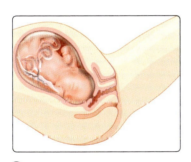

① Dilatação do colo do útero.

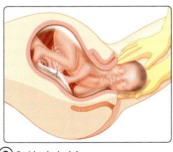

② Saída do bebê.

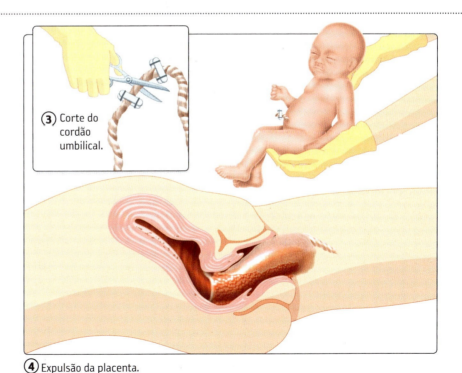

③ Corte do cordão umbilical.

④ Expulsão da placenta.

Representação das fases de um parto normal. O corpo da mãe está representado em corte. (Imagens sem escala; cores-fantasia.)

Fonte: CAMPBELL, N. A.; MITCHELL, L. G.; REECE, J. B. *Biology: concepts and connections.* 2. ed. Menlo Park: Benjamin Cummings, 2000.

FAMÍLIAS BRASILEIRAS

Nosso lar é muito mais que o espaço onde moramos. É um dos lugares onde aprendemos a conviver e a sobreviver em grupo. A família, de parentesco ou de convivência, é a nossa primeira fonte de proteção e com quem podemos compartilhar alegrias e tristezas.

No Censo Demográfico de 2010, o Instituto Brasileiro de Geografia e Estatística (IBGE) investigou 57,3 milhões de domicílios brasileiros e revelou a grande diversidade de arranjos familiares que existem no país.

+4%
Em 2015, o número de casais sem filhos subiu para 20%.

Domicílios particulares no Brasil em 2010, por tipo de composição familiar

- 6% Outros arranjos
- 12% Unipessoal
- 11% Família estendida
- 12% Pai ou mãe com filhos
- 16% Casal sem filhos
- 43% Casal com filhos

As cores predominantes nos domicílios da ilustração relacionam as famílias representadas às categorias indicadas no gráfico.

+2,6%
O aumento dos arranjos unipessoais está relacionado ao envelhecimento populacional: a proporção de pessoas de 50 anos ou mais morando sozinhas passou para 63,7% em 2015.

Família estendida
Em 6,3 milhões de lares, um ou os dois pais e os filhos vivem com os avós ou outro parente.

Casal sem filhos
Esse tipo familiar foi um dos que mais cresceram nos últimos anos e, com frequência, é formado por pessoas jovens e com formação universitária.

Outros arranjos
Domicílios que não pertencem às outras categorias e onde vivem pessoas com ou sem parentesco. Amigos que querem dividir as contas e as repúblicas de estudantes estão nesse grupo.

Lar unipessoal
Em 2010, cerca de 3,4 milhões de mulheres e 3,5 milhões de homens viviam sozinhos em cerca de 12% dos lares brasileiros.

ATIVIDADES

1. Em qual das categorias do Censo se enquadra a sua família?

2. De acordo com os pesquisadores do Censo, o número de lares formados por casais homossexuais é maior do que o obtido na pesquisa. Converse com seus colegas sobre possíveis razões para isso.

3. Muitos pesquisadores se dedicam a estudar e a definir o conceito de família. Com alguns colegas, discutam e redijam uma definição para família. Que critérios vocês consideram importantes para definir família?

Casal com filhos
Um casal e seus filhos, biológicos ou não, é o arranjo familiar mais comum no Brasil. Essa formação foi encontrada em 43% das famílias.

−0,7%
A queda da fecundidade, o aumento da escolaridade e a maior participação da mulher no mercado de trabalho tiveram influência na queda dos casais com filhos.

Pai ou mãe com filhos
Em 7 milhões de lares, os filhos vivem com um dos pais. Em quase 90% dos casos, a mulher fica com a guarda das crianças. Mesmo que o cuidado independa do sexo, a legislação prioriza a mãe na criação dos filhos.

+9,9%
Nos últimos anos, houve um aumento na proporção de mulheres que se tornaram a pessoa de referência na família.

ILUSTRAÇÃO: ALUÍSIO CERVELLE

ATIVIDADES — TEMAS 7 E 8

ORGANIZAR O CONHECIMENTO

1. Identifique e corrija as afirmações falsas.
   a) A maturação do ovócito e a preparação do útero são processos que acontecem durante o ciclo menstrual.
   b) O ciclo menstrual passa a ser contado a partir do primeiro dia da menstruação.
   c) A ovulação acontece logo após a renovação da parede do útero.
   d) O sangue da menstruação é proveniente do ovócito que é eliminado pela mulher.

2. Descreva o que ocorre nas etapas ilustradas, desde a ovulação até a nidação.

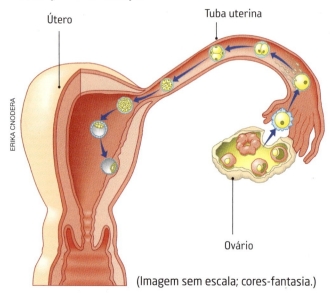

(Imagem sem escala; cores-fantasia.)

3. Qual é o nome dos eventos mencionados a seguir?
   a) Eliminação dos restos da parede uterina, misturados com sangue proveniente da ruptura de vasos sanguíneos.
   b) Liberação do ovócito por um dos ovários.
   c) Período em que a mulher tem maiores chances de engravidar.
   d) União do ovócito com o espermatozoide, levando à formação do zigoto.
   e) Período que se inicia quando o ovócito é fecundado e termina quando a mulher dá à luz.

4. Faça um quadro indicando a função das seguintes estruturas relacionadas à gravidez: placenta, saco amniótico, cordão umbilical e útero.

5. Por volta de 7 dias após a fecundação, o embrião chega ao útero e se implanta na parede uterina. Sobre isso, responda:
   a) Qual é o nome desse processo?
   b) Qual é sua importância para a gravidez?

ANALISAR

6. O esquema sinaliza alguns materiais que podem ser trocados entre a mãe e o feto através da placenta. Transcreva-o, indicando com setas o sentido de cada troca. Em seguida, responda à questão.

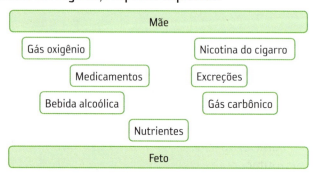

   • Quais destes itens devem ser evitados, principalmente no período de gravidez? Justifique.

7. A afirmação abaixo é verdadeira? Explique.

   As mulheres não são capazes de engravidar na primeira relação sexual.

8. Ana adotou a "tabelinha" como método anticoncepcional. Apesar de ter observado com precisão seu ciclo menstrual, o método não deu certo e ela engravidou. Para entender o porquê, foi ao médico em busca de orientação.
   a) Se você fosse o médico, que explicações daria a Ana sobre possíveis causas da falha do método?
   b) Que outra preocupação Ana poderia ter além da gravidez não planejada?

9. Considere que o ciclo menstrual de uma mulher seja de 32 dias. Calcule o que se pede, sabendo que sua menstruação se iniciou em 6 de julho.
   a) Em que dia se iniciou seu ciclo menstrual?
   b) Em que dia provavelmente ocorrerá sua ovulação?
   c) Qual é a duração aproximada de seu período fértil, isto é, quando há maior chance de ocorrer fecundação?
   d) Qual é a provável data de sua próxima menstruação?

PENSAR CIÊNCIA

Mulheres já produzem metade da ciência do Brasil, diz levantamento

A proporção de mulheres que publicam artigos científicos – principal forma de avaliação na carreira acadêmica – cresceu 11% no Brasil nos últimos 20 anos. Agora elas publicam quase a mesma quantidade que os pesquisadores homens (49%). [...]

Os dados [da pesquisa] mostram que, dentre os países pesquisados, Brasil e Portugal são os que mais contam com autoras em trabalhos científicos (49% do total). [...]

Hoje, são elas que dominam as publicações de medicina no país: um em cada quatro estudos publicados na área por pesquisadores brasileiros tem uma cientista mulher como principal autora.

Nas chamadas ciências duras, no entanto, elas ainda estão em minoria. De acordo com o levantamento da Elsevier, publicações de áreas como ciências de computação e matemática têm mais do que 75% de homens na autoria dos trabalhos na maior parte dos países pesquisados. [...]

A igualdade na distribuição de autoria dos trabalhos científicos observada no Brasil não se reflete, no entanto, nos cargos científicos de liderança. Reitores de universidade, chefes de departamentos e coordenadores de linhas de pesquisa ainda são, em sua maioria, homens. [...]

Fonte: BATISTA, E. L.; RIGHETTI, S. *Folha de S.Paulo*. Disponível em: <http://mod.lk/iapav>. Acesso em: abr. 2018.

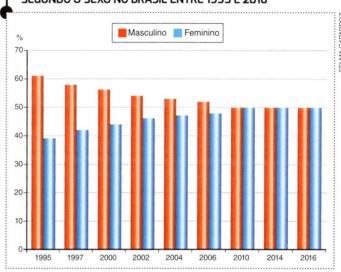

Fonte: CONSELHO Nacional de Desenvolvimento Científico e Tecnológico (CNPq). Diretório dos Grupos de Pesquisa no Brasil. *Pesquisadores por sexo (%)*. Brasília, [2016?]. Disponível em: <http://mod.lk/4zek8>. Acesso em: mar. 2018.

ATITUDES PARA A VIDA

- **Escutar os outros com atenção e empatia**

  Procure perceber os motivos envolvidos no crescimento da participação das mulheres na produção científica brasileira. Ao mesmo tempo procure **escutar os outros com atenção e empatia** os argumentos relacionados aos aspectos sociais e históricos que influenciaram a Ciência, fazendo uma reflexão sobre a mudança do lugar social ocupado pelos gêneros em diferentes contextos.

ATIVIDADES

1. O que ocorreu com a participação das mulheres na Ciência no Brasil entre 1995 e 2016? Quais são as possíveis causas desse fenômeno?

2. Em dupla, leiam o texto e façam o que se pede.
   As diferenças físicas entre homens e mulheres foram utilizadas durante centenas de anos para justificar e validar imposições sociais, como o direito ao estudo, ao voto e à atuação em determinadas profissões. Até o início do século XX, a Ciência era culturalmente definida como uma carreira imprópria para mulheres. A partir da década de 1960, a luta das mulheres pela igualdade de direitos começou a mudar esse contexto.

   - Pesquisem sobre o movimento feminino da década de 1960 e listem algumas suas reivindicações das mulheres desse período.

ATITUDES PARA A VIDA

Sexualidade humana

A Organização Mundial de Saúde (OMS) define: "sexualidade faz parte da personalidade de cada um, sendo uma necessidade básica e um aspecto do ser humano que não pode ser separado de outros aspectos da vida. A sexualidade influencia pensamentos, sentimentos, ações e interações e, portanto, a saúde física e mental". A sexualidade não é restrita à visão biológica, e sim está associada a fatores psicológicos, sociais e culturais.

• Busca de identidade sexual e social

A adolescência é uma fase cheia de dúvidas. Nela se intensificam diversas questões sociais e psicológicas de cada indivíduo. O sexo de uma pessoa não é determinado apenas pela sua genitália, mas por fatores psicológicos e identitários. As pessoas que não se reconhecem no sexo biológico são chamadas de transgênero. Observe o infográfico abaixo sobre cada uma das facetas que compõem a sexualidade do indivíduo.

ENTENDA A DIFERENÇA

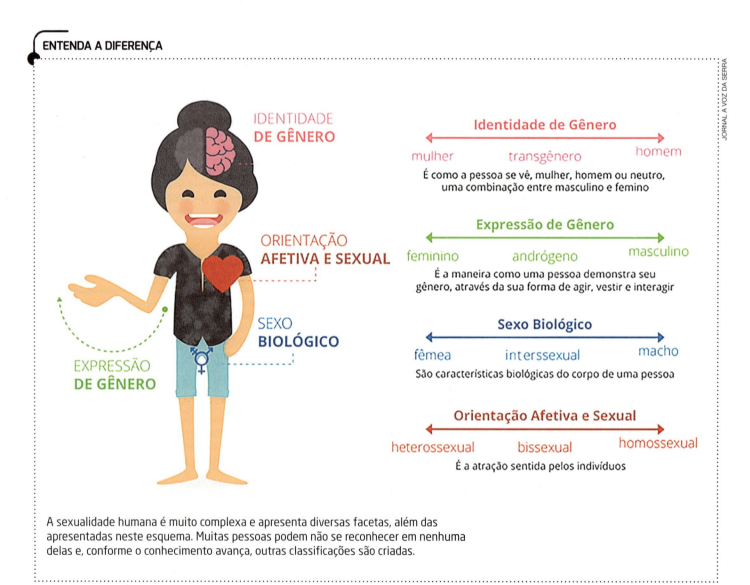

Fonte: IDENTIDADE de gênero. *Observatório G*. Disponível em: <http://mod.lk/h9ofs>. Acesso em: mar. 2018.

122

TROCAR IDEIAS SOBRE O TEMA

Em grupo, discutam sobre as seguintes questões:

1. O que é discriminação relacionada à sexualidade e ao gênero, e no que ela resulta?
2. O texto menciona algumas formas de expressão do desejo sexual (ou orientação sexual). Quais são essas formas e quais outras vocês conhecem?
3. Qual é a mensagem transmitida na tirinha de Laerte?
4. Em sua opinião, o que significa a expressão "politicamente incorreto"? Você concorda com esse conceito?

PESQUISAR

5. Procurem em jornais, revistas e na internet matérias que tratem da homofobia, como denúncia de agressões, relatos pessoais, reflexões críticas etc. Selecionem pelo menos três textos que expressem as experiências das pessoas em relação à homofobia e à transfobia, dentro ou fora da escola.

COMPARTILHAR

6. Elaborem livretos com base nos relatos e materiais encontrados, com o objetivo de conscientizar as pessoas sobre a importância de agir pelo fim das discriminações, incluindo aquelas baseadas na orientação sexual ou na identidade de gênero.

Para este trabalho, procurem **pensar com flexibilidade**:

- Vocês já presenciaram pessoas sendo ofendidas por causa da sexualidade ou da orientação sexual delas? Se já, relatem esses episódios.
- Como vocês imaginam que elas se sentiram ao receber essas ofensas?
- O que levou os ofensores a agir dessa forma?
- Esse tipo de situação deveria mudar? Como isso poderia ser feito?

COMO EU ME SAÍ?

- Ouvi a opinião do outro de forma atenta?
- Soube por que discordava da opinião de outras pessoas?
- Se eu fosse explicar por que é importante pensar com flexibilidade, eu diria...

COMPREENDER UM TEXTO

A juventude e as redes sociais

O número de vítimas de *nude selfie* e *sexting* – que é o compartilhamento de fotos íntimas em *sites*, redes sociais e através de aplicativos de *smartphone*, como o WhatsApp – é cada vez maior, principalmente entre crianças e adolescentes. Uma campanha criada pelo Ministério Público do Rio Grande do Sul, com apoio da Escola Superior de Propaganda e Marketing (ESPM Sul) de Porto Alegre, é uma reflexão sobre os riscos de exibir a intimidade na internet.

[...]

A campanha se chama "Quando uma imagem vira pesadelo". O vídeo institucional foi feito pelos alunos, e tem 1 minuto de duração. [...] O material será veiculado em cinemas, intervalos da programação das televisões e em redes sociais.

A maior preocupação relacionada ao compartilhamento é que, uma vez na internet, perde-se completamente o controle da foto ou do vídeo íntimo publicado.

É importante ter cuidados com a exposição pessoal em redes sociais. Em alguns casos, podem acontecer situações constrangedoras.

"Uma vez colocado na internet, seja nos grupos de Facebook ou aplicativos, pode vazar. E uma vez que vazou, nada é privativo. E a retirada disso do ar é algo muito complexo", explica a coordenadora do Centro de Apoio da Infância, Juventude, Educação, Família e Sucessões, Denise Villela.

Em 2013, essa prática virou caso de polícia em Encantado, no Vale do Taquari, e repercutiu nacionalmente. Uma adolescente de 13 anos de idade cortou os pulsos depois que viu suas fotos íntimas circulando em um grupo de WhatsApp.

Em 2015, uma menina de 14 anos, de Canoas, foi chantageada para não ter as fotos íntimas vazadas na internet.

O termo *sexting* é originado da união de duas palavras em inglês: *sex* (sexo) e *texting* (envio de mensagens). Meninos e meninas trocam mensagens e fotos sensuais de seus corpos nus ou seminus na web.

Há cerca três anos, a prática chamou a atenção dos promotores de justiça. "Começaram a aparecer casos de crianças e adolescentes, especialmente adolescentes, a maior parte de 10 até os 14, 15 anos, que teriam mandado 'nudes' em grupos ou para outras pessoas, e esses nudes acabaram vazando na internet", diz Denise.

A ideia do Ministério Público foi investir na prevenção do problema.

"Se nós conseguirmos conscientizar os adolescentes, fazer com que eles pensem uma, duas vezes antes de uma postagem, com certeza vamos reduzir esses casos ou evitar o crescimento", observa o procurador-geral de Justiça, Fabiano Dallazen.

[...]

Crime

A divulgação de fotos, vídeos e outros materiais com teor sexual sem o consentimento do dono pode ser interpretada pela Justiça como crime, de acordo com várias leis. O ato pode ser classificado como difamação (imputar fato ofensivo à reputação) ou injúria (ofender a dignidade ou decoro), segundo os artigos 139 e 140 do Código Penal.

O artigo 241 do Estatuto da Criança e do Adolescente (ECA) qualifica como crime grave a divulgação de fotos, gravações ou imagens de crianças ou adolescentes em situação de sexo explícito ou pornográfica. Prevê pena de 3 a 6 anos de reclusão e multa para quem publicar materiais que contenham essas cenas com menores de 18 anos.

A Lei 12.737, em vigor desde abril de 2013, também criminaliza a invasão de dispositivo informático alheio para obter, adulterar ou destruir dados ou informações sem autorização do titular. Quem tiver essa conduta pode pagar multa e ser preso por 3 meses a 1 ano. A lei foi apelidada de "Carolina Dieckmann" após a atriz ter seu computador hackeado e suas fotos íntimas, divulgadas.

Fonte: FERRARI, I. *Campanha alerta sobre os riscos do envio de imagens íntimas de crianças e adolescentes*. G1, 30 out. 2017. Disponível em: <http://mod.lk/du6zx>. Acesso em: mar. 2018.

O uso de redes sociais, especialmente com o advento dos celulares com internet e aplicativos, deve ser dosado para evitar danos à saúde dos adolescentes. Além dos riscos do compartilhamento de conteúdos íntimos, existe a possibilidade do isolamento social e do vício em internet, que pode acarretar doenças psicológicas, como ansiedade, insegurança e até mesmo depressão. A melhor forma de prevenir esses problemas é equilibrar o uso das redes sociais com outras atividades que não as virtuais.

ATIVIDADES

OBTER INFORMAÇÕES

1. Por que o texto alerta que existem riscos de exibir a intimidade nas redes sociais e internet?
2. Qual é a principal preocupação das autoridades com relação a esse tipo de compartilhamento?
3. Cite pelo menos duas menções do texto relacionadas a crimes que podem ser cometidos ao repassar imagens sensuais de outra pessoa na internet.
4. Releia o trecho a seguir e responda.

    "Se nós conseguirmos conscientizar os adolescentes, fazer com que eles pensem uma, duas vezes antes de uma postagem, com certeza vamos reduzir esses casos ou evitar o crescimento", observa o procurador-geral de Justiça, Fabiano Dallazen.

    - Qual é a importância da afirmação do procurador?

REFLETIR

5. Discuta com os colegas as diferenças entre as relações sociais que se dão por meio do contato imediato e presencial e os relacionamentos virtuais, como os que ocorrem nas redes sociais.
6. Em que medida as mudanças pelas quais os jovens passam na puberdade e na adolescência estão relacionadas com o uso das redes sociais?
7. Quanto tempo você gasta diariamente nas redes sociais? O que mais lhe agrada nessas redes? Você já deixou de fazer alguma atividade por causa delas? Compare suas respostas com as dos colegas.
8. Você toma cuidado com a divulgação de imagens, vídeos, informações e áudios por redes sociais? A leitura do texto fez você mudar de ideia sobre esse tema?

UNIDADE
INTRODUÇÃO À GENÉTICA

POR QUE ESTUDAR ESTA UNIDADE?

Atualmente, são várias as discussões éticas sobre o uso e a manipulação tecnológica do material genético que contém as informações hereditárias presentes nas células dos seres vivos. Essas informações estão relacionadas às características que todo ser vivo herda, de geração em geração.

Para entender essas questões é necessário compreender a estrutura e o funcionamento das células e a composição do material genético.

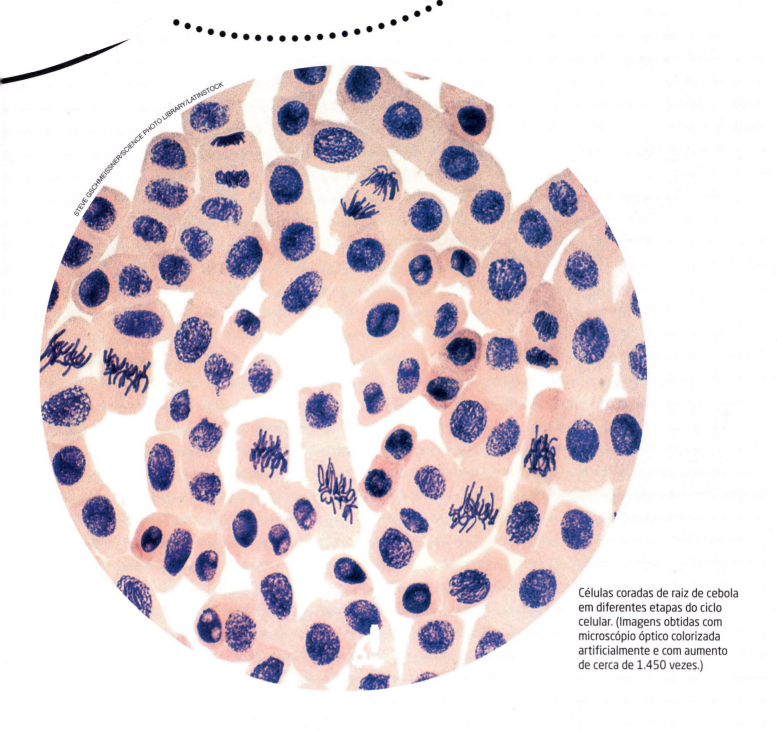

Células coradas de raiz de cebola em diferentes etapas do ciclo celular. (Imagens obtidas com microscópio óptico colorizada artificialmente e com aumento de cerca de 1.450 vezes.)

ATITUDES PARA A VIDA

- Aplicar conhecimentos prévios a novas situações
- Questionar e levantar problemas

COMEÇANDO A UNIDADE

1. Que diferenças existem nos núcleos das células mostradas na imagem?
2. Qual é a função do material genético de um organismo?
3. Mencione algumas características que podem ser transmitidas de pais para filhos.

127

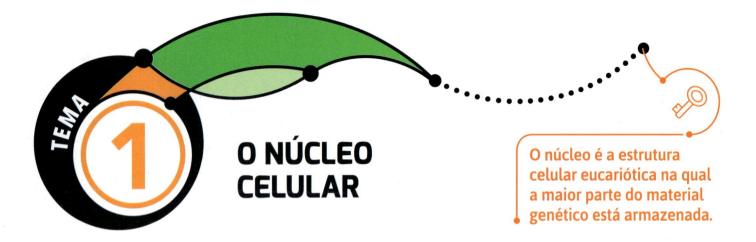

TEMA 1 — O NÚCLEO CELULAR

O núcleo é a estrutura celular eucariótica na qual a maior parte do material genético está armazenada.

AS ESTRUTURAS DO NÚCLEO EUCARIONTE

O material genético contém instruções que comandam atividades da célula e, consequentemente, do organismo. Nas células eucarióticas, a maior parte do material genético está armazenada no núcleo. Esse núcleo é formado por envelope nuclear, nucleoplasma e nucléolo, além do material genético.

O **envelope nuclear**, também chamado de carioteca, é constituído por duas membranas e separa o citoplasma do conteúdo do núcleo. Ele possui poros que permitem a troca de materiais entre o núcleo e o citoplasma.

O **nucleoplasma** é uma solução aquosa que contém proteínas e outras substâncias necessárias para que o núcleo efetue suas funções.

O **nucléolo** é uma estrutura esférica, sem membrana, constituída por proteínas e RNA (ácido ribonucleico). O nucléolo é a região onde se formam e amadurecem os ribossomos.

O **material genético** é o portador das informações hereditárias, ou seja, que podem ser transmitidas de geração em geração, e que está relacionado às características e ao funcionamento dos organismos dos seres vivos.

Além do núcleo, algumas organelas – as mitocôndrias e os cloroplastos – possuem o próprio material genético.

DE OLHO NO TEMA

1. Qual é a relação entre o núcleo das células eucarióticas e as características hereditárias dos seres vivos?

2. Avalie a frase: "Nas células eucarióticas o material genético pode ser encontrado apenas no núcleo celular".

NÚCLEO CELULAR

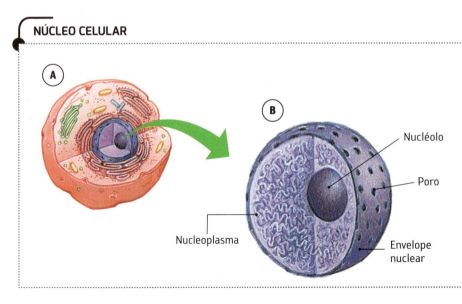

(**A**) Representação esquemática, em corte, de uma célula eucariótica animal. (**B**) Detalhe do núcleo. O material genético e o nucléolo encontram-se mergulhados no nucleoplasma que preenche o núcleo. (Imagens sem escala; cores-fantasia.).

Fonte: CAMPBELL, N. A.; MITCHELL, L. G.; REECE, J. B. Biology: concepts and connections. 3. ed. Menlo Park: Benjamin Cummings, 2000.

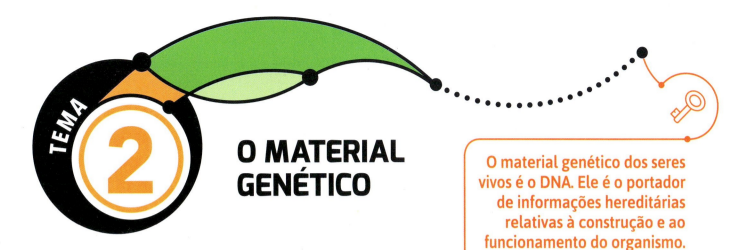

TEMA 2 — O MATERIAL GENÉTICO

O material genético dos seres vivos é o DNA. Ele é o portador de informações hereditárias relativas à construção e ao funcionamento do organismo.

DNA, RNA, GENES E PROTEÍNAS

O DNA (sigla do inglês **d**eoxyri**bo**nucleic **a**cid; ou ADN, em português **á**cido **d**esoxirribo**n**ucleico) é o material que contém a informação genética hereditária, ou seja, aquela que é passada de geração em geração e está ligada às características individuais. É o DNA que contém as informações para a produção das proteínas e RNA do organismo, substâncias relacionadas ao controle das atividades celulares e à estrutura do ser vivo.

O DNA, RNA, proteínas e outros materiais estão organizados em moléculas, uma estrutura formada por átomos ligados entre si. Átomos representam os diferentes elementos químicos existentes, esses elementos estão relacionados com tipos diferentes de materiais. No DNA, por exemplo, encontram-se hidrogênio, nitrogênio, oxigênio, carbono e fósforo. Um ser humano tem várias moléculas de DNA, RNA e proteínas.

Ligação química: ligação entre elementos químicos (carbono, nitrogênio, oxigênio etc.) que os mantém unidos.

A molécula de DNA é constituída de um tipo de **açúcar** (desoxirribose), **fosfato** e **bases nitrogenadas**: adenina (A), guanina (G), citosina (C) e timina (T). Esses componentes são arranjados em duas cadeias que se apresentam em um formato helicoidal (dupla-hélice), semelhante a uma escada em caracol. As duas cadeias são mantidas unidas por ligações químicas entre as suas bases nitrogenadas. A base nitrogenada adenina sempre se liga à base timina, enquanto a base citosina se liga à base guanina. Toda informação genética do organismo encontra-se codificada na sequência dessas quatro bases na molécula de DNA.

A sequência de bases nitrogenadas de todas as moléculas de DNA de um ser vivo é denominada **genoma**. Todas as células de um indivíduo apresentam o mesmo genoma. Em indivíduos de uma mesma espécie, há uma pequena variação no genoma.

Obra GALACIDALACIDESOXIRIBUNUCLEICACID, óleo em tela de 1963 feito por Salvador Dalí (1904-1989). Após sua descoberta, o material genético rapidamente ganhou importância e reconhecimento em diversas áreas, sendo mencionado em pinturas, filmes e livros.

Cada molécula de DNA contém milhares de **genes**. Um gene corresponde a uma região da molécula de DNA responsável pela produção de uma molécula de **RNA**. Há também regiões no DNA que não são genes e de forma geral têm função de regulação.

O RNA (sigla do inglês *ribonucleic acid*; ou ARN, em português **á**cido **r**ibo**n**ucleico) é uma molécula composta por uma cadeia formada por um tipo de **açúcar** (ribose), **fosfato** e **bases nitrogenadas**, que podem ser: adenina (A), guanina (G), citosina (C) e uracila (U).

As moléculas de RNA podem conter informações para a produção de **proteínas** nas células, que estão relacionadas com a estrutura e o funcionamento de um ser vivo. Elas também estão relacionadas ao controle de atividades celulares.

Genética e agressividade

Qual é a substância que, em maior quantidade, torna moscas macho mais agressivas, no experimento apresentado? Em que outros seres vivos há a presença desse mesmo material? Como ele é conhecido?
Disponível em <http://mod.lk/ac8u05>

MOLÉCULA DE DNA

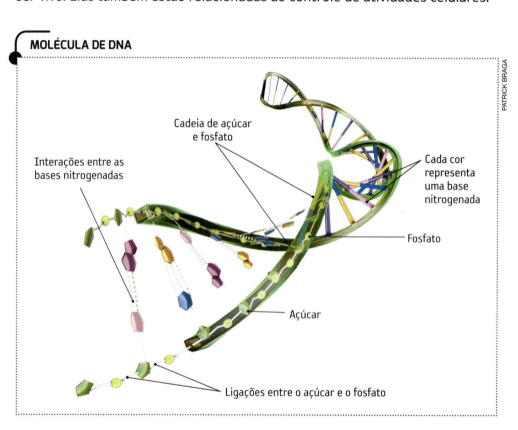

Representação esquemática de uma molécula de DNA mostrando a estrutura em cadeia dupla, o seu arranjo helicoidal (dupla-hélice) e a posição dos elementos que a compõem. (Imagem sem escala; cores-fantasia.)

Fonte: RAVEN, P; JOHNSON, R. *Biology*. 6 ed. New York: The McGraw Hill Companies, 2002.

OS GENES E A DIFERENCIAÇÃO CELULAR

Uma vez que todas as células de um organismo pluricelular se originam de uma única célula, o zigoto, as informações genéticas são as mesmas em todas elas. Mas, em muitos seres vivos, existem diferentes tipos de célula. Sendo assim, como células com o mesmo material genético são diferentes entre si?

Vamos tomar como exemplo o ser humano. Com o desenvolvimento, as células do zigoto vão se multiplicando e se modificando, formando as diferentes partes do corpo. Esse processo é chamado **especialização** ou **diferenciação celular**. Apesar de todas as células desse organismo terem o mesmo material genético, em cada tipo celular apenas uma parte dos genes está ativa, o que define sua especialização. Por esse motivo, uma célula do pâncreas produz insulina, e não melanina, por exemplo, que é produzida nas células da epiderme.

Melanina: proteína que confere pigmentação à pele.

COLETIVO CIÊNCIAS

A construção do modelo do DNA

Até o início da década de 1940, no meio científico predominava a ideia de que as moléculas que armazenavam as informações hereditárias eram as proteínas. Em 1944, alguns pesquisadores, ao realizar experimentos envolvendo pneumococos (bactérias causadoras da pneumonia), concluíram que a molécula que carregava as informações biológicas dos seres vivos era o DNA. A partir desse momento, os estudos sobre a estrutura do DNA se intensificaram. Em 1950, o bioquímico austríaco Erwin Chargaff (1905-2002) estudou a composição do DNA de diferentes espécies e chegou à conclusão de que em todas elas a quantidade de adenina era igual à de timina e a de guanina igual à de citosina. Em 1952, a biofísica inglesa Rosalind Franklin (1920-1958) e o fisiologista neozelandês Maurice Wilkins (1916-2004) realizaram um experimento em que dispararam raios X contra moléculas de DNA para inferir a posição dos átomos naquelas moléculas.

Os pesquisadores concluíram, então, que o DNA era longo, fino e formado por duas cadeias. Reunindo os dados dos trabalhos de Chargaff, de Franklin e de Wilkins, além dos de outros pesquisadores, em 1953, os biólogos James Watson (1928-) e Francis Crick (1916-2004) propuseram o modelo tridimensional de dupla-hélice para a molécula de DNA. Embora tenha contado com a contribuição de diversos cientistas, esse modelo ficou conhecido como modelo de Watson e Crick.

Wilkins, Crick e Watson (na fotografia, respectivamente, o 1º, o 3º e o 5º da esquerda para a direita) receberam o prêmio Nobel de Fisiologia e Medicina de 1962, em reconhecimento por seus trabalhos para a construção do modelo da molécula de DNA.

Embora não tenha recebido o prêmio Nobel, o trabalho de Rosalind Franklin foi essencial para a determinação da estrutura em dupla-hélice do DNA.

ATITUDES PARA A VIDA

- Aplicar conhecimentos prévios à novas situações

A construção do modelo do DNA é um exemplo de como o conhecimento científico resulta do trabalho de diversos cientistas e de como **aplicar conhecimentos prévios à novas situações**. Observe o avanço do conhecimento sobre a molécula que armazena as informações hereditárias, ocorrido de meados dos anos 1940 a 1953. Esse avanço, que culminou no modelo de Watson e Crick, contou com a contribuição de pesquisas anteriores realizadas por vários cientistas.

DE OLHO NO TEMA

1. Aponte as principais diferenças entre as moléculas de DNA e RNA.

2. Explique como é possível células do mesmo organismo, ou seja, com mesmo material genético, terem morfologia e funções distintas.

ATIVIDADES — TEMAS 1 E 2

ORGANIZAR O CONHECIMENTO

1. Abaixo está representado o núcleo de uma célula. Indique a que estrutura corresponde cada número da imagem.

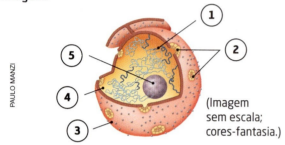

(Imagem sem escala; cores-fantasia.)

2. Identifique quais moléculas estão representadas pelas letras A e B. Justifique sua resposta.

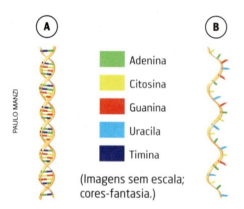

- Adenina
- Citosina
- Guanina
- Uracila
- Timina

(Imagens sem escala; cores-fantasia.)

3. Em uma das fitas de um determinado trecho do DNA de um animal há a seguinte sequência de bases: ACTGCGTAACGT. Qual é a sequência de bases nesse mesmo trecho da fita de DNA complementar?

ANALISAR

4. No DNA de um ser vivo, 20% de suas bases nitrogenadas são adenina. Quais são as proporções das outras bases nitrogenadas?

5. Leia o texto a seguir e faça o que se pede.

Pesquisa conclui sequenciamento do genoma do caramujo da esquistossomose

Um grupo de 118 pesquisadores de 11 países, dos quais 15 do Brasil, que trabalharam na Fundação Oswaldo Cruz de Minas Gerais (Fiocruz Minas), conseguiu fazer o sequenciamento do genoma do *Biomphalaria glabrata*, espécie de caramujo hospedeiro intermediário do verme que causa a esquistossomose. A doença afeta cerca de 240 milhões de pessoas no mundo. [...]

A disponibilidade do genoma para a comunidade científica abre um caminho importante para que se trabalhem os genes que estão nesse genoma e que levem ao controle desse molusco ou possam torná-lo resistente à infecção ao *Schistosoma mansoni*, causador da doença. [...]

Fonte: GANDRA, A. *Pesquisa conclui sequenciamento do genoma do caramujo da esquistossomose*. Agência do Brasil, 12 jun. 2017. Disponível em: <http://mod.lk/wcs9b>. Acesso em: mar. 2018.

a) De acordo com a notícia, os pesquisadores sequenciaram o genoma de um ser vivo, no caso, um caramujo. Explique o que isso significa.

b) Explique o que são genes?

c) Qual é a importância do trabalho científico relatado na notícia?

6. (ENEM) Em 1950, Erwin Chargaff e colaboradores estudavam a composição química do DNA e observaram que a quantidade de adenina (A) é igual à de timina (T), e a quantidade de guanina (G) é igual à de citosina (C) na grande maioria das duplas fitas de DNA. Em outras palavras, esses cientistas descobriram que o total de purinas (A + G) e o total de pirimidinas (C + T) eram iguais. Um professor trabalhou esses conceitos em sala de aula e apresentou como exemplo uma fita simples de DNA com 20 adeninas, 25 timinas, 30 guaninas e 25 citosinas.
Qual a quantidade de cada um dos nucleotídeos, quando considerada a dupla fita de DNA formada pela fita simples exemplificada pelo professor?

a) Adenina: 20; Timina: 25; Guanina: 25; Citosina: 30.
b) Adenina: 25; Timina: 20; Guanina: 45; Citosina: 45.
c) Adenina: 45; Timina: 45; Guanina: 55; Citosina: 55.
d) Adenina: 50; Timina: 50; Guanina: 50; Citosina: 50.
e) Adenina: 55; Timina: 55; Guanina: 45; Citosina: 45.

COMPARTILHAR

7. Em 2003 foi concluído o projeto chamado Genoma Humano, após treze anos de pesquisas em um esforço coletivo que envolveu cientistas de diversos países. Em grupo, pesquisem a respeito dos objetivos desse projeto e os resultados que ele alcançou. Apresentem o que vocês descobriram em um *podcast* e compartilhem com os colegas de classe.

EXPLORE
EXTRAÇÃO DE DNA DE MORANGO

O material genético dos eucariontes é formado por moléculas de DNA que se localizam, principalmente, no núcleo celular. Cada molécula de DNA é bastante longa (às vezes com mais de 1 m de comprimento), mas muito fina (menos de 2 nanômetros), o que impossibilita que seja vista a olho nu quando isolada.

MATERIAL

- 3 morangos maduros
- Saco plástico
- 150 mL de água morna
- 1 colher (sopa) de detergente incolor
- 1 colher (sopa) de sal de cozinha
- 3 copos de vidro transparente
- peneira
- 1 tubo de ensaio
- Álcool 98%
- Palito longo de madeira

PROCEDIMENTO

1. Amassar os morangos, sem os cabinhos, dentro de um saco plástico macerando-os com os dedos até obter uma pasta quase homogênea. Transferir a pasta de morango para um dos copos.

2. Em outro copo misturar: a água morna, o detergente e o sal de cozinha. Mexer bem a mistura, porém, devagar para não fazer espuma.

3. Misturar, levemente, 1/3 da solução de água + sal + detergente com a pasta de morangos já amassados.

4. Deixar a mistura descansar por 30 minutos em temperatura ambiente, mexendo de vez em quando.

5. Passar a mistura pela peneira para retirar os pedaços maiores de morango.

6. Colocar metade do líquido peneirado em um tubo de ensaio.

7. Despejar o álcool delicadamente no tubo de ensaio inclinado, aproximadamente duas vezes o volume de líquido com morango. Não agitar as soluções do tubo de ensaio. Aguardar cerca de 3 minutos para o DNA começar a precipitar entre as soluções, uma avermelhada e a outra transparente.

8. Usar o palito de madeira para enrolar as moléculas de DNA que se formaram.

Elaborado com base em: OYAKAWA, J.; DESSEN, E. M. B. Extração caseira de DNA morango. Disponível em: <http://mod.lk/anfkf>. Acesso em: mar. 2018.

ATIVIDADES

INTERPRETAR, RELACIONAR E REFLETIR

1. Por que é necessário macerar o morango?
2. Por que você não pode ver a dupla hélice do DNA extraído?
3. Você acha que, apenas com essa molécula que foi extraída, é possível produzir um novo morango?

TEMA 3 — OS CROMOSSOMOS

Os cromossomos das células eucariontes correspondem a uma molécula de DNA enrolada em proteínas.

ESTRUTURA DO CROMOSSOMO

Nas células, o DNA encontra-se sempre associado a proteínas, formando os **cromossomos**.

Durante o período de vida em que a célula não está se dividindo, os cromossomos ficam emaranhados no núcleo celular e não é possível distingui-los individualmente ao microscópio óptico. Quando a célula entra no processo de divisão, o DNA se dobra e se enovela. Com isso, os cromossomos se condensam e podem ser mais facilmente distinguidos ao microscópio óptico.

Cada espécie de ser vivo possui um número fixo de cromossomos em suas células. Os seres humanos, por exemplo, têm 23 pares de cromossomos em cada uma de suas células, totalizando 46 cromossomos. A célula com cromossomos aos pares é a **célula diploide**, representada por **2n**. Por apresentar forma e tamanho semelhantes e a mesma sequência de genes, os membros de cada par de cromossomos são denominados **cromossomos homólogos**.

Algumas células apresentam um cromossomo de cada par, ou seja, metade do número de cromossomos da espécie. São as chamadas **células haploides**, representadas por **n**. Os gametas humanos, células reprodutivas por meio das quais as características passam de pais para filhos, são exemplos de células haploides. Os gametas femininos e masculinos dos seres humanos têm 23 cromossomos cada um e se unem na fecundação, formando o zigoto e restabelecendo o número de cromossomos da espécie, 46.

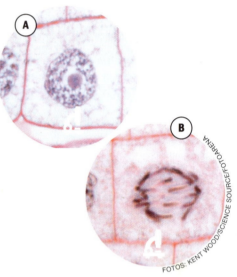

(**A**) Células coradas de raiz de cebola que não estão se dividindo. Não é possível ver os cromossomos individualmente. (**B**) Célula corada de raiz de cebola em processo de divisão celular, com cromossomos condensados e mais individualizados. (Imagens obtidas com microscópio óptico, e com aumento de cerca de 900 vezes.)

Enovelar: enrolar formando um novelo.
Condensar: tornar-se mais compacto; espessar-se, engrossar.

NÚMERO DE CROMOSSOMOS NOS GAMETAS E NO ZIGOTO

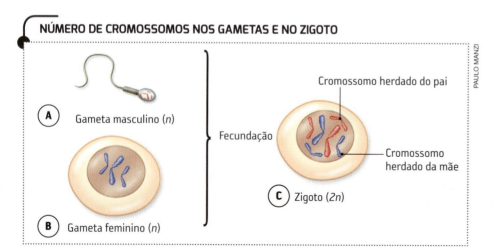

Representação esquemática dos gametas masculino (**A**) e feminino (**B**) e do zigoto (**C**) formado após sua fecundação em uma espécie com 2n = 6. Os gametas haploides apresentam 3 cromossomos e se unem no processo de fecundação, formando uma célula diploide, o zigoto, com 6 cromossomos. (Imagens sem escala; cores-fantasia.)

134

CARIÓTIPO

Existem algumas técnicas para estudar o número e a estrutura dos cromossomos de uma espécie. Uma delas é a fotomicrografia, na qual os cromossomos de células em processo de divisão são fotografadas ao microscópio óptico. Em seguida, cada cromossomo é alinhado com seu par, colocado em uma ordem decrescente de tamanho e devidamente numerado. O conjunto de cromossomos de uma célula, com suas características de forma, número e tamanho, constitui o **cariótipo**. Cada espécie apresenta um cariótipo típico.

OS CROMOSSOMOS SEXUAIS

Nos mamíferos e em alguns outros animais, há um par de cromossomos que diferem entre indivíduos do sexo masculino e do feminino. São os **cromossomos sexuais**. Nas mulheres, o vigésimo terceiro par é formado por dois cromossomos idênticos, denominados **cromossomos X**. Nos homens, esse par é constituído por um cromossomo X e um cromossomo menor, chamado **cromossomo Y**. Desse modo, é possível determinar o sexo de um indivíduo pela análise de seu cariótipo.

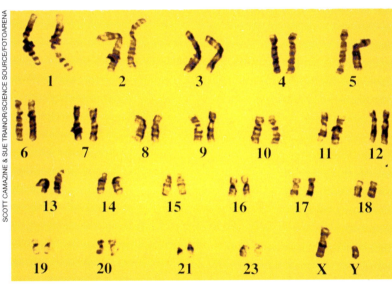

Exemplo de cariótipo humano, em que os cromossomos estão corados. Cada par de cromossomo humano tem um número definido.

COMBINAÇÕES DE CROMOSSOMOS SEXUAIS EM HUMANOS

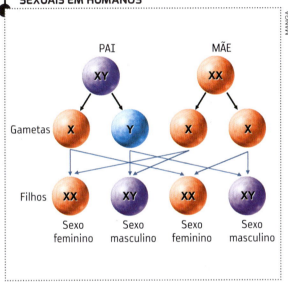

Representação esquemática mostrando as possíveis combinações de gametas do pai e da mãe na definição do sexo dos filhos.

DE OLHO NO TEMA

1. A drosófila (*Drosophila melanogaster*) é um inseto que foi utilizado como modelo em pesquisas que contribuíram para o desenvolvimento de importantes conceitos da Genética. Ao lado estão representados os cariótipos do macho e da fêmea dessa espécie.
   - Compare-os com o cariótipo humano acima em relação à quantidade dos cromossomos e ao tipo de cromossomos sexuais. Quais são as diferenças?

2. No caso do ser humano, qual gameta (masculino ou feminino) define o sexo do bebê? Justifique.

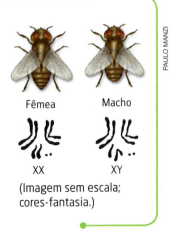

(Imagem sem escala; cores-fantasia.)

TEMA 4
ALTERAÇÕES CROMOSSÔMICAS

> As síndromes cromossômicas são caracterizadas pela alteração do número ou da forma dos cromossomos.

O cariótipo de algumas pessoas apresenta alterações no número ou na forma dos cromossomos. Por exemplo, existem cariótipos que, em vez de ter dois cromossomos de um determinado par, apresentam um ou três. Há também cariótipos que apresentam cromossomos com alterações, por exemplo, com uma parte faltando, duplicada ou invertida. Muitas dessas alterações resultam em um conjunto de sinais e sintomas, caracterizando as **síndromes cromossômicas**.

Alguns exemplos são: o que aconteceria se o filho de um casal fosse o resultado da fecundação de um ovócito alterado, com dois cromossomos X, por um espermatozoide padrão com um cromossomo Y? Ou por outro tipo de ovócito alterado, sem cromossomo? Observe o esquema a seguir.

ALTERAÇÕES CROMOSSÔMICAS

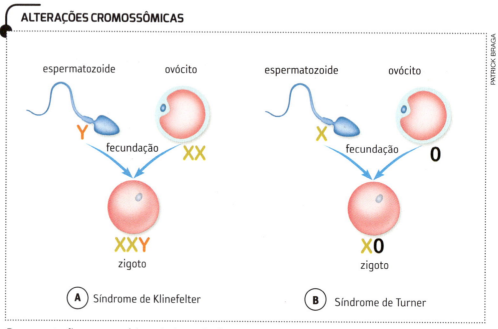

A) Síndrome de Klinefelter B) Síndrome de Turner

Representações esquemáticas de fecundações que levam ao desenvolvimento de alterações cromossômicas.

As células desse indivíduo teriam um cromossomo sexual a mais que o padrão da espécie (seriam XXY — sendo os dois X provenientes da mãe e o Y, do pai). Essa condição ocasiona a **síndrome de Klinefelter**, cujo nome provém do sobrenome do cientista que se dedicou ao estudo dessa alteração cromossômica. As pessoas com essa síndrome são do sexo masculino e apresentam características como órgãos sexuais pouco desenvolvidos, infertilidade e membros inferiores e superiores alongados.

De forma similar, a fecundação de um ovócito sem nenhum cromossomo sexual por um espermatozoide portador de um cromossomo X levaria à formação de um zigoto com cariótipo diferente do padrão da espécie. Nesse caso, o zigoto formado teria apenas um cromossomo X, caracterizando a **síndrome de Turner**, nomeada também em homenagem ao cientista que a estudou. As pessoas com essa síndrome são do sexo feminino e apresentam baixa estatura e infertilidade, entre outras características.

Outro exemplo de alteração cromossômica é a **síndrome de Down**, uma das mais estudadas e conhecidas. Pessoas com essa síndrome têm, em vez de dois, três cromossomos 21. Essa condição, em que o cariótipo apresenta três cromossomos de um par, recebe o nome de **trissomia**. Por esse motivo, a síndrome de Down também é chamada de trissomia do cromossomo 21. De forma geral, as pessoas com essa síndrome têm olhos amendoados, maior propensão ao desenvolvimento de algumas doenças, fraqueza muscular, menor número de dentes, entre outras características.

 Down
Vídeo apresenta declarações de crianças e jovens com a síndrome de Down, dirigindo-se a uma futura mãe que, durante a gestação, descobre que o bebê é portador da síndrome.

Portadores da síndrome de Down, como membros ativos da sociedade, devem ocupar papéis que favoreçam sua qualidade de vida.

DE OLHO NO TEMA

1. Descreva o que são alterações cromossômicas.
2. Relacione as colunas a seguir:
   - (A) Síndrome de Turner
   - (B) Síndrome de Klinefelter
   - (C) Síndrome de Down
   - (I) 47 XX +21
   - (II) 45 X0
   - (III) 47 XXY

ENTRANDO NA REDE

No endereço **http://mod.lk/ag1qh** você encontra informações sobre a inclusão social de pessoas com síndromes cromossômicas e com outras deficiências.

Acesso em: jun. 2018.

TEMA 5

A DIVISÃO CELULAR

A divisão celular é o processo pelo qual as células se multiplicam.

O ciclo de vida da maioria das células é composto de um período em que a célula realiza atividades, como produção e/ou armazenamento de materiais, crescimento, entre outras, e de um período em que a célula se divide.

A divisão celular é comandada pelo núcleo da célula. Existem dois tipos básicos de divisão celular: a mitose e a meiose.

MITOSE

A **mitose** é um processo em que uma célula-mãe origina duas células-filhas idênticas a ela, com o mesmo número de cromossomos. Nos seres pluricelulares, a mitose possibilita o crescimento do organismo e a reposição de células que se desgastam e morrem. Em vários seres unicelulares a mitose é o meio de reprodução.

MEIOSE

A **meiose** é o tipo de divisão celular que origina células que apresentam metade do número de cromossomos da célula-mãe, como ocorre na formação dos gametas.

O processo da meiose também permite a produção de gametas com diversas combinações de cromossomos. As diversas combinações possíveis entre gametas do pai e os gametas da mãe e o próprio processo da meiose contribuem, portanto, para a variabilidade genética.

PROCESSOS DE DIVISÃO CELULAR

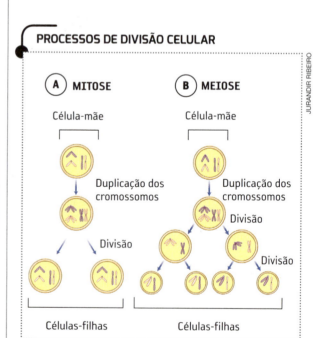

(**A**) Na divisão mitótica, uma célula com 4 cromossomos origina duas células idênticas a ela, também com 4 cromossomos cada uma. (**B**) Na divisão meiótica, uma célula com 4 cromossomos origina quatro células com metade dos seus cromossomos: 2 em cada uma. (Imagens sem escala; cores-fantasia.)

Fonte: ALBERTS, B. et al. *Biologia molecular da célula*. 4. ed. Porto Alegre: Artmed, 2004.

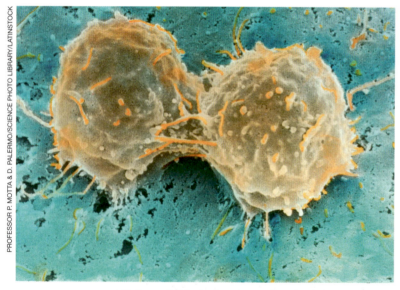

Célula se dividindo por mitose. (Imagem obtida com microscópio eletrônico, colorizada artificialmente e com aumento de cerca de 1.900 vezes)

CÉLULAS-TRONCO

As células-tronco são células indiferenciadas que têm potencial para formar vários tipos de célula. Elas podem ser obtidas de embriões ou de células adultas, que são estimuladas a voltar ao estágio indiferenciado e a se multiplicar em seguida.

As pesquisas com células-tronco têm recebido muita atenção nos últimos anos, devido às expectativas de desenvolvimento de novos tratamentos para diversas doenças, como diabetes, alguns tipos de cegueira, infarto e até lesões na medula. No entanto, essas pesquisas envolvem questões éticas, como o uso de embriões e a manipulação genética das células adultas.

A **clonagem terapêutica** é um método de obter células-tronco sem usar um embrião. Veja na imagem como ela é feita.

CLONAGEM TERAPÊUTICA

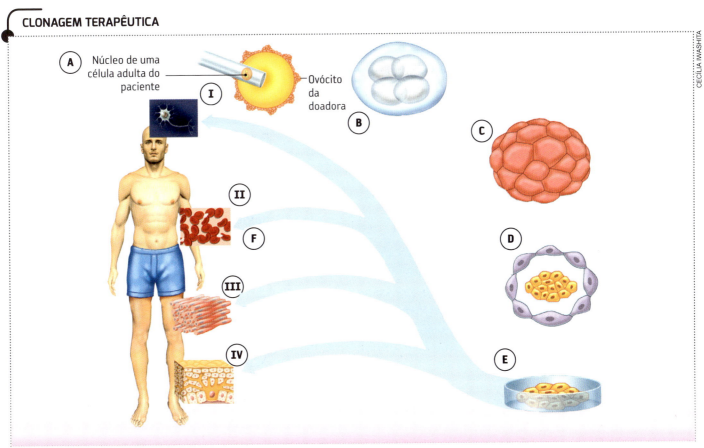

(**A**) O núcleo de uma célula adulta do paciente é inserido em um ovócito de uma doadora, que teve seu próprio núcleo removido; (**B**) A célula com o núcleo transferido tem seu DNA reprogramado para expressar características de célula-tronco, que começa a se multiplicar; (**C**) A multiplicação continua até formar o blastocisto, estrutura que contém de 100 a 200 células; (**D**) A chamada massa celular interna do blastocisto é extraída. Ela tem características de células-tronco embrionárias; (**E**) As células-tronco são cultivadas e estimuladas a diferenciar-se no tecido desejado; (**F**) Em meios de cultura apropriados, as células-tronco diferenciam-se em tecidos específicos, como o nervoso (**I**), o sanguíneo (**II**), o muscular (**III**) e o epitelial (**IV**). (Imagens sem escala; cores-fantasia.)

Elaborado com base em: ZATZ, M. Clonagem e células-tronco. *Estudos Avançados*. São Paulo, ano 51, v. 18, 2004.

DE OLHO NO TEMA

1. Qual é o processo de divisão celular envolvido na regeneração das estrelas-do-mar? Cite outro evento em que esse mesmo processo de divisão esteja envolvido.

2. As células de um animal possuem 16 cromossomos. Algumas passam pelo processo de meiose para formar gametas. Quantos cromossomos terão esses gametas?

Trilha de estudo
Vai estudar? Nosso assistente virtual no *app* pode ajudar! <mod.lk/tr8u05>

ATIVIDADES
TEMAS 3 A 5

ORGANIZAR O CONHECIMENTO

1. Complete as lacunas da frase a seguir.
   Os cromossomos são formados por _____ e _____. Ao longo do ciclo celular eles podem ficar emaranhados no _____ ou podem se dobrar e enovelar, como ocorre no período de _____, etapas do ciclo em que podemos identificar cada cromossomo individualmente.

2. Esquematize uma célula diploide com 6 cromossomos (2n = 6) e uma célula haploide (n) formada a partir da divisão por meiose da primeira célula.

3. Responda às questões.
   a) Quantas células se formarão depois que uma célula humana se dividir por mitose?
   b) Se a célula humana tem 46 cromossomos, quantos cromossomos terá cada célula-filha de uma célula humana que passou por meiose?

ANALISAR

4. Analise o gráfico e responda.

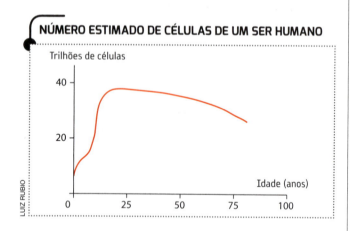

NÚMERO ESTIMADO DE CÉLULAS DE UM SER HUMANO

   a) Por que no ano zero, quando o ser humano nasce, já existem alguns trilhões de células?
   b) Em que período da vida deve haver maior número de mitoses? Por quê?
   c) Segundo o gráfico, qual é a idade aproximada em que o ser humano completa seu crescimento?
   d) Aproximadamente quantas células um adulto pode chegar a ter?
   e) O que ocorre com o gráfico a partir dos 20 anos? Por que isso acontece?

5. Observe o cariótipo humano e responda.

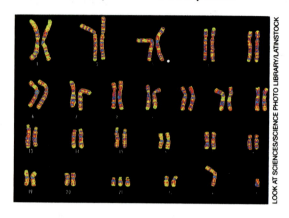

   a) Qual é o sexo da pessoa? Justifique.
   b) Ela apresenta alteração cromossômica? Explique.

6. Leia o texto e faça o que se pede.
   No câncer, as células se dividem de forma descontrolada produzindo células geneticamente idênticas que formam os tumores. Elas podem migrar pela corrente sanguínea e se instalar em outras regiões do corpo. Vários fatores podem desencadear um câncer. Geralmente, a doença começa com uma alteração no material genético herdada ou causada por algum fator de exposição ambiental, como fumaça de tabaco e radiações. Os processos cancerígenos são muito complexos, constituindo objeto constante de estudo dos cientistas.

   A respeito do texto, marque a alternativa correta.
   a) As células que formam os tumores se dividem por meiose.
   b) A única forma de se desenvolver câncer é ter herdado alguma alteração no material genético.
   c) Há fatores ambientais que podem levar ao aparecimento do câncer.
   d) Os médicos já entenderem completamente os processos de surgimento e cura do câncer.

COMPARTILHAR

7. Em grupo, façam uma pesquisa sobre o uso de células-tronco para fins terapêuticos. Vocês devem investigar duas doenças cujos tratamentos com células-tronco vêm sendo pesquisados e informar resultados que essas pesquisas têm alcançado. Em seguida, apresentem a pesquisa realizada aos demais colegas.

PENSAR CIÊNCIA

Mais questões no livro digital

Ética e tratamentos experimentais em humanos

Uma coleção de células-tronco pluripotentes capaz de refletir a mistura genética da população brasileira foi desenvolvida por pesquisadores da Universidade de São Paulo (USP) vinculados ao Laboratório Nacional de Células-Tronco Embrionária (LaNCE).

[...]

"Além do uso em terapias, essas células-tronco poderão ser úteis no desenvolvimento de novos medicamentos – complementando ou até mesmo substituindo testes em animais e aumentando a segurança dos ensaios em humanos. Também poderão auxiliar no estudo de doenças comuns em nossa população", disse Lygia da Veiga Pereira, coordenadora do LaNCE [...].

Fonte: TOLEDO, K. Grupo da USP cria coleção de células-tronco com características genéticas brasileiras. *Agência Fapesp*, 31 out. 2016. Disponível em: <http://mod.lk/kptjj>. Acesso em: jun. 2018.

O desenvolvimento de novas técnicas de tratamento e medicamentos deram-se em grande parte por meio de testes em seres humanos, o que permitiu avaliar sua eficácia, vantagens e desvantagens. Essa experimentação, essencial em algumas situações, envolve inúmeras questões éticas. Muitos casos de uso indevido e desrespeitoso de seres humanos em experiências científicas já foram noticiados e levaram a diversas discussões entre pesquisadores e técnicos envolvidos. Essas discussões culminaram na elaboração de documentos produzidos pela Organização Mundial da Saúde (OMS) que regulamentam experimentos em seres humanos. No Brasil há a Comissão Nacional de Ética em Pesquisa (Conep), conselho ligado ao Ministério da Saúde e responsável pela aprovação de pesquisas com voluntários. Entre as normas que a Conep estabelece, destacam-se:

- a identidade dos indivíduos que fazem parte da pesquisa deve ser mantida em sigilo;
- os testes devem respeitar os valores culturais, sociais, morais, étnicos, religiosos e éticos, bem como os hábitos e costumes das comunidades;
- a adesão à pesquisa deve ser voluntária, garantindo a liberdade de se negar a participar;
- os riscos e os benefícios dos experimentos devem ser esclarecidos aos participantes.

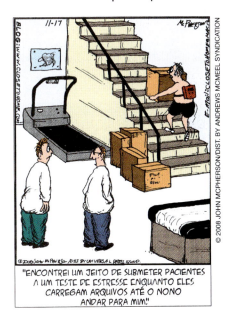

"ENCONTREI UM JEITO DE SUBMETER PACIENTES A UM TESTE DE ESTRESSE ENQUANTO ELES CARREGAM ARQUIVOS ATÉ O NONO ANDAR PARA MIM!"

ATIVIDADES

1. Qual é a importância e os dilemas da utilização de seres humanos em experimentos científicos?

2. No Brasil, a maioria das pessoas que se submete a testes está em busca de cura para a doença da qual sofrem. Aqui a legislação proíbe que se receba ou ofereça pagamento pela participação em pesquisas científicas. Já em outros locais, como Estados Unidos e Reino Unido, a oferta de recompensa para participantes de experimentos é uma prática comum. Em grupo, discutam e emitam opiniões sobre essas situações. Qual(is) delas vocês acham mais adequada(s)?

3. Além de seres humanos, outros animais são usados em experimentos científicos. Os testes em animais também estão sujeitos a regras. Em grupo, discutam e elaborem uma lista de procedimentos que vocês consideram importantes para a realização de experimentos em animais.

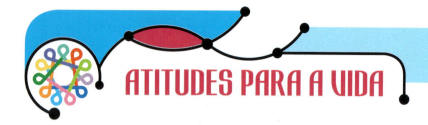

ATITUDES PARA A VIDA

Família fez fertilização *in vitro* para que filha pudesse salvar a irmã

Sem Antônia, nascida há 10 meses, Ana Luiza Cunha da Costa, cinco anos, não teria chance de sobreviver. [...] A irmã mais velha sofre de uma doença rara e depende de um transplante de medula óssea para se salvar. Depois de quase dois anos de buscas, não foi localizado nenhum doador compatível.

Os pais, a professora Gerciani Cunha da Costa, 39 anos, e o militar da Aeronáutica Alex Gularte da Costa, 45 anos, decidiram dar um passo invulgar e controverso para consegui-lo. Procuraram uma clínica de reprodução assistida, produziram 13 embriões, submeteram-nos a testes e descobriram que dois deles tinham 100% de compatibilidade com Ana Luiza. Ambos foram implantados em Gerciani. Um deles vingou. É Antônia, o bebê planejado e programado geneticamente para salvar a irmã.

[...]

Fonte: DUARTE, R. Família fez fertilização *in vitro* para que filha pudesse salvar a irmã. *Gauchazh*, 4 maio 2014. Disponível em: <http://mod.lk/m82rf>. Acesso em: mar. 2018.

O filme *Uma prova de amor* (*My Sister's Keeper*, de Nick Cassavetes, EUA, 2009) conta a história de um casal que decide ter uma filha para salvar a irmã mais velha, que tem um caso grave de leucemia.

DECISÃO DE FAMÍLIA

Saiba em que circunstâncias um casal pode optar por ter mais um filho para tentar a cura de outro

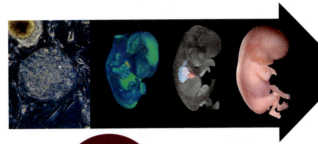
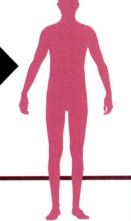

O QUE É USADO

O cordão umbilical do novo bebê. Ele tem células-tronco que se transformam em células que compõem os sistemas sanguíneo e imunológico

Essas células (sanguíneas e do sistema de defesa) são produzidas na medula óssea. O problema é que, na presença de determinadas enfermidades, a medula passa a fabricá-las com "defeitos"

Em casos extremos, é preciso destruir a medula defeituosa e substituí-la por outra que passe a fabricar as células corretamente. Isso pode ser feito de duas maneiras: por meio de um transplante de medula – o paciente recebe uma medula nova – ou pelo uso das células do cordão. Nesse caso, o doente ganha as células-tronco que construirão uma nova medula

DOENÇAS NAS QUAIS PODE SER UTILIZADO

Leucemias e linfomas

Falência de medula óssea

Anemias congênitas

Imunodeficiências congênitas

Doenças caracterizadas por defeitos na hemoglobina (proteína presente nos glóbulos vermelhos que contém ferro e que permite o transporte de oxigênio pelo corpo). A talassemia é uma delas

Alguns tumores infantis

VANTAGENS

Usar as células-tronco do cordão umbilical de um irmão aumenta as chances de sucesso por alguns motivos

Em primeiro lugar, a chance de um irmão ser compatível com outro é de **25%**, o que já é um bom começo

A rejeição é menor do que a verificada nos transplantes de medula

Além disso, não há necessidade de haver compatibilidade total entre doador e receptor. No caso do transplante de medula, é preciso achar um doador absolutamente compatível

Após a coleta, está imediatamente disponível para uso (o mesmo não acontece com a medula, pois o doador precisa ser novamente localizado para a doação)

FERNANDO BRUM/REVISTA ISTOÉ

TROCAR IDEIAS SOBRE O TEMA

Em grupo, discutam sobre as seguintes questões:

1. Vocês apoiam a decisão dos pais que optam por ter um segundo filho para salvar outro? Por quê?
2. Qual é a opinião de vocês sobre a possibilidade de seleção de embriões com relação a características como cor dos olhos ou tipo de cabelo?

COMPARTILHAR

3. Para decidir sobre procedimentos como esse, é preciso levar em conta diversos aspectos. Para simular isso, dividam-se em dois grandes grupos: aqueles que são a favor do procedimento e aqueles que são contra. Cada membro do grupo deve pesquisar e estudar fatos que embasam sua posição. No dia marcado, os grupos deverão debater o caso em sala de aula, e o professor será o mediador. Após o debate, os alunos farão uma votação para verificar qual lado foi mais convincente.

Para esta atividade, vocês devem focar em **questionar e levantar problemas**. Analisem os fatos e os dados levantados, verificando se eles são suficientes para tomar uma decisão ou se deixam dúvidas e geram novos questionamentos.

COMO EU ME SAÍ?

- Questionei no que se embasava a posição dos meus colegas?
- Procurei refletir sobre a questão e levantar problemas?
- Fiquei convencido da minha posição ou ainda fiquei com dúvidas?

143

COMPREENDER UM TEXTO
ERROS NA DIVISÃO DO DNA DE CÉLULAS NORMAIS ORIGINAM CÂNCER, APONTA ESTUDO

Diversos estudos apontam como causas de câncer a má alimentação, a hereditariedade e o meio ambiente. Mas segundo uma pesquisa publicada pela revista *Science* existe outra fonte para esse problema.

Pesquisadores analisaram o sequenciamento do genoma e dados epidemiológicos de 32 tipos de câncer e concluíram que quase dois terços das mutações nesses cânceres são atribuíveis a erros aleatórios no DNA que ocorrem naturalmente em células saudáveis, durante a divisão e replicação do genoma.

Em uma segunda análise, incluindo dados de 69 países de seis continentes, os cientistas da Universidade Johns Hopkins descobriram que existe uma alta correlação entre a incidência de câncer e o número total de divisões de células-tronco normais.

Para fazer essa avaliação, os pesquisadores utilizaram 423 bancos de dados internacionais sobre câncer, analisando dados publicados sobre as divisões de células-tronco em diferentes tecidos humanos e comparando os dados com a incidência ao longo da vida de 17 tipos de câncer.

Em janeiro de 2015, uma pesquisa também afirmou que a razão de alguns tecidos do corpo serem milhões de vezes mais vulneráveis ao câncer do que outros está relacionada ao número de vezes que uma célula se divide.

De acordo com os pesquisadores, os resultados da pesquisa mostram a importância em focar também no que eles chamam de prevenção secundária (detecção precoce e intervenção precoce). Segundo os cientistas, para esse tipo de câncer causados por mutações a prevenção secundária seria a única opção.

Câncer: doença causada por alterações no DNA que fazem com que a célula perca sua função e se divida descontroladamente.
Mutação: alteração.

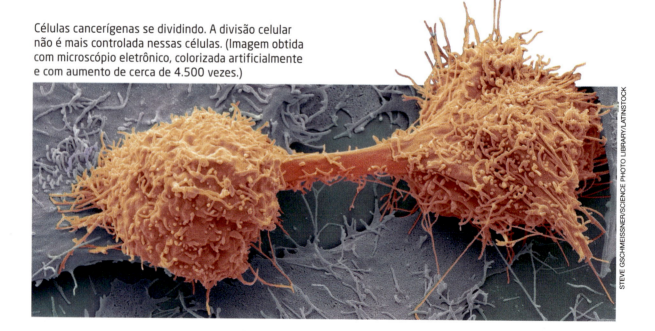

Células cancerígenas se dividindo. A divisão celular não é mais controlada nessas células. (Imagem obtida com microscópio eletrônico, colorizada artificialmente e com aumento de cerca de 4.500 vezes.)

Para os cânceres em que apenas uma pequena porcentagem de mutações aconteceram por erros aleatórios de replicação do DNA, a prevenção primária (que visa minimizar as exposições ambientais e hábitos nocivos a saúde) continuará a ser a forma mais eficaz de reduzir as mortes pela doença.

Os cientistas enfatizam que os resultados de seu estudo são totalmente consistentes com evidências epidemiológicas sobre o número de cânceres nos países desenvolvidos que são potencialmente evitáveis através de melhorias no ambiente e estilo de vida.

A Câncer Research UK, por exemplo, estima que 42% dos casos da doença são evitáveis, enquanto os Centros de Controle e Prevenção de Doenças dos Estados Unidos calculam que 21% das mortes anuais por câncer podem ser evitadas.

Fonte: Erros na divisão do DNA de células normais originam câncer, aponta estudo. *UOL*, 23 mar. 2017. Disponível em: <http://mod.lk/9umhq>. Acesso em: jun. 2018.

Hábitos de vida saudáveis, como não fumar, ajudam a evitar o aparecimento de câncer.

Epidemiológico: estudo da frequência, da distribuição e dos determinantes dos problemas de saúde em populações humanas.

ATIVIDADES

OBTER INFORMAÇÕES

1. Quais dados foram analisados pelos pesquisadores no estudo relatado no texto?

2. Quais são as causas do câncer comumente apontadas pelos estudos?

3. De acordo com o texto, cite a diferença entre prevenção primária e secundária.

INTERPRETAR

4. De acordo com o texto, qual é relação entre a incidência de câncer nos diferentes tecidos e a taxa de divisão das células que compõem esses tecidos?

5. Explique por que a prevenção primária não é eficaz nos casos de cânceres causados por mutações aleatórias no DNA.

COMPARTILHAR

6. O câncer é uma das doenças que mais causam mortes no mundo. Em muitos casos a prevenção é possível. Em grupos, pesquisem formas de se prevenir o câncer. Gravem um vídeo em forma de reportagem para divulgar a prevenção contra a doença e compartilhem com seus colegas.

UNIDADE 6
FORÇA E MOVIMENTO

POR QUE ESTUDAR ESTA UNIDADE?

O estudo das forças e dos movimentos permite-nos compreender melhor o mundo ao nosso redor, desde os fenômenos que nos possibilitam caminhar até o lançamento de um foguete. Você verá que alguns eventos que parecem completamente distintos, como uma bola sendo chutada ou um carro sendo acelerado, apresentam, na verdade, muitas características em comum.

Esses conhecimentos não são importantes apenas para engenheiros ou mecânicos; nós os utilizamos o tempo todo; por exemplo quando andamos, empurramos um objeto, estamos em um carro, entre diversas outras situações que envolvem movimento.

Para realizar as manobras com perfeição, o praticante precisa movimentar o *skate* e o seu corpo de forma coordenada.

ATITUDES PARA A VIDA

- Questionar e levantar problemas
- Esforçar-se por exatidão e precisão

COMEÇANDO A UNIDADE

1. Quando você viaja sentado em um trem, ônibus ou carro, você está parado ou em movimento?
2. Como a velocidade de um veículo varia durante uma viagem?
3. Na Terra, o que faz os objetos caírem? Se um objeto for solto no espaço, o que acontece com ele?

147

TEMA 1 — MOVIMENTO OU REPOUSO?

A condição de movimento ou repouso de um corpo depende de um referencial. O deslocamento é obtido pela diferença entre a posição final e inicial do corpo.

O MOVIMENTO

Imagine um bebê passeando em um carrinho que o pai empurra pela calçada. O bebê está em movimento ou em repouso?

Para responder a essa pergunta, precisamos considerar outro corpo ou ponto de vista em relação ao qual se analisa a condição de movimento ou repouso. A esse corpo damos o nome de **referencial**.

Dizemos que um corpo está em movimento quando sua posição muda com o passar do tempo em relação ao corpo adotado como referencial. Quando sua posição não se altera, dizemos que o corpo está em repouso.

Portanto, voltando à nossa situação imaginária, se considerarmos o carrinho como referencial, o bebê está em repouso, pois a posição é a mesma em relação ao carrinho. Contudo, se considerarmos o referencial um poste da calçada, o carrinho e o bebê dentro dele estão em movimento, pois alguém que se coloque na posição ocupada pelo poste verá o bebê e o carrinho se movimentando.

Assim, podemos dizer que o movimento é relativo, pois o mesmo corpo pode estar parado ou em movimento, dependendo do referencial adotado.

POSIÇÃO E TRAJETÓRIA

Para descrever o movimento de um corpo, deve-se conhecer a **posição** que ele ocupa a cada instante. Considere um movimento que acontece em uma única direção, como alguém que se desloca ao longo de uma estrada. Inicialmente, é necessário definir um ponto de origem ou marco zero. A posição de um corpo em determinado instante será a distância entre o ponto em que ele se encontra e a origem.

EXEMPLO DE MOVIMENTO

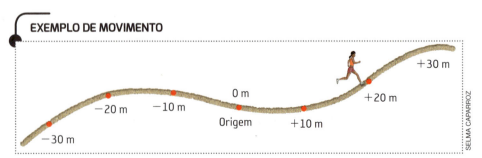

A mulher está na posição $s = +20$ m, ou seja, 20 m à direita da origem ($s = 0$ m).

A determinação do movimento do bebê depende do referencial adotado.

Geralmente representamos a posição de um corpo pela letra **s**. Observe que foi escolhido o sentido positivo para a direita a partir da origem; logo, as posições à esquerda da origem devem ser negativas.

Imagine que você esteja viajando por uma estrada e, de repente, o ônibus no qual você está apresente um problema mecânico.

Para que o motorista do ônibus possa chamar os mecânicos, ele deverá indicar a posição exata da sua localização. Uma maneira de fazer isso é procurar os marcos quilométricos que indicam a posição de sua trajetória em relação a determinado referencial, que, nesse caso, é o quilômetro zero da estrada.

Além dos marcos quilométricos nas estradas, a numeração de casas e de prédios é um sistema que nos ajuda a localizar a posição de um imóvel. Outro exemplo de um sistema de posições aparece nos elevadores: geralmente, o térreo representa a origem (posição zero) e o sentido positivo é adotado para os andares acima do térreo. Os andares com números maiores localizam-se a uma distância maior do térreo; quando estamos no subsolo, os andares costumam ser indicados com posições negativas.

O conjunto de posições ocupadas por um corpo durante seu movimento compõe o que chamamos **trajetória**. A linha imaginária que une as pegadas de uma pessoa que caminha em uma praia ou as marcas deixadas no asfalto por um veículo ao frear são exemplos de trajetória.

Quando um praticante de *skate* faz manobras em uma pista, podemos afirmar que ele está em movimento se uma pessoa na plateia for o referencial escolhido para analisar a situação. Se escolhermos o *skate* como referencial, é possível afirmar que o skatista estará em repouso apenas se ele estiver sobre o *skate*.

Os marcos quilométricos indicam a posição ocupada por quem se localiza próximo a um deles. A posição apresentada na foto acima (km 105) é medida a partir do marco zero da estrada (trecho próximo a Governador Valadares, MG, 2011).

Ao frear bruscamente um veículo, um trecho de sua trajetória pode ficar registrado no asfalto.

DESLOCAMENTO E INTERVALO DE TEMPO

No estudo do movimento, chamamos **deslocamento** a diferença entre a posição final e a posição inicial de um corpo sobre a trajetória. No Sistema Internacional de Unidades (SI), essa distância é medida em metro (m).

Imagine a seguinte situação: uma pessoa sai de casa para ir até a padaria no final de sua rua; em determinado dia, por distração, ela avança alguns metros além da padaria. Quando percebe o que aconteceu, a pessoa inverte o sentido de seu movimento e chega ao estabelecimento. Mesmo caminhando um pouco mais, o **deslocamento** entre a casa e a padaria foi o mesmo, pois devemos levar em consideração apenas a posição final (padaria) e a inicial (casa). No entanto, a **distância percorrida** nesse dia foi maior porque a pessoa andou alguns metros além da posição da padaria até inverter o sentido de seu movimento. O deslocamento pode coincidir com a distância percorrida, caso o movimento aconteça sempre no mesmo sentido.

EXEMPLO DE DESLOCAMENTO

O deslocamento para ir da casa à padaria é sempre o mesmo, pois a posição inicial e a final são as mesmas. Já a distância percorrida pode variar. (Imagem sem escala; cores-fantasia.)

Um intervalo pode ser representado pela letra grega delta maiúscula (Δ) seguida da grandeza que está variando. Assim, o deslocamento é representado por:

$$\Delta s = s_f - s_i$$

sendo s_f a posição final ocupada pelo corpo e s_i a posição inicial.

Dessa forma, se um corpo se moveu da posição $s = 100$ m até a posição $s = 500$ m, seu deslocamento foi de 400 metros, pois: $\Delta s = s_f - s_i = 500 - 100 = 400$ m.

Para que um movimento possa ser estudado, é importante saber em qual intervalo de tempo ele ocorre, isto é, qual é a diferença entre o instante final e o instante inicial do deslocamento do corpo. Os instantes são representados pela letra t. No SI, o tempo é medido em segundo (s). O intervalo de tempo de ocorrência de um deslocamento é:

$$\Delta t = t_f - t_i$$

sendo t_f o tempo final e t_i o tempo inicial.

Se um corpo saiu da posição inicial às 4 h e chegou à posição final às 4 h 15 min, o intervalo de tempo foi de 15 min ou, no SI, 900 s.

SAIBA MAIS!

Há diferentes unidades de medida para várias grandezas, que, geralmente, variam de acordo com o país. A criação do Sistema Internacional de Unidades (SI), em 1960, teve como finalidade padronizar as unidades de medida utilizadas nos diferentes países, de forma a facilitar a comunicação e o entendimento entre todos os cidadãos. A massa de um objeto, por exemplo, poderia ser medida em onças, libras, dracmas, quilates etc. Com a aplicação do SI, a massa é sempre medida em grama.

Movimento e trajetória

Considerando um pássaro na árvore como o referencial, o carro estará em repouso ou em movimento? Sob o mesmo referencial, se o pássaro tiver pousado em cima do carro, o veículo estará em movimento ou em repouso? Disponível em <http://mod.lk/ac8u06>

DE OLHO NO TEMA

1. Explique por que podemos afirmar que os movimentos são relativos.

2. Faça o que se pede.
   a) Desenhe uma estrada e marque as seguintes posições ocupadas por uma pessoa: $s_1 = 30$ m, $s_2 = 55$ m, $s_3 = -10$ m e $s_4 = -25$ m.
   b) Qual será o deslocamento da pessoa se sua posição inicial for s_2 e a final for s_4?

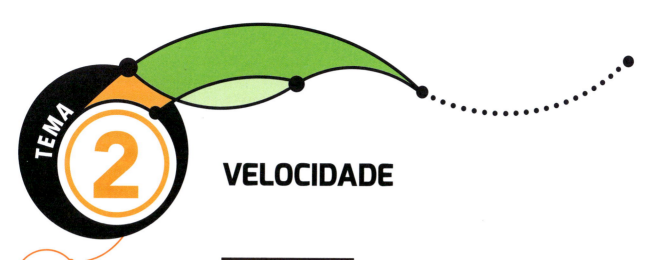

TEMA 2

VELOCIDADE

> A velocidade média é obtida dividindo o deslocamento que um corpo realiza pelo intervalo de tempo necessário para o deslocamento acontecer.

A VELOCIDADE

Você já deve ter visto, ao longo de ruas, avenidas ou rodovias, radares eletrônicos para fiscalizar a velocidade dos veículos. No entanto, quais são as informações necessárias para medir a velocidade de um carro?

A **velocidade** é uma grandeza que expressa a rapidez com a qual um corpo muda de posição. Determinar a velocidade com que um corpo se movimenta implica relacionar a distância percorrida com o intervalo de tempo no qual isso aconteceu.

Quando um motorista olha para o velocímetro do carro durante um trajeto, ele lê o valor da velocidade instantânea, isto é, a velocidade do carro naquele momento. Em geral, ela não é sempre a mesma; ora aumenta, ora diminui, podendo também tornar-se nula. Para termos uma estimativa da velocidade de deslocamento do carro, podemos calcular sua **velocidade média**.

CÁLCULO DA VELOCIDADE MÉDIA

Para obter a velocidade média de um corpo (v_m), deve-se dividir o deslocamento (Δs) pelo intervalo de tempo (Δt) necessário para percorrê-lo. Assim, a velocidade média é dada pela relação:

$$v_m = \frac{\Delta s}{\Delta t}$$

Se um carro deixa a cidade **A** às 10 h e chega à cidade **B**, distante 160 km, às 12 h, ele percorreu 160 km em 2 horas. Portanto, o carro se deslocou 80 km em 1 hora de viagem. Logo, podemos dizer que sua velocidade média foi de 80 km/h. Nessa situação, como o veículo não alterou o sentido de seu movimento, o deslocamento é igual à distância percorrida.

Ter informações apenas sobre a velocidade média não basta para conhecer a variação da velocidade instantânea do corpo durante seu movimento. Por exemplo, no Grande Prêmio de Fórmula 1 do Brasil em 2017, o vencedor finalizou a prova com o tempo aproximado de 1 h 30 min e percorreu uma distância de cerca de 300 km. Com esses valores, podemos calcular que sua velocidade média foi de 200 km/h, mas ao longo da prova há trechos que exigem dos pilotos velocidades muito distintas entre si.

Os radares eletrônicos fotografam os veículos que ultrapassam o limite de velocidade indicado por placas na via (São Paulo, SP, 2017).

EXEMPLO DE CÁLCULO DA VELOCIDADE MÉDIA

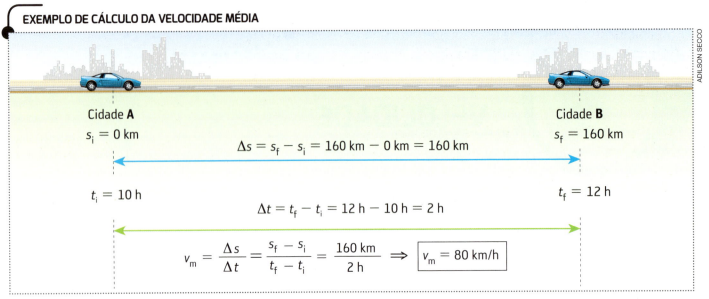

Velocidade média entre as cidades **A** e **B**. (Imagem sem escala; cores-fantasia.)

ENTRANDO NA REDE

No endereço **http://mod.lk/ucega** você encontra um infográfico animado sobre o funcionamento dos radares de fiscalização eletrônica de velocidade.

Acesso em: jul. 2018.

VELOCIDADES MÁXIMAS EM ALGUNS PONTOS DA PISTA DE INTERLAGOS (SÃO PAULO/SP)

Nos pontos da pista em destaque, as velocidades máximas atingidas variam entre 83 e 323 km/h. A velocidade média ao longo da prova, que foi de aproximadamente 200 km/h, não nos fornece informações sobre essas variações. (Imagem sem escala; cores-fantasia.)

Como a distância é medida em metro e o tempo é medido em segundo no SI, a unidade de velocidade é metro por segundo (m/s). Em nosso dia a dia, porém, é mais comum utilizarmos o quilômetro por hora (km/h). Por isso, é importante sabermos como transformar medidas com essas unidades.

Transformação de unidades de medida de velocidade

1 km = 1.000 m   1 h = 3.600 s

Então: $\dfrac{1 \text{ km}}{1 \text{ h}} = \dfrac{1.000 \text{ m}}{3.600 \text{ s}} = \dfrac{1 \text{ m}}{3,6 \text{ s}}$

$1 \dfrac{\text{km}}{\text{h}} = \dfrac{1}{3,6} \dfrac{\text{m}}{\text{s}} \Rightarrow 1 \text{ m/s} = 3,6 \text{ km/h}$

Logo: $\dfrac{\text{km}}{\text{h}} \underset{\times 3,6}{\overset{\div 3,6}{\rightleftarrows}} \dfrac{\text{m}}{\text{s}}$

Na prática, quando temos uma velocidade em metro por segundo (m/s), basta multiplicá-la por 3,6 para obter o resultado equivalente em quilômetro por hora (km/h). Se tivermos uma velocidade em km/h, devemos dividir o valor por 3,6 para transformá-la em m/s.

O MOVIMENTO UNIFORME

Você já andou de bicicleta, em um local plano, sem mudar o modo como pedala e sem frear? Vamos supor que, em um passeio de bicicleta, em um trajeto reto e plano, você tenha mantido as pedaladas em um ritmo constante, percorrendo uma distância de 6 metros a cada segundo. Nesse movimento, sua velocidade foi de 6 m/s, que, multiplicada por 3,6, é igual a 21,6 km/h.

Em uma situação como essa, você se manteve em **movimento uniforme**, isto é, a cada segundo, você percorreu exatamente a mesma distância. Quando isso acontece, podemos afirmar que a velocidade é **constante**.

MOVIMENTO UNIFORME

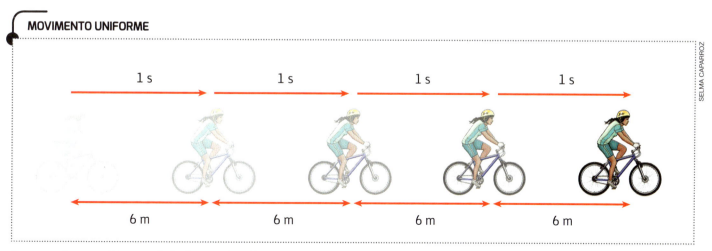

Em um movimento uniforme, a distância percorrida é igual para intervalos de tempo iguais.

COLETIVO CIÊNCIAS

Alternativas na mobilidade urbana para pessoas em cadeiras de rodas

Deslocar-se pela cidade é um exercício cotidiano. No entanto, algo que deveria ser simples, como caminhar por ruas e calçadas, pode se tornar uma tarefa complicada se você se deslocar utilizando uma cadeira de rodas por calçadas esburacadas ou sem rebaixamento de guias para a travessia.

Em 2015, foi aprovada a Lei Federal nº 13.146, a Lei Brasileira de Inclusão da Pessoa com Deficiência, que garante o direito ao transporte público e à acessibilidade às pessoas com deficiência ou mobilidade reduzida. Nesse contexto, pesquisadores trabalham em busca de soluções para tornar as cadeiras de rodas mais eficientes e ágeis diante de obstáculos.

Em algumas propostas, *kits* podem ser acoplados e funcionam como um acessório adaptado à cadeira, formado por um motor recarregável e uma roda. Em comum, além da busca pela melhoria na vida das pessoas, esses projetos estruturam-se com base em diferentes grupos de pesquisa. Quando pensadas em conjunto, essas ações contribuem para a ampliação do acesso às cidades.

Dados obtidos em: SILVEIRA, E. Soluções para os cadeirantes. Disponível em: <http://mod.lk/o25wl>. Acesso em: jul. 2018.

A adaptação do *kit* transforma a cadeira de rodas em um triciclo.

VAMOS FAZER

Qual é a sua velocidade?

Material
- Cronômetro
- Fita métrica

Procedimento

1. Com a fita métrica, marque no chão a distância a ser percorrida. Se possível, escolha uma distância maior que 4 m.

2. Posicione-se na "largada" e ande tranquilamente em linha reta até o fim do percurso. Peça a um colega que meça seu tempo de deslocamento utilizando o cronômetro. Tente manter o tamanho e o ritmo das passadas constantes.

3. Repita o procedimento aumentando um pouco o ritmo das passadas.

Atividades

1. Quais foram o deslocamento, o tempo gasto e a velocidade média na primeira e na segunda caminhada?

2. Os resultados obtidos foram precisos ou existe alguma maneira de determiná-los com mais precisão?

ATITUDES PARA A VIDA

- **Esforçar-se por exatidão e precisão**

  A medida de tempo será usada em seguida para realizar cálculos. Portanto, o cuidado para obter uma medida mais exata trará melhores resultados na atividade prática.

DE OLHO NO TEMA

1. Qual é a diferença entre os conceitos de velocidade média e velocidade instantânea?

2. Descreva uma situação em que um movimento que não seja uniforme.

TEMA 3

CADA VEZ MAIS RÁPIDO

A ACELERAÇÃO

Os movimentos uniformes – em que a velocidade não se altera – são raros. Os movimentos mais comuns são aqueles nos quais a velocidade varia e, nesses casos, podemos afirmar a existência de uma **aceleração** que provoca a alteração da velocidade dos corpos.

> A aceleração indica a variação da velocidade por segundo.

CÁLCULO DA ACELERAÇÃO MÉDIA

A aceleração indica a variação da velocidade por segundo. Calcula-se a **aceleração média** (a_m) dividindo a variação da velocidade (Δv) pelo intervalo de tempo em que ela ocorreu (Δt).

$$a_m = \frac{\Delta v}{\Delta t}$$

A variação da velocidade é representada por:

$$\Delta v = v_f - v_i$$
em que v_i é a velocidade inicial e v_f é a velocidade final do corpo.

A unidade de medida de aceleração no SI é o metro por segundo ao quadrado (m/s^2). Por exemplo, se uma motocicleta passa de uma velocidade de 10 m/s para 30 m/s em 10 s, sua aceleração média é de 2 m/s^2. Assim, ela aumenta sua velocidade em 2 m/s a cada segundo.

Se a taxa de variação da velocidade for a mesma durante todo o movimento, isto é, se a aceleração for constante, o movimento é chamado **movimento uniformemente variado**. Um exemplo disso é a queda de um objeto provocada pela ação da gravidade. Quando a velocidade de um corpo aumenta, podemos afirmar que o movimento é **acelerado**; quando a velocidade diminui, o movimento é **retardado**.

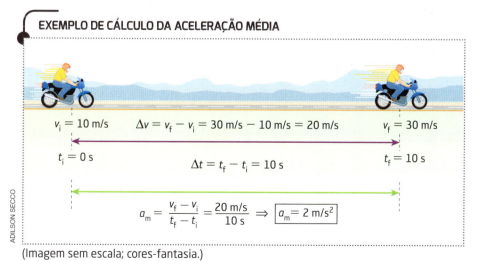

EXEMPLO DE CÁLCULO DA ACELERAÇÃO MÉDIA

(Imagem sem escala; cores-fantasia.)

155

MOVIMENTOS SOB AÇÃO DA GRAVIDADE

Se um copo escapar de nossas mãos, ele cairá em direção ao solo. Isso ocorre porque a Terra atrai os objetos ao seu redor por meio do que chamamos atração gravitacional. Ao longo da queda, até atingir o solo, a velocidade dos objetos aumenta de maneira constante. Portanto, é um movimento uniformemente variado.

A aceleração que a atração gravitacional impõe aos corpos que caem é a **aceleração gravitacional** ou **aceleração da gravidade** e é representada por g. Perto da superfície terrestre, o valor de g é de aproximadamente 10 m/s². Isso significa que, durante a queda de um corpo, sua velocidade aumenta 10 m/s a cada segundo. Se o corpo partir do repouso ($v = 0$ m/s), sua velocidade após o primeiro segundo de queda será 10 m/s; após mais um segundo, o corpo estará a 20 m/s; e assim por diante.

A trajetória de um corpo que cai sob a ação da atração gravitacional é vertical e, desconsiderando a resistência do ar, o movimento é denominado **queda livre**.

Quando um corpo é atirado para cima, sua velocidade diminui constantemente, já que a aceleração da gravidade atrai os corpos em direção ao solo. Em determinado ponto, a velocidade torna-se nula e é nesse momento que o corpo atinge sua altura máxima; em seguida, o sentido do movimento se inverte e o corpo retorna ao solo. Se ele cair no mesmo ponto do qual foi lançado, o tempo de descida terá sido igual ao de subida. Além disso, em qualquer ponto da trajetória, a velocidade terá o mesmo valor numérico tanto na subida quanto na descida.

ACELERAÇÃO DA GRAVIDADE

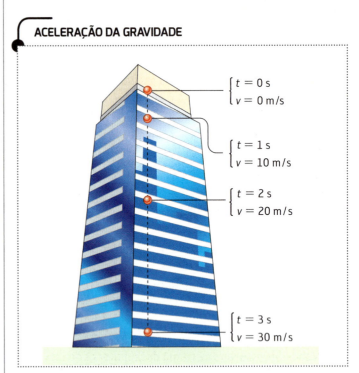

Durante a queda livre, a velocidade de um corpo aumenta 10 m/s a cada segundo. (Imagem sem escala; cores-fantasia.)

Resistência do ar: resistência ao movimento de corpos gerada pelos gases atmosféricos.

ENTRANDO NA REDE

No endereço **http://mod.lk/s8ep9** você encontra um simulador de velocidade e aceleração de um caminhão.
Acesso em: jul. 2018.

DE OLHO NO TEMA

- Qual é o tipo de movimento que um objeto apresenta se sua velocidade aumenta com o passar do tempo?

AÇÃO DA GRAVIDADE EM LANÇAMENTO

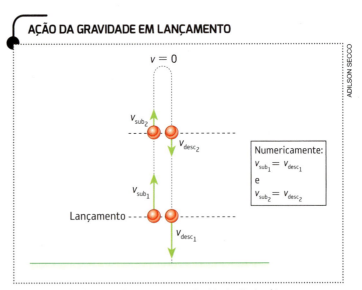

Uma bola atirada para cima tem sua velocidade diminuída (movimento retardado) até tornar-se nula ($v = 0$) no ponto mais alto. Durante a descida, a velocidade da bola aumenta continuamente (movimento acelerado). (Imagem sem escala; cores-fantasia.)

ATIVIDADES — TEMAS 1 A 3

ORGANIZAR O CONHECIMENTO

1. Na prática do *skysurf*, um atleta em cima de uma prancha faz acrobacias no ar enquanto seu parceiro permanece ao seu lado filmando as manobras. Essas pessoas estão em movimento? Justifique sua resposta.

2. Em uma viagem, um motorista sai de sua cidade, no quilômetro 30 de uma rodovia, abastece o veículo depois de ter percorrido 30 km nessa via e, seguindo na mesma direção e no mesmo sentido, chega à cidade de destino, no quilômetro 80.
   a) Faça um desenho para representar o deslocamento do motorista na estrada, indicando os pontos citados no enunciado do problema.
   b) Qual foi o deslocamento total?
   c) Qual foi o deslocamento entre o posto de gasolina e a cidade de destino?
   d) Qual foi a velocidade média no percurso, sabendo que o motorista partiu às 10 h e chegou às 12 h?

ANALISAR

3. O vencedor do Grande Prêmio da Inglaterra de 2017 foi Lewis Hamilton, que finalizou a prova de 52 voltas em 1 hora e 21 minutos.
   a) Calcule a velocidade média desenvolvida pelo piloto, sabendo que o circuito tem 5.891 m de comprimento.
   b) Se a volta mais rápida da corrida foi estabelecida com o tempo de 1 minuto e 30 segundos, qual foi a velocidade média desenvolvida nessa volta?

4. Os carros A, B, C, D e E percorrem distâncias distintas em diferentes intervalos de tempo, conforme mostrado na tabela abaixo.

Carro	Deslocamento (km)	Intervalo de tempo (h)
A	90	3
B	250	5
C	480	6
D	180	2
E	240	4

   a) Qual é o carro mais rápido?
   b) Qual é o carro mais lento?
   c) Qual é mais rápido: B ou C?
   d) Liste os carros em ordem crescente de velocidades médias.

5. O gráfico mostra a velocidade de um carro de corrida em alguns instantes.

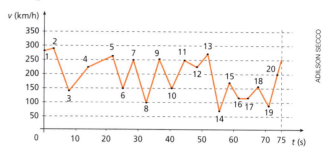

   Responda:
   a) Quais pontos determinam o início de um movimento acelerado?
   b) Quais pontos determinam o início de um movimento retardado?
   c) Quais são os quatro pontos em que o carro se locomove nas maiores velocidades?
   d) Quais são os quatro pontos em que o carro atinge as menores velocidades?
   e) Proponha uma explicação para o fato de a velocidade do carro ser tão variável ao longo do percurso.

6. Uma família estava viajando para passar alguns dias na praia. Durante a viagem, Augusto, um dos filhos, resolveu estudar o movimento do carro. Para isso, anotou a posição do carro na rodovia a cada 15 minutos. Com os resultados, ele montou a seguinte tabela:

t (min)	0	15	30	45	60	75
s (km)	30	50	70	90	110	130

   O que Augusto pôde concluir sobre o movimento do carro? Foi uniforme ou variado? Qual foi a velocidade média do carro nesse período?

COMPARTILHAR

7. Em nosso dia a dia, temos contato com corpos que possuem velocidades de diferentes intensidades. Reúnam-se em grupos e elaborem um cartaz com as velocidades médias típicas de alguns objetos, organizadas em ordem crescente. Incluam ilustrações. Vocês podem considerar, por exemplo, um avião, o som (no ar), uma pessoa caminhando, entre outros. Para compartilhar o conhecimento adquirido, exponham os cartazes pela escola.

EXPLORE
MAIS ESPAÇO PARA AS BICICLETAS NO BRASIL

Na última década, os deslocamentos feitos por bicicletas e motocicletas aumentou de maneira significativa em nosso país. O *Relatório Geral de Mobilidade Urbana* apresenta o aumento da distância percorrida pelas pessoas que utilizam bicicletas em 438 cidades do país: em 2003, foram 6 bilhões de quilômetros, número que dobrou em 2014.

Em cidades como São Paulo, é possível obter, em determinados horários, maiores velocidades utilizando bicicletas do que nos ônibus municipais. Um ciclista com preparo físico mediano consegue atingir a velocidade média de 20 km/h. Observe no gráfico a seguir a velocidade média dos ônibus em corredores exclusivos em 2015 considerando o horário das 16 h às 22 h.

VELOCIDADE MÉDIA DOS ÔNIBUS NOS CORREDORES EXCLUSIVOS DURANTE O PERÍODO DA TARDE (KM/H)

Corredor	Velocidade (km/h)
Radial Leste	24,0
Parelheiros-Rio Bonito	20,6
Paes de Barros	20,1
Santo Amaro-9 de Julho	19,7
Inajar de Souza-Rio Branco	19,1
Campo Limpo-Rebouças	17,6
Vereador José Diniz-Ibirapuera	17,4
Pirituba-Lapa	16,7
Itapecerica-João Dias	16,4
Jardim Ângela-Guarapiranga	15,5

Elaborado com base em: ASSOCIAÇÃO NACIONAL DE TRANSPORTES PÚBLICOS. Sistema de Informações da Mobilidade Urbana. *Relatório comparativo 2003-2014*. Disponível em: <http://mod.lk/pr806>. Acesso em: jul. 2018.
MONTEIRO, A.; FARIA, F.; RUSSO, R. Velocidade dos ônibus fica longe da meta de Haddad. *Folha Digital*. Disponível em: <http://mod.lk/02cmc>. Acesso em: jul. 2018.

No final da tarde, o grande fluxo de veículos faz com que os trajetos feitos por meio de bicicleta, principalmente nas ciclovias (**A**), seja mais rápido que o mesmo trajeto usando ônibus, mesmo onde existem corredores exclusivos (**B**) (São Paulo, SP, 2017).

ATIVIDADES

ANALISAR OS DADOS

1. Leia os itens a seguir e calcule:

   a) o tempo médio gasto por um ciclista à tarde para percorrer o corredor Jardim Ângela-Guarapiranga, sabendo que sua extensão é de 8 km;

   b) o tempo médio necessário para fazer o mesmo trajeto utilizando um ônibus municipal;

   c) o tempo médio gasto pelo ciclista para percorrer o corredor da Radial-Leste, sabendo que sua extensão é de 17 km.

   - Agora, responda: uma pessoa que deseja percorrer esse trajeto no menor tempo possível deve optar pelo transporte público ou pelo deslocamento de bicicleta?

2. Considerando as condições de um ciclista citadas no texto e a velocidade dos ônibus nos corredores durante o período da tarde, quais corredores apresentam velocidade média menor que a do ciclista?

INTERPRETAR

3. Quais fatores devem ser levados em conta para a determinação da velocidade média:

   a) do ciclista?
   b) dos ônibus nos corredores?

4. Quais aspectos podem ser considerados positivos no aumento dos deslocamentos utilizando meios de transporte como as bicicletas?

5. Quais são os principais desafios para o aumento do deslocamento feito por bicicletas em sua cidade?

159

TEMA 4 — MOVER, PARAR, DEFORMAR

As forças podem agir a distância ou pelo contato direto entre os corpos e manifestam-se pela alteração do movimento.

O QUE É FORÇA?

Agora que já conhecemos as características e os principais tipos de movimento, começaremos a análise das suas causas e variações. Para desenvolver tarefas simples do nosso dia a dia, como mover um livro do lugar, mudar um móvel de posição em nossa casa ou caminhar, precisamos realizar algum tipo de força.

Força é qualquer ação capaz de produzir ou alterar movimentos, provocar deformações ou manter o equilíbrio nos corpos em que é aplicada.

O resultado que vamos obter ao aplicar uma força sobre um corpo depende de sua intensidade, da direção e do sentido. Se você apertar com sua mão uma bola de borracha, a deformidade que causa nela dependerá da intensidade de sua força. Para mudar um objeto de lugar, é importante escolher a direção da força a ser aplicada de maneira que facilite o seu deslocamento. Forças aplicadas em uma mesma direção podem ter diferentes sentidos.

Todas as grandezas que precisam de informações relacionadas a intensidade, direção e sentido para serem caracterizadas são denominadas **grandezas vetoriais**. A força é uma grandeza vetorial e pode ser indicada por vetores, um segmento de reta orientado. Os vetores recebem uma seta sobre a letra que os representa. Portanto, para representar uma força, usamos o símbolo $\vec{F}$.

Quando não houver a seta sobre a letra, estaremos tratando apenas da intensidade da força. No SI, a unidade de medida de força é o newton (N).

Se uma grandeza é totalmente caracterizada apenas por sua intensidade, sem precisarmos indicar sua direção e seu sentido, dizemos que essa grandeza é **escalar**, como é o caso da temperatura de um corpo.

REPRESENTAÇÃO DE DIREÇÃO E DE SENTIDO

(**A**) Direção é aquilo que existe em comum num feixe de retas paralelas. Ela geralmente está ligada a indicações como horizontal e vertical. (**B**) Uma mesma direção tem dois sentidos. A direção e o sentido fornecem a orientação de uma força.

REPRESENTAÇÃO DE FORÇAS

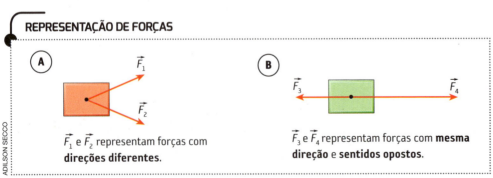

$\vec{F}_1$ e $\vec{F}_2$ representam forças com **direções diferentes**.

$\vec{F}_3$ e $\vec{F}_4$ representam forças com **mesma direção** e **sentidos opostos**.

Na representação de forças, o comprimento de cada segmento de reta (vetor) representa a intensidade de cada força. No esquema (**A**), $\vec{F}_1$ representa uma força de mesma intensidade que $\vec{F}_2$. No esquema (**B**), $\vec{F}_3$ representa uma força com menor intensidade que $\vec{F}_4$. (Imagem sem escala; cores-fantasia.)

COMPOSIÇÃO DAS FORÇAS

Diferentes forças podem agir simultaneamente sobre um mesmo corpo. O resultado da ação dessas forças é chamado **força resultante** ($\vec{F}_r$), que é representada por um vetor em que a intensidade, a direção e o sentido dependem das características das forças aplicadas sobre o corpo.

No jogo cabo de guerra, por exemplo, a equipe que exerce a força de maior intensidade é a vencedora. Embora existam forças de mesma direção e sentidos opostos, tudo se passa como se uma única força agisse no ponto central da corda. Na representação abaixo, como $\vec{F}_1$ é maior que $\vec{F}_2$, a força resultante tem a mesma direção e o mesmo sentido de $\vec{F}_1$, horizontal para a esquerda. Assim, o grupo de boné vence o jogo.

EXEMPLO DE CÁLCULO DE FORÇA RESULTANTE

SAIBA MAIS!

Isaac Newton, o filósofo natural

A unidade de medida de força no SI é newton (N) em homenagem ao filósofo natural inglês Isaac Newton (1642-1727), um dos personagens mais importantes de todos os tempos na história da Ciência em virtude de suas contribuições em variados assuntos em Física e Matemática.

Ser um filósofo natural no século XVII incluía o estudo de variados temas e, por causa disso, Newton foi um grande conhecedor de discussões em Física, Matemática, Astronomia, Filosofia, mas também em Alquimia, Astrologia e Teologia. Suas contribuições para a Ciência estenderam-se pelas áreas da mecânica, gravitação universal, óptica e cálculo.

Selo da Alemanha com a imagem de Isaac Newton. No estudo dos movimentos dos corpos, várias formulações de Isaac Newton são estudadas.

DE OLHO NO TEMA

1. Indique quais são os três tipos de informação que caracterizam as forças.

2. Cite um exemplo de uma grandeza não vetorial.

3. Indique a direção e o sentido predominantes da força aplicada quando um jogador de basquete salta e atira a bola na cesta durante a jogada conhecida como **enterrada**.

161

TEMA 5

FORÇA GRAVITACIONAL, FORÇA PESO E FORÇA NORMAL

> A força peso de um objeto na Terra é a força com que esse corpo é atraído em direção ao centro do nosso planeta. A força normal atua na direção perpendicular entre superfícies em contato.

FORÇA GRAVITACIONAL

Como vimos no estudo dos corpos sob ação da gravidade, o que altera o movimento dos objetos nessa situação é a aceleração gravitacional, que pode ser associada diretamente à atuação da **força gravitacional**. Todos os corpos do Universo atraem-se mutuamente pela ação dessa força, que depende das massas e da distância entre os corpos: quanto maiores forem as massas e menor a distância entre os corpos, mais intensa será a força.

Isso significa que nós, seres humanos, assim como outros animais e os mais diversos objetos, produzimos nos corpos ao redor uma força gravitacional. No entanto, como nossa massa é insignificante quando comparada à da Terra, o efeito sentido é apenas a atração da Terra nos corpos. Assim, por terem massas enormes, corpos como estrelas e planetas atraem intensamente, em direção ao seu centro, qualquer corpo próximo à sua superfície.

A aceleração da gravidade varia nos diferentes planetas do Sistema Solar, uma vez que eles possuem massas e tamanhos diferentes.

AÇÃO DA FORÇA GRAVITACIONAL

Quando uma bola é lançada para cima, a atração gravitacional exerce uma força no objeto em direção ao centro do planeta, provocando a diminuição gradual de sua velocidade até que ela retorne ao solo. (Imagem sem escala; cores-fantasia.)

VALORES DA MASSA E ACELERAÇÃO DA GRAVIDADE (g) NA SUPERFÍCIE DOS PLANETAS	
Planeta	**g (m/s²)**
Mercúrio	3,78
Vênus	8,6
Terra	9,78
Marte	3,72
Júpiter	22,88
Saturno	9,05
Urano	7,7
Netuno	11

Dados obtidos em: O Sistema Solar: característica e dinâmica. Disponível em: <http://mod.lk/zgnpp>. Acesso em: jul. 2018. (Adaptado.)

Graças à força gravitacional entre os corpos, os satélites artificiais e naturais, por exemplo, são mantidos em órbita, atraídos e girando ao redor dos planetas. Algumas estimativas indicam que cerca de 6 mil satélites artificiais já foram lançados no espaço pelo ser humano. Calcula-se ainda que existam 3 mil satélites artificiais em órbita que não funcionam mais e cerca de mil em plena atividade.

FORÇA PESO

A força gravitacional exercida pela Terra sobre os corpos ao seu redor é denominada **força peso** ($\vec{p}$). Pode-se encontrar essa denominação também para indicar a força gravitacional exercida por outros planetas sobre corpos ao seu redor.

Peso não é a mesma coisa que massa, embora, no dia a dia, esses termos sejam usados como sinônimos. A massa está relacionada à quantidade de matéria presente no corpo e o peso é a força de atração exercida sobre essa massa. No SI, a massa é medida em quilograma (kg) e o peso, em newton (N).

FORÇA NORMAL

Dizemos que a força gravitacional é uma força de ação a distância, pois a atração entre os corpos ocorre mesmo sem o contato direto entre eles. A Terra, por exemplo, continua atraindo um satélite de comunicação, mesmo não havendo contato físico entre eles. Existem também as chamadas forças de contato, que só atuam quando há contato direto entre os corpos. Por exemplo, um jogador de futebol altera o movimento de uma bola ao chutá-la por causa do contato de seu pé com ela.

Um exemplo importante de força de contato é a chamada força normal, que é a força que surge na direção perpendicular entre as superfícies de dois corpos que se comprimem. Se, neste momento, você estiver sentado sobre uma cadeira ou banco na horizontal, há uma força normal na direção vertical atuando em seu corpo. É ela que impede que você "atravesse" a superfície que lhe dá apoio. Qualquer objeto em contato sobre uma superfície estará sujeito à força normal.

Perpendicular: que forma um ângulo reto (90°) com uma superfície.

EXEMPLOS DE FORÇA NORMAL

(**A**) A força normal sobre os pneus traseiro e dianteiro encontra-se em uma direção que forma 90° com a inclinação da pista. (**B**) Em superfícies horizontais, a força normal atua na direção vertical.

DE OLHO NO TEMA

1. Por que não atraímos outros objetos ao nosso redor por meio da força da gravidade?

2. Escolha duas situações para indicar a direção e o sentido da força normal. Faça um desenho para representar sua resposta.

Trilha de estudo

Vai estudar? Nosso assistente virtual no *app* pode ajudar! <mod.lk/tr8u06>

163

ATIVIDADES — TEMAS 4 E 5

ORGANIZAR O CONHECIMENTO

1. Suponha que a resultante das forças aplicadas sobre um corpo seja nula. O que podemos concluir a respeito do movimento desse corpo?

2. Um carrinho se desloca em movimento uniforme por uma pista. A aplicação de uma força, na direção de seu movimento, provocará que tipo de efeito?

3. Com base no diagrama de forças ilustrado abaixo, determine:

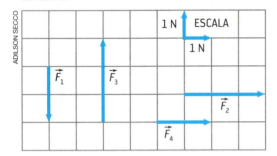

   a) as intensidades das forças $\vec{F}_1$, $\vec{F}_2$, $\vec{F}_3$ e $\vec{F}_4$;
   b) a intensidade da soma $\vec{F}_1 + \vec{F}_3$;
   c) a intensidade da soma $\vec{F}_2 + \vec{F}_4$.

4. Aproveitando o mesmo diagrama de forças ilustrado no exercício anterior, indique se as afirmações a seguir são corretas ou incorretas. Faça as correções necessárias.
   a) As forças $\vec{F}_1$ e $\vec{F}_3$ têm a mesma direção.
   b) As forças $\vec{F}_1$ e $\vec{F}_3$ têm o mesmo sentido.
   c) As forças $\vec{F}_1$ e $\vec{F}_3$ têm a mesma intensidade.
   d) As forças $\vec{F}_2$ e $\vec{F}_3$ têm a mesma intensidade.

5. Considerando a variação da aceleração da gravidade nos planetas do Sistema Solar, descreva como um(a) astronauta sentiria seu peso mudar ao ir, hipoteticamente, para:
   a) Marte;
   b) Júpiter.

ANALISAR

6. Considere a placa ao lado, instalada dentro de um elevador. Com base no que foi estudado nesta Unidade, que conceito científico foi usado incorretamente?

7. Na canção "Tendo a Lua", do grupo Os Paralamas do Sucesso, explique o que é possível compreender sobre o nosso satélite natural no trecho: *"Tendo a Lua aquela gravidade aonde o homem flutua [...]"*.

8. Leia a tirinha e explique, com base no que você aprendeu nesta Unidade, o que o Garfield quis dizer com sua resposta.

9. Explique, recorrendo ao que foi estudado nesta Unidade, por que os planetas do Sistema Solar giram ao redor do Sol.

10. Analise a imagem do livro sobre a mesa e indique a direção e o sentido das forças que atuam sobre o objeto. Faça um desenho que represente essas forças.

COMPARTILHAR

11. Em grupo, produzam um cartaz ou folheto para explicar os diferentes usos do termo "massa" em situações do nosso cotidiano. Compartilhem os cartazes ou folhetos com a comunidade escolar.

PENSAR CIÊNCIA

O debate sobre a velocidade máxima nas vias urbanas em todo o mundo

A Organização Pan-Americana da Saúde/Organização Mundial da Saúde (OPAS/OMS) pediu [...] que os prefeitos eleitos e reeleitos no Brasil considerem manter os limites de velocidade em vias urbanas iguais ou inferiores a 50 km/h.

Segundo a organização, cerca de 1 milhão de pessoas morrem em acidentes de trânsito a cada ano no mundo, enquanto a quantidade de feridos chega a 50 milhões. De acordo com a OMS, um dos principais fatores de risco é a velocidade excessiva ou inapropriada nas vias.

"Quanto maior a velocidade de um veículo, menor será o tempo que um condutor tem para parar e evitar um choque. O campo de visão do motorista também se reduz à medida que a velocidade aumenta", disse o consultor de segurança no trânsito da representação da OPAS/OMS no Brasil, Victor Pavarino. "Se a velocidade aumenta 50%, a força do choque aumenta em bem mais que o dobro."

Segundo o especialista, um pedestre tem 90% de chances de sobreviver a um choque com um carro a 30 km/h. Mas essa chance cai para menos de 50% em um impacto a 45 km/h e é de quase zero se o veículo estiver acima de 60 km/h.

[...]

No Brasil, o trânsito tira mais de 40 mil vidas por ano, o que corresponde a uma taxa superior a 22 óbitos por grupo de 100 mil habitantes, acima da média das Américas (15,9 por 100 mil habitantes), dos países de média e baixa renda (20,1 e 18,3 por 100 mil habitantes, respectivamente) e mais que o dobro dos países de alta renda (8,7 por 100 mil habitantes), conforme recentes relatórios da OPAS e da OMS.

[...]

Em São Paulo, o número de mortes nas vias das marginais Tietê e Pinheiros caiu 32,8% em um ano, passando de 73 óbitos em 2014 para 49 em 2015, conforme dados da Companhia de Engenharia de Tráfego (CET).

Fonte: ONUBR. OMS pede que prefeitos eleitos no Brasil mantenham limite de velocidade de 50 km/h nas vias. Disponível em: <http://mod.lk/osmxf>. Acesso em: jul. 2018.

O aumento da velocidade em vias urbanas tende a gerar mais mortes; a recomendação é que a velocidade máxima permitida seja de 50 km/h (São Paulo, SP, 2016).

 Mais questões no livro digital

 **ATIVIDADES**

1. Quais são os argumentos apresentados pela OPAS/OMS no texto em defesa da redução da velocidade máxima em vias urbanas?

2. Estime quantos metros um carro percorrerá antes de iniciar a frenagem se o motorista demorar 1 segundo para perceber algo de errado na pista, estando a uma velocidade de 70 km/h. Como você avalia essa distância (ela é grande ou pequena)? Justifique.

3. Faça uma pesquisa sobre a velocidade máxima das principais vias da cidade onde você mora. Busque ainda estatísticas do número anual de acidentes no trânsito. Formem grupos e troquem ideias sobre os aspectos favoráveis e as dificuldades em propor (ou manter) a redução das velocidades máximas em vias urbanas dessa cidade. Apresentem os resultados para a turma.

ATITUDES PARA A VIDA

Uso do freio ABS

1) O que é o ABS? É um sistema de segurança que impede o bloqueio das rodas durante uma frenagem de emergência, evitando que o motorista perca o controle sobre o veículo.

2) Como funciona o ABS? Em situações de emergência, ao tentar evitar uma colisão, normalmente o condutor atua com força sobre o pedal de freio, causando o bloqueio total das rodas. O bloqueio das rodas implica perda de aderência do pneu com o solo. Nessas situações, o veículo fica fora de controle, pois não obedece ao comando do volante.

Com o freio ABS, o motorista é capaz de frear e desviar do obstáculo ao mesmo tempo, minimizando a perda de controle do veículo. Ao frear no meio de uma curva ou sobre superfícies escorregadias, o sistema atua para que o bloqueio das rodas não aconteça.

3) Devo pressionar o pedal do freio com máxima força, quando em uma frenagem de emergência? E quando o pedal do freio trepidar? Em uma situação de emergência, sim. Nos veículos equipados com o freio ABS o condutor deve pressionar o pedal do freio com a máxima força e manter o pedal pressionado para que o freio ABS possa atuar com efetividade.

A atuação do freio ABS é identificada através de uma leve trepidação nos pedais em decorrência da variação de pressão dos freios para que estes não travem. Portanto não se deve aliviar a pressão do pedal do freio quando em uma frenagem de emergência em um veículo equipado com freio ABS.

[...]

Os freios de um automóvel funcionam com base no atrito, força relacionada ao contato entre dois corpos. As pastilhas pressionam o disco da roda para reduzir a velocidade.

Fonte: ASSOCIAÇÃO BRASILEIRA DE ENGENHARIA AUTOMOTIVA. Uso do freio ABS. Disponível em: <http://mod.lk/std5f>. Acesso em: jul. 2018.

Uso do *airbag* frontal

1) O *airbag* é um dispositivo de segurança complementar ao cinto de segurança. O cinto garante a retenção necessária para que o *airbag* venha a atuar com eficácia, além de garantir a correta trajetória do ocupante na direção da bolsa de ar.

2) O *airbag* não é projetado para acionar em qualquer tipo de colisão. O parâmetro de controle de acionamento do *airbag* está associado à desaceleração do veículo, ao ângulo de colisão e ao risco de lesão grave ou fatal.

3) Devido à alta velocidade de acionamento, o *airbag* pode causar lesões graves ou fatais caso o ocupante não esteja em uma posição correta. Portanto:

- Não dirija muito perto do volante.
- Mantenha os braços posicionados na posição correta no volante.
- Não posicione o banco muito próximo do painel de instrumentos.
- Não fique com os pés em cima do painel.

[...]

Fonte: ASSOCIAÇÃO BRASILEIRA DE ENGENHARIA AUTOMOTIVA. Uso do *airbag* frontal. Disponível em: <http://mod.lk/jbgmq>. Acesso em: jul. 2018.

Ao ser acionado, o *airbag* frontal impede que o motorista se choque com o painel do carro.

TROCAR IDEIAS SOBRE O TEMA

1. Em 2014, o freio ABS e o *airbag* frontal passaram a ser itens obrigatórios em todos os carros de passeio fabricados a partir dessa data. Quais são as evidências que mostram que esses itens contribuem para a segurança no trânsito?

2. Outro dispositivo bastante presente nos carros brasileiros modernos é o encosto de cabeça nos bancos frontais e traseiros. Escreva argumentos que demonstrem que esse dispositivo também está relacionado à segurança dos ocupantes dos veículos.

3. A presença de dispositivos de segurança, como o freio ABS e o *airbag* frontal, aumentam o custo final do veículo, e esse custo é repassado ao consumidor final quando ele compra o carro. Por essa razão, devemos questionar e avaliar os argumentos dos especialistas que recomendam a inserção de itens obrigatórios nos produtos que compramos.

Faça uma pesquisa a respeito dos equipamentos de segurança (não necessariamente de automóveis) e elabore uma cartilha indicando seu uso, sua importância, seu custo e se você considera seu uso importante ou não.

Nessa tarefa, procure **questionar** e **levantar problemas**, mostrando diversas questões relacionadas a esses aparelhos, como:

- **Por** que é importante utilizar equipamentos de segurança?
- **Existem** outras maneiras de previnir acidentes?
- **Como** o uso de diversos equipamentos de segurança pode afetar o cotidiano de uma pessoa?

COMO EU ME SAÍ?

- Pensei em evidências que me fazem concordar ou discordar da obrigatoriedade de itens como o freio ABS e o *airbag* frontal nos veículos?
- Elaborei argumentos para avaliar a necessidade de outros itens de segurança nos automóveis?
- Consegui avaliar se as informações apresentadas nos textos eram confiáveis?

COMPREENDER UM TEXTO
O UNIVERSO DAS CORRIDAS

Em corridas curtas, atletas chegam a atingir velocidades superiores a 40 km/h. Mas ninguém consegue manter esse ritmo por muito mais do que alguns segundos. Em corridas longas, a velocidade média é da ordem de ou pouco maior do que 20 km/h. Tudo isso, claro, para excelentes atletas.

As corridas estão entre as atividades esportivas e olímpicas mais difundidas e mais apreciadas, tanto pelo público em geral como pelos atletas amadores. As distâncias mais comuns das diferentes modalidades de corrida esportiva variam de 50 m até 100 km. E, claro, os tempos de corrida também variam: de pouco mais do que 5 s no caso de corridas de 50 m, até cerca de 6 horas, quando o percurso é de 100 km.

Nos Jogos Olímpicos, as distâncias das diversas provas vão de 100 m até um pouco mais do que 42 km, no caso da maratona. A tabela mostra alguns recordes mundiais recentes de diferentes corridas.

RECORDES MUNDIAIS E VELOCIDADES MÉDIAS PARA PROVAS DE ATLETISMO MASCULINAS			
Distância (m)	Recorde mundial	Velocidade média (m/s)	Velocidade média (km/h)
100	9,58 s	10,4	37,6
800	1 min 41 s	7,9	28,5
2.000	4 min 45 s	7,0	25,3
5.000	12 min 37 s	6,6	23,8
10.000	26 min 18 s	6,3	22,8
42.195	2 h 02 min 57 s	5,7	20,5

Elaborada com base em: ASSOCIAÇÃO INTERNACIONAL DE FEDERAÇÕES DE ATLETISMO. Disponível em: <http://mod.lk/btorj>. Acesso em: jul. 2018.

As velocidades médias das diferentes corridas também aparecem na tabela. Elas variam de pouco mais de 10 m/s na corrida de 100 m até aproximadamente 6 m/s na Maratona.

É claro que essas velocidades também variam durante a prova. A cada vez que o atleta coloca um pé no chão, sua velocidade é ligeiramente reduzida e, a seguir, como consequência do "empurrão" que o atleta dá, é aumentada novamente. Entretanto, se quisermos fazer uma análise mais ampla do que ocorre em uma corrida, podemos ignorar essas variações cíclicas da velocidade a cada vez que o atleta coloca o pé no chão e considerarmos apenas a velocidade média durante cada passada.

Na corrida de 100 m, a mais rápida delas, o atleta chega a atingir uma velocidade máxima de cerca de 12 m/s, ou aproximadamente 43 km/h! Isso acontece aos 5 s ou 6 s de corrida. A partir daí, muitos atletas, exaustos, começam a perder velocidade, concluindo os cem metros com uma velocidade de cerca de 10 m/s.

Nas corridas mais longas, também há variação de velocidade durante a competição. Entretanto, além da variação que ocorre na largada, quando a aceleração é muito grande, a variação de velocidade no restante do percurso é relativamente pequena. Em casos de corridas muito longas, a velocidade é praticamente constante durante todo o percurso.

O gráfico abaixo mostra o perfil de velocidade de um atleta recordista no caso de uma corrida de 100 m. No início, a aceleração do atleta é bastante intensa, da ordem de 10 metros por segundo ao quadrado (m/s^2). Alguns poucos segundos depois, a velocidade atinge seu máximo. Como a energia disponível do atleta está praticamente esgotada, ele não mais consegue acelerar seu corpo nos segundos finais e sua velocidade deixa de aumentar, começando, mesmo, a reduzir.

Atletas de corridas curtas, como a jamaicana Shelly-Ann Fraser-Pryce (**A**), possuem corpos preparados para movimentos musculares rápidos e intensos. Corredores de grandes distâncias, como a maratonista britânica Sonia Samuels (**B**), são preparados para suportar o esforço por longos períodos.

VELOCIDADE EM FUNÇÃO DO TEMPO EM UMA CORRIDA DE 100 METROS

Fonte: HELENE, O. Corridas. Disponível em: <http://mod.lk/2tuyy>. Acesso em: jul. 2018.

ATIVIDADES

OBTER INFORMAÇÕES

1. De acordo com o texto, quais são as diferenças entre as velocidades típicas dos atletas em provas curtas e em provas longas?

2. Quais são os aspectos que colaboram para a variação da velocidade dos atletas durante as provas?

3. Com quanto tempo de prova um corredor de 100 metros atinge sua velocidade máxima? O que acontece com a velocidade desse atleta logo após atingir sua velocidade máxima? E ao final da prova?

INTERPRETAR

4. Considere o gráfico de velocidade por tempo da corrida de 100 metros e indique em quais trechos sua aceleração é máxima e mínima. Calcule esses valores máximos e mínimos de aceleração.

REFLETIR

5. Observando a tabela com as velocidades médias em diferentes provas, indique quais são as características que os atletas recordistas precisam ter para atingir bons resultados em cada tipo de prova.

UNIDADE 7
ENERGIA

Vista aérea da Usina Hidrelétrica de Itaipu, construída no rio Paraná, numa região da bacia do Prata, na fronteira do Brasil com o Paraguai (Foz do Iguaçu, PR, 2016).

▶ COMEÇANDO A UNIDADE

1. Quais tipos de energia você conhece?
2. Todos os seres vivos precisam de energia para viver?
3. De onde vem a energia elétrica que abastece as casas?
4. A queda-d'água mostrada na imagem pode ser responsável pela geração de energia elétrica?

POR QUE ESTUDAR ESTA UNIDADE?

Observe as quedas-d'água mostradas na imagem. Pode ser difícil de acreditar, mas elas estão relacionadas a um bem fundamental para a sociedade: a energia elétrica.

Nesta Unidade, estudaremos o que é energia e como ela pode ser transformada e utilizada em diversas atividades do cotidiano, como ler um texto, andar de bicicleta, descer e subir escadas, e também nos vários processos que ocorrem na natureza, como o crescimento de uma árvore.

ATITUDES PARA A VIDA
- Imaginar, criar e inovar
- Pensar e comunicar-se com clareza

TEMA 1

FORMAS E FONTES DE ENERGIA

Atividades cotidianas e processos naturais envolvem energia.

AS DIVERSAS FORMAS DE ENERGIA

A energia é um item importantíssimo em nosso cotidiano. Com ela podemos realizar tarefas como carregar o celular, aquecer a água do chuveiro, manter um refrigerador em funcionamento, entre outras ações. Você já parou para pensar de onde vem toda essa energia? Afinal, o que é energia?

Energia é um conceito abstrato e difícil de ser definido, mas, de maneira bem simplificada, podemos dizer que energia é a capacidade de realizar uma ação. A energia está associada, por exemplo, à manutenção da vida, ao movimento, ao calor, ao som, à luz, à matéria e à carga elétrica. No Sistema Internacional de Unidades (SI), a energia é medida em joules (J); porém a unidade mais conhecida e utilizada no cotidiano é a caloria (cal).

A energia, nas suas mais variadas formas, está presente em qualquer atividade humana e em qualquer transformação da natureza. Veja no esquema a seguir alguns valores da quantidade de energia, em joules, associada a cada um dos eventos representados.

Existem diferentes formas de energia. Entre elas, podemos citar: energia **cinética**, energia **potencial gravitacional**, energia **térmica**, energia **elétrica**, energia **luminosa** e energia **nuclear**. Um fato muito importante sobre a energia é que uma forma de energia pode ser transformada em outra.

A ORDEM DE GRANDEZA DA ENERGIA

Quantidade aproximada de energia, em joules, associada a alguns eventos.
(Imagens sem escala; cores-fantasia.)

ENERGIA CINÉTICA

Nas competições de tiro com arco (conhecido popularmente como arco e flecha), o atleta dispara uma flecha em direção ao alvo. Imagine essa flecha deslocando-se pelo ar e atingindo o centro de seu alvo, marcando-o com um pequeno buraco. Podemos dizer que há energia associada a essa flecha, pois ela realizou uma ação: deslocou-se através do ar e perfurou o alvo. Toda energia associada ao movimento de um corpo recebe o nome de **energia cinética**.

Dois fatores determinam a quantidade de energia cinética de um corpo em movimento. O primeiro é a **massa**: quanto maior for a massa, maior será a energia cinética associada a esse corpo que está em movimento. O segundo fator é a **velocidade** na qual o corpo se move: quanto mais rápido, maior será a energia cinética. Para o cálculo da energia cinética (E_c) de um corpo, utiliza-se a expressão que relaciona sua massa (m) e sua velocidade (v):

$$E_c = \frac{m \cdot v^2}{2}$$

Enquanto está em movimento, há energia cinética associada à flecha.

> **SAIBA MAIS!**
>
> ### Energia e velocidade
>
> O guepardo (*Acinonyx jubatus*) é um animal que se destaca por atingir uma velocidade aproximada de 32 m/s (ou 115 km/h). Isso porque diversas de suas características, como o formato do seu corpo, o tipo e a disposição dos músculos e as fortes unhas afiadas permitem que ele alcance essa velocidade.
>
> Uma energia cinética de cerca de 31.000 J pode estar associada a um guepardo adulto de cerca de 60 kg. Para efeito de comparação, uma moto de massa 200 kg, percorrendo um trecho com velocidade de 10 m/s (ou 36 km/h), possui energia cinética associada da ordem de 10.000 J.
>
>
>
> O guepardo (*Acinonyx jubatus*) é um dos animais terrestres mais velozes do planeta.

Fonte: WILSON, M. et al. *A energia*. Rio de Janeiro, José Olympio, 1968. (Coleção Biblioteca Científica Life).

ENERGIA POTENCIAL GRAVITACIONAL

Observe a rocha na fotografia desta página. O apoio parece ser tão inseguro que, com um pequeno toque, ela poderia se deslocar penhasco abaixo. Se a rocha de fato cair, sabemos que adquirirá energia cinética. De onde viria essa energia?

Nesse caso, temos uma manifestação da chamada **energia potencial gravitacional**, com origem na interação gravitacional entre a rocha e a Terra.

Todos os corpos na Terra estão sob a ação da gravidade do planeta. Assim, podemos associar certa quantidade de energia potencial gravitacional (E_{p_g}) a qualquer corpo que se encontre a determinada altura em relação ao solo. Essa quantidade depende da massa (*m*) do objeto, da sua altura (*h*) e da aceleração da gravidade (*g*). Essas grandezas são relacionadas pela expressão:

$$E_{p_g} = m \cdot g \cdot h$$

Assim, quanto maior for a altura de um corpo em relação ao solo e quanto maior for a sua massa, maior será a energia potencial gravitacional associada a ele. Vamos calcular, como exemplo, a energia potencial gravitacional de um coco de 1,5 kg prestes a cair de um coqueiro, a 8 m do chão (considerando $g = 10 \text{ m/s}^2$):

$$E_{p_g} = 1{,}5 \text{ kg} \cdot 10\, \frac{m}{s^2} \cdot 8\, m = 120\, kg \cdot \frac{m^2}{s^2} = 120\, J$$

Note que: $1\, J = 1\, kg \cdot \frac{m^2}{s^2}$

Essa forma de energia é chamada potencial porque se trata de uma energia armazenada que pode ser transformada em outros tipos de energia a qualquer momento. Se o coco começar a cair, por exemplo, a energia potencial armazenada transfoma-se em energia cinética ao longo da queda.

ENERGIA TÉRMICA

Se deixarmos alguns cubos de gelo em temperatura ambiente, por algum tempo, podemos perceber que ocorre uma transformação física – a mudança da fase sólida para a líquida. Isso ocorre porque as partículas que constituem o gelo têm pequeno grau de agitação. Em contato com o ambiente, ocorre transferência de energia (calor) do ambiente para o gelo, aumentando o grau de agitação das suas partículas.

Sobre esta formação conhecida como Rocha Dourada fica o templo budista (ou pagode) de Kyaikhtiyo. Embora esteja nesta posição há milhares de anos, a rocha parece estar prestes a cair (Mianmar, 2017).

Assim, o gelo começa a se fundir até que todo gelo se transforme em água líquida. Se aquecermos a água líquida ocorre mudança de estado físico em determinada temperatura, formando vapor-d'água – nesse estado físico, o grau de agitação das partículas é bastante elevado, sendo maior que o encontrado no estado líquido.

É a **energia térmica** que está associada ao movimento (grau de agitação) das partículas. Quanto maior for o grau de agitação das partículas que compõem um corpo, maior será a quantidade de energia térmica associada a ele. Percebemos o aumento da agitação das partículas de um corpo pelo aumento de sua temperatura ou pela mudança de estado físico.

ENERGIA ELÉTRICA

É a **energia elétrica** que permite o funcionamento dos aparelhos eletrônicos que temos nas casas, como máquina de lavar, videogame, televisão, ferro de passar etc. Ela é geralmente produzida nas usinas hidrelétricas por meio da conversão de energia cinética em energia elétrica. Em pilhas e baterias, a energia elétrica é gerada por meio de transformações químicas que ocorrem dentro desses dispositivos.

A história da eletricidade iniciou-se na Grécia Antiga, quando o filósofo Tales de Mileto (624-558 a.C., aproximadamente) analisou um material conhecido como âmbar e percebeu que, ao esfregá-lo na pele ou em lã animal, ele se tornava capaz de atrair objetos leves e pequenos, como pedaços de palha ou penas.

Com o desenvolvimento dos estudos a respeito da eletricidade, descobriu-se que partículas da matéria poderiam fazer com que ela atraísse ou repelisse certos materiais. Essas partículas são constituintes da matéria e uma delas, denominada elétron, é responsável pela energia elétrica. A energia elétrica gerada por uma usina, por pilhas, baterias, entre outras fontes, está relacionada com a movimentação dessas partículas etc.

O movimento dos elétrons de forma ordenada e contínua gera a **corrente elétrica**. Alguns materiais, como os metais, permitem que esse movimento ocorra com mais facilidade e são denominados **condutores elétricos**.

Chuva forte com raios na cidade de Rio Grande, RS (2018). Os elétrons são partículas encontradas em todo tipo de matéria. O raio, por exemplo, é uma descarga de elétrons na atmosfera.

ENERGIA LUMINOSA

As partículas que compõem o Sol passam por diversas transformações; essas transformações dão origem à **energia luminosa** que torna possível diversos eventos na Terra, como a formação dos ventos, o ciclo da água e a realização de fotossíntese pelas plantas. A energia luminosa do Sol pode se propagar pelo espaço, percorrendo cerca de 150 milhões de km para chegar à Terra.

A energia luminosa não está associada apenas ao Sol. As luzes artificiais que utilizamos nos mais diversos ambientes também possuem energia luminosa associada.

ENERGIA NUCLEAR

Algumas transformações podem ocorrer no núcleo das partículas que formam a matéria, liberando uma grande quantidade de energia. A energia associada a essas transformações é chamada **energia nuclear**, e pode ser utilizada para gerar energia elétrica nas usinas nucleares. As bombas atômicas e as estrelas – como o Sol – também dependem da conversão de energia nuclear em outras formas de energia.

OUTRAS FORMAS DE ENERGIA

A energia associada a alguns tipos de transformações das partículas que formam a matéria é conhecida como **energia química**. Ela está armazenada, por exemplo, nos alimentos que consumimos e nos combustíveis necessários para que um automóvel se movimente.

Materiais que apresentam elasticidade armazenam **energia potencial elástica**. Uma mola, por exemplo, armazena energia potencial elástica depois de esticada ou comprimida. O mesmo ocorre quando o atleta do tiro com arco puxa a flecha para trás, antes que ela se movimente, como vimos no tópico sobre energia cinética.

A **energia sonora** é a forma que está associada aos sons, os quais percebemos por meio da audição.

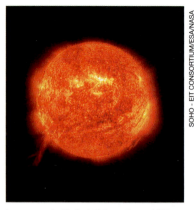

Imagem do Sol obtida pelo satélite SOHO, em 2002. As transformações que ocorrem na superfície solar geram $3,5 \cdot 10^{27}$ joules de energia por segundo, aproximadamente. Estima-se que cerca de $1,7 \cdot 10^{17}$ joules cheguem à atmosfera da Terra.

Acidente nuclear de Fukushima

Que evento causou a explosão dos reatores nucleares de Fukushima? Considerando esse acidente, vale a pena o país continuar investindo em energia nuclear?
Disponível em <http://mod.lk/ac8u07>

Usinas da Central Nuclear Almirante Álvaro Alberto (Angra dos Reis, RJ, 2015).

AS DIFERENTES FONTES DE ENERGIA

Podemos perceber que as diversas formas de energia estão associadas a diferentes fontes de energia. Para o lançamento da flecha, o atleta emprega sua força como fonte de energia. Já a energia luminosa que permite a manutenção da vida na Terra tem como fonte um recurso natural: o Sol.

Os recursos naturais que são usados como fontes de energia são classificados em **não renováveis** e **renováveis**.

Os recursos energéticos considerados não renováveis são aqueles que levam milhões de anos para serem formados. A retirada desses recursos da natureza ocasionará seu esgotamento, já que sua taxa de consumo cresce mais rápido que a sua formação. São exemplos desse tipo de fonte de energia os **combustíveis fósseis**, como o carvão mineral, o gás natural e o petróleo – os derivados de petróleo constituem a principal fonte de energia no mundo. A utilização dos combustíveis fósseis como fonte energética está associada à liberação de grande quantidade de gases na atmosfera, causando problemas ambientais como o aumento do efeito estufa.

São considerados recursos energéticos renováveis aqueles que não se esgotam com o uso. São exemplos desse tipo de fonte energética a força dos **ventos** (energia eólica) e da **água** (energia hidráulica ou hídrica), o calor do **Sol** (energia solar) e a **biomassa** (energia obtida de materiais de origem vegetal, como a cana-de-açúcar).

O monjolo é uma máquina que utiliza água para seu funcionamento. Uma de suas funções é socar e triturar grãos.

DE OLHO NO TEMA

1. Escreva um pequeno texto descrevendo algumas de suas principais atividades diárias, mencionando as formas de energia necessárias para realizá-las.

2. Imagine um carro em movimento. Quais tipos de energia você consegue identificar?

3. Mostre, por meio de um cálculo, que a energia cinética associada a um guepardo é de cerca de 31.000 J. Você pode utilizar as informações do quadro *Saiba mais* da página 173.

177

TEMA 2

TRANSFORMAÇÕES DE ENERGIA

A energia nunca é criada ou destruída, ela é sempre transformada.

TRANSFORMAÇÃO E CONSERVAÇÃO DE ENERGIA

Você já observou a atividade de alguns equipamentos residenciais? A maioria utiliza energia elétrica. Mas no funcionamento de cada um deles a energia elétrica é **transformada** em outro tipo de energia. Observe o esquema a seguir.

ALGUMAS TRANSFORMAÇÕES DE ENERGIA EM EQUIPAMENTOS ELÉTRICOS RESIDENCIAIS

Energia elétrica

Liquidificador
- Energia cinética – rotação das pás
- Energia térmica – aquecimento do motor

Ferro de passar
- Energia térmica – aquecimento da resistência, um dispositivo no qual ocorre a transformação da energia

Televisão
- Energia luminosa – imagem
- Energia sonora – áudio
- Energia térmica – aquecimento dos componentes eletrônicos e da tela

(Imagens sem escala; cores-fantasia.)

ENTRANDO NA REDE

No endereço **http://mod.lk/ov8q1** você encontra um simulador que mostra diferentes tipos de transformação de energia. E em **http://mod.lk/5erm8** está disponível um simulador que apresenta as transformações de energia envolvidas em uma pista de *skate*.

Acessos em: jul. 2018.

Nos três equipamentos ilustrados no esquema ocorre a transformação de energia elétrica em outras formas de energia. Durante essa transformação não há destruição ou criação de energia, pois ela só pode ser transformada de uma forma em outra. Ou seja, ela é **conservada**. Esse fato, constatado por diferentes cientistas em meados do século XIX, é conhecido como a **lei da conservação da energia**, e é um dos princípios fundamentais da Física.

DE OLHO NO TEMA

- Faça um esquema indicando as transformações de energia que ocorrem quando uma impressora está sendo utilizada. (Considere a forma mais simples de uso, como a impressão em uma única folha de papel.)

SAIBA MAIS!

Transformação e conservação de energia no lançamento de foguetes

As transformações de uma forma de energia em outras acontecem em diversas situações, inclusive as que não estão em nosso cotidiano. Elas ocorrem, por exemplo, com a energia associada a um foguete lançado para colocar um satélite em órbita. Essas transformações serão analisadas em uma versão simplificada em que o lançamento é dividido em 4 estágios.

Estágio 1: Inicialmente, toda a energia necessária para o lançamento do foguete está armazenada no combustível como energia química. O combustível fica acondicionado em dois módulos, que, quando vazios, são separados do restante do foguete.

Estágio 2: Durante a primeira parte da subida, ocorre a queima do combustível do primeiro módulo. Parte da energia química é transformada em energia térmica, liberando calor para o ambiente, e em energia cinética, associada ao movimento do foguete para cima. À medida que o foguete ganha altitude, uma parcela da energia é transformada em energia potencial gravitacional. Ao final, o foguete libera o primeiro módulo vazio.

Estágio 3: Para alcançar a altitude desejada ao colocar o satélite em órbita, o foguete inicia a queima do combustível do segundo módulo. Novamente, a energia química é transformada em cinética, térmica e potencial gravitacional. O segundo módulo é então liberado.

Estágio 4: Nessa etapa, o foguete fica sob a ação exclusiva da gravidade, que o atrai novamente para a superfície. Assim, ao continuar subindo, parte da energia cinética que o foguete adquiriu é convertida em energia potencial gravitacional.

Ao atingir a altitude desejada, o foguete libera o satélite, que se mantém em órbita graças à sua tendência de não alterar seu movimento e à atração da Terra. Note que, durante todo o trajeto do foguete, a energia foi transformada de um tipo em outros, mas a quantidade total de energia sempre se manteve constante (ou seja, foi conservada). Se você somar as alturas das barras de cada gráfico, notará que o resultado dessa adição será sempre o mesmo.

ESTÁGIOS DO LANÇAMENTO DE UM FOGUETE

Representação esquemática dos estágios do lançamento de um foguete para colocar um satélite em órbita. (Imagem sem escala; cores-fantasia.)

TRANSFORMAÇÕES DE ENERGIA NO LANÇAMENTO DE UM FOGUETE

Q = Energia química
G = Energia potencial gravitacional
C = Energia cinética
T = Energia térmica

179

TEMA 3 — GERAÇÃO DE ENERGIA ELÉTRICA

A energia elétrica é o resultado de outras transformações de energia.

COMO A ENERGIA ELÉTRICA PODE SER PRODUZIDA

O conhecimento sobre transformações de energia possibilitou ao ser humano obter energia elétrica utilizando diferentes fontes, como quedas-d'água, ventos ou mesmo a queima de matéria orgânica.

A geração de energia elétrica é geralmente associada às usinas hidrelétricas. Mas essas usinas não são a única forma de produção de energia elétrica. No Brasil, esse é o principal recurso devido ao potencial hídrico do país.

Outras formas de produção de energia elétrica incluem a queima de gás natural, carvão mineral e derivados do petróleo nas usinas termelétricas. Entretanto, o uso de combustíveis fósseis está relacionado a impactos ambientais, especialmente pela liberação de diversos poluentes na atmosfera.

O gráfico a seguir mostra como está distribuído o uso de diferentes recursos para a geração de energia elétrica no Brasil.

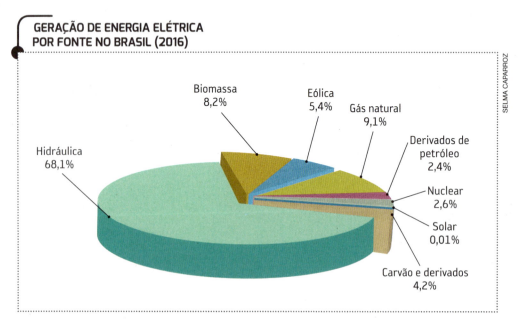

GERAÇÃO DE ENERGIA ELÉTRICA POR FONTE NO BRASIL (2016)

- Hidráulica 68,1%
- Biomassa 8,2%
- Eólica 5,4%
- Gás natural 9,1%
- Derivados de petróleo 2,4%
- Nuclear 2,6%
- Solar 0,01%
- Carvão e derivados 4,2%

Fonte: Gráfico adaptado de BRASIL: Ministério de Minas e Energia. Empresa de Pesquisa Energética. *Balanço energético nacional 2017*: ano base 2016. Rio de Janeiro, 2017. Disponível em: <http://mod.lk/qp9pu>. Acesso em: jul. 2018.

Além das usinas hidrelétricas e das termelétricas, as usinas eólicas e as usinas nucleares podem ser geradoras de energia elétrica. No esquema da página seguinte são apresentadas as principais diferenças e semelhanças entre elas, e são indicados também alguns dos impactos socioambientais relacionados à construção ou à operação dessas usinas.

FORMAS DE GERAÇÃO DE ENERGIA ELÉTRICA

Usinas hidrelétricas

A energia potencial gravitacional associada ao desnível de um volume de água represado é transformada em energia cinética nas quedas-d'água. Ao passar pelo interior das turbinas, a água movimenta geradores, transformando energia cinética em elétrica.

Desvantagens: sua construção modifica a paisagem do local e gera o alagamento de grandes áreas, alterando assim as relações ecológicas entre os seres vivos que nele vivem, além de causar o deslocamento de populações e comunidades estabelecidas na região. É comum que sua construção afete populações ribeirinhas e indígenas.

Acidente de Chernobyl
Vídeo apresenta como o acidente nuclear de Chernobyl afetou a biodiversidade local e pesquisas de cientistas que estudam os efeitos da radioatividade no desenvolvimento dos seres vivos da área afetada.

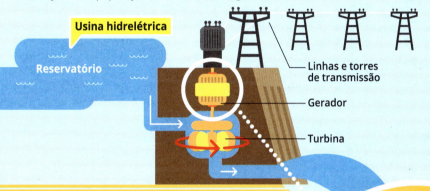

Usinas nucleares

O material combustível usado nas usinas nucleares é o urânio, e com ele é possível converter energia nuclear em energia térmica. O uso do urânio permite o aquecimento da água a temperaturas superiores a 300 °C, convertendo-a em vapor. Assim, o vapor-d'água é utilizado para girar as turbinas e, consequentemente, os geradores, que convertem a energia cinética em elétrica.

Desvantagens: gera resíduos conhecidos como lixo nuclear, que devem ser corretamente guardados em depósitos especiais. Se liberados no ambiente, causam grande impacto na saúde da população e dos demais seres vivos.

Usinas eólicas

Ao aquecer a superfície do planeta, a energia proveniente do Sol provoca a movimentação de massas de ar, originando os ventos. Ao passar pelas hélices das turbinas eólicas, o vento transfere energia cinética para elas, fazendo-as girar. Esse movimento é transmitido para um gerador, que converte a energia cinética em elétrica.

Desvantagens: custo elevado de instalação, além de causar poluição sonora, prejudicando a população que vive na localidade. Estão sob estudo os possíveis impactos causados no comportamento de aves que habitam a região onde essas usinas são instaladas.

Usinas termelétricas

A queima de combustível, em geral carvão mineral, óleo, biomassa ou gás natural, converte energia química em energia térmica, usada na vaporização da água da caldeira. Esse vapor passa por tubulações e faz girar uma turbina conectada ao gerador, que converte energia cinética em elétrica. No Brasil, geralmente, as usinas termelétricas assumem o papel das hidrelétricas quando a geração de energia elétrica fica comprometida devido ao baixo nível de água dos reservatórios.

Desvantagens: a queima de combustíveis fósseis libera na atmosfera diversos componentes, entre eles gases que intensificam o efeito estufa. Causam, portanto, um significativo impacto ambiental.

(Imagens sem escala; cores-fantasia.)

Elaborados com base em:
ZITZEWITZ et al. *Physics*: principles and problems. Ohio: Mc-Graw Hill/Glencoe, 2009; COMPANHIA ESTADUAL DE ENERGIA ELÉTRICA/RIO GRANDE DO SUL. Disponível em: <http://mod.lk/yrriv>; CENTRO DE REFERÊNCIA PARA AS ENERGIAS SOLAR E EÓLICA SÉRGIO DE S. BRITO. Disponível em: <http://mod.lk/gryii>; UNITED STATES GEOLOGICAL SURVEY. Disponível em: <http://mod.lk/skm6o>. Acessos em: jul. 2018.

O USO DA ENERGIA SOLAR

A geração de energia elétrica por meio da captação da energia solar vem crescendo nos últimos anos – tanto em termos de pesquisa e desenvolvimento quanto em quantidades de usinas em funcionamento.

Em geral, as usinas nas quais essa transformação é feita são compostas de espelhos móveis espalhados por uma grande área. Esses espelhos refletem a luz solar em direção ao topo de uma torre, onde se localiza uma caldeira com água ou outro fluido. O aquecimento da água a converte em vapor, que circula por tubulações e aciona uma turbina ligada a um gerador, produzindo eletricidade.

Uma das principais desvantagens é o alto custo inicial para a instalação da usina e o início das operações.

A energia solar pode ser também convertida diretamente em energia elétrica por meio do uso de dispositivos denominados células fotovoltaicas, ou células solares. Elas podem ser instaladas, inclusive, em residências e prédios comerciais. A energia elétrica gerada por meio das células fotovoltaicas pode ser usada no funcionamento de diversos equipamentos elétricos residenciais (lâmpadas, rádio, refrigerador etc.). O alto custo para a instalação desses painéis ainda é um fator limitante para seu uso amplo.

GERAÇÃO DE ENERGIA SOLAR

Controlados por computador, os espelhos móveis acompanham o movimento do Sol ao longo do dia. A temperatura no interior da caldeira pode superar os 500 °C. (Imagem sem escala; cores-fantasia.)

Fonte: Adaptado de INSTITUTO BRASILEIRO DE INFORMAÇÃO EM CIÊNCIA E TECNOLOGIA. *Como funciona?* Disponível em: <http://mod.lk/dlpis>. Acesso em: jul. 2018.

DE OLHO NO TEMA

- As usinas hidrelétricas utilizam como fonte de energia um recurso renovável e não emitem poluentes na atmosfera como as usinas termelétricas. Por esses motivos, podemos dizer que elas não geram impactos ambientais e que apresentam mais vantagens em relação às demais usinas geradoras de energia elétrica?

COLETIVO CIÊNCIAS

Usina de ondas

A busca e a implementação de fontes de energia ecologicamente corretas envolvem grupos multidisciplinares que podem contar com físicos, geólogos, engenheiros de diversas especialidades, políticos, entre outros. Um exemplo disso é a primeira usina de ondas da América Latina, construída no porto de Pecém, a 60 km de Fortaleza, Ceará. A usina de ondas do Pecém foi idealizada e projetada por pesquisadores da Universidade Federal do Rio de Janeiro e contou com o apoio de empresas e do governo do Ceará. O objetivo do projeto é comprovar que a energia cinética associada ao movimento das ondas do mar é uma alternativa viável para a produção de eletricidade. Assim como o Brasil, outros países também estão realizando pesquisas nessa área.

ATIVIDADES — TEMAS 1 A 3

ORGANIZAR O CONHECIMENTO

1. Quais são as principais formas de energia associadas às situações relacionadas abaixo?
   a) Jogadora de futebol chutando uma bola.
   b) Automóvel acelerando.
   c) Atleta praticando salto em altura.
   d) Bateria de um telefone celular sendo carregada.

2. Reescreva as frases abaixo, corrigindo-as quando necessário.
   a) Toda energia gerada pelo Sol é utilizada no aquecimento da Terra.
   b) O petróleo é formado facilmente, por isso seus derivados constituem a principal fonte de energia no mundo.
   c) A energia solar aquece a superfície do planeta e contribui para a formação dos ventos, que são utilizados para a geração de energia elétrica.

3. Identifique nas sentenças da atividade anterior as fontes de energia à quais elas se referem. Indique se são fontes de energia renováveis ou não renováveis.

4. Alguns modelos de chaleira possuem um tipo de apito por onde passa o vapor-d'água, emitindo um som que avisa quando a água entra em ebulição. Liste os tipos de energia envolvidos nesse processo e explique as transformações de energia que ocorrem.

ANALISAR

5. (Enem) Deseja-se instalar uma estação de geração de energia elétrica em um município localizado no interior de um pequeno vale cercado de altas montanhas de difícil acesso. A cidade é cruzada por um rio, que é fonte de água para consumo, irrigação das lavouras de subsistência e pesca. Na região, que possui pequena extensão territorial, a incidência solar é alta o ano todo. A estação em questão irá abastecer apenas o município apresentado. Qual forma de obtenção de energia, entre as apresentadas, é a mais indicada para ser implantada nesse município de modo a causar o menor impacto ambiental?
   a) Termelétrica, pois é possível utilizar a água do rio no sistema de refrigeração.
   b) Eólica, pois a geografia do local é própria para a captação desse tipo de energia.
   c) Nuclear, pois o modo de resfriamento de seus sistemas não afetaria a população.
   d) Fotovoltaica, pois é possível aproveitar a energia solar que chega à superfície do local.
   e) Hidrelétrica, pois o rio que corta o município é suficiente para abastecer a usina construída.

COMPARTILHAR

6. Segundo dados do Conselho Global de Energia Eólica (ou Global Wind Energy Council, GWEC), o Brasil se posicionou, em 2016, como o maior produtor de energia eólica da América Latina.

Parque eólico em Traíri, CE (2017).

Em grupos, realizem uma pesquisa sobre o motivo de a região Nordeste se destacar na produção de energia eólica no Brasil. Em seguida, organizem um debate na escola para discutir a tendência do uso de energias renováveis no Brasil e no mundo; se possível, convidem o professor de Geografia para ser um dos mediadores da discussão. Elejam um colega para registrar os principais tópicos discutidos e, após o debate, disponibilizem-nos no *blog* da turma ou no mural da escola.

ATITUDES PARA A VIDA

- **Pensar e comunicar-se com clareza**

  Ao expor suas ideias, procure sempre evitar termos imprecisos e vagos, ou então muito generalistas. Quando você enriquece as linguagens oral e escrita, você melhora sua habilidade de fazer críticas sobre o que ouve, lê ou vê.

PENSAR CIÊNCIA

Hawking e a divulgação científica

Nascido em 8 de janeiro de 1942, no aniversário de 300 anos da morte do cientista italiano Galileu Galilei, este menino não imaginaria o quanto suas contribuições no campo da divulgação científica seriam fundamentais. Vindo de uma família de intelectuais, com pai médico especialista em doenças tropicais e mãe ativista do Partido Liberal, o inglês Stephen William Hawking desde muito cedo se interessou pela Ciência. Sua paixão por Matemática fez com que ele e alguns colegas construíssem um computador primitivo em 1958.

Em 1962, formou-se em Física na Universidade de Oxford, seguindo para o doutorado em Cosmologia na Universidade de Cambridge, onde presidiu o Departamento de Cosmologia Teórica até 2018.

Aos 21 anos de idade, Hawking foi diagnosticado com uma doença congênita muito grave que paralisou grande parte dos músculos do seu corpo, fazendo com que o cientista necessitasse desde então do auxílio de uma cadeira de rodas. Em 1985, contraiu uma pneumonia que acabou afetando suas cordas vocais e o levou a usar um sistema sintetizador de voz para se comunicar.

Em 1988, publicou o livro *Uma breve história do tempo: do Big Bang aos buracos negros*, no qual explica a evolução de seu pensamento sobre o cosmos para o público em geral e que se tornou um dos livros de divulgação científica de maior sucesso de todos os tempos.

A doença de Stephen Hawking não atingiu sua capacidade intelectual. Ele passou praticamente toda a sua vida estudando e produzindo conhecimento. Por sua fama e prestígio, fez participações em filmes e seriados de televisão. Em 2014, sua história foi contada no filme *A teoria de tudo*.

Stephen Hawking faleceu em 14 de março de 2018.

Stephen Hawking, em foto de 2013. Ao longo da vida, sua produção científica foi intensa e importante.

ATIVIDADES

1. Você acredita que a Ciência estudada nas universidades deve chegar à sociedade? Qual é a importância da divulgação científica?
2. Stephen Hawking foi um pesquisador bastante importante no meio acadêmico, mas ficou conhecido por seus livros de divulgação científica para o grande público. Converse com seus colegas e apontem quais características um livro de divulgação científica deve ter para ser atrativo para o público.

TEMA 4

TRABALHO E POTÊNCIA

A realização de trabalho envolve transformações de energia.

O QUE É TRABALHO

No dia a dia, geralmente utilizamos o termo "trabalho" em referência a um emprego ou a uma tarefa que precisamos executar. Em Física, o termo **trabalho** (representado pela letra grega τ; lê-se *tau*) refere-se à ação de uma força e à transformação de energia.

Se um corpo é deslocado na mesma direção de uma força aplicada sobre ele, dizemos que essa força realizou trabalho, que pode ser calculado multiplicando-se a intensidade da força (**F**) pelo deslocamento do corpo (Δs).

$$\tau = F \cdot \Delta s$$

A unidade de medida de trabalho, no SI, é o joule (J), sendo a força medida em newton (N) e o deslocamento em metro (m).

O trabalho e a energia têm a mesma unidade de medida (J), o que demonstra que esses conceitos guardam alguma relação entre si. De fato, o trabalho é uma medida da transformação de um tipo de energia em outro, isto é, sempre que uma força realiza trabalho, ocorre transformação de energia.

Voltemos ao exemplo das competições de tiro com arco. Quando o atleta apoia a flecha no cordão do arco e o puxa, a força aplicada pela mão da pessoa realiza trabalho sobre o arco, assim o deforma ao puxar o cordão que é deslocado para trás. Nesse movimento, a energia química associada aos músculos do atleta é transformada em energia potencial elástica, que fica armazenada no conjunto arco e cordão que estão tensionados. Ao ser solto, o cordão que está tensionado aplica sobre a flecha uma força que realiza trabalho, transformando a energia potencial elástica armazenada em energia cinética. Dessa forma, a flecha é disparada e se move em direção ao alvo.

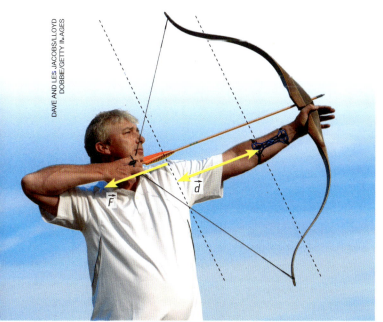

A força aplicada pelo arqueiro sobre o cordão realiza trabalho ao transformar energia química dos múculos do atleta em energia potencial elástica no arco.

Assim, uma força sempre realiza trabalho quando produz deslocamento de um corpo na direção em que é aplicada.

CÁLCULO DO TRABALHO

CALCULANDO TRABALHO

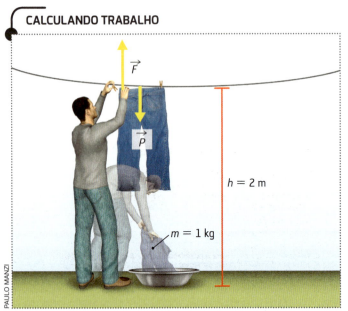

Algumas forças estão envolvidas no ato de pendurar roupas. (Imagem sem escala; cores-fantasia.)

Observe a imagem acima. Para erguer a peça de roupa na altura do varal, a força aplicada pelo homem realiza um trabalho. Como determinar a quantidade de trabalho realizada por essa força?

Para levantar a peça de roupa, supondo que a velocidade seja constante, a força aplicada pelo homem deve ser, em módulo, igual à força peso exercida pela calça. Dessa maneira, temos:

$$|F| = |P|$$

Como a força peso é dada por $P = m \cdot g$, temos:

$$F = m \cdot g \Rightarrow 1 \text{ kg} \cdot 10 \frac{m}{s^2} = 10 \text{ N}$$

Desse modo, o trabalho é calculado multiplicando-se a força (aplicada pelo homem) pelo deslocamento, que no caso é a altura do varal:

$$\tau = F \cdot d = 10 \text{ N} \cdot 2 \text{ m} = 20 \text{ J}$$

Note que: $1 \text{ J} = 1 \text{ N} \cdot \text{m}$

O QUE É POTÊNCIA

Ao subir escadas, as pessoas percebem que é mais cansativo percorrer os degraus de modo mais rápido do que lentamente. Por que isso acontece?

Vamos analisar essa situação utilizando os conceitos de trabalho e energia. Note que, tanto no modo rápido como no lento, seu corpo é deslocado até a mesma altura, que corresponde à altura da escada; assim, a força aplicada pelos seus pés para levantar seu corpo é a mesma e o deslocamento também. Portanto, o trabalho realizado pela força é igual, com gasto de mesma quantidade de energia. Então, por que você se cansa mais ao subir a escada com maior velocidade?

A velocidade com que você sobe a escada influi nesse cansaço, pois seus músculos precisam transformar a mesma quantidade de energia em um intervalo de tempo menor, isto é, de maneira mais rápida. O conceito físico que mede a transformação de energia por unidade de tempo é a **potência**. Quanto maior a potência, menor é o tempo gasto para realizar um trabalho.

CÁLCULO DA POTÊNCIA

A potência (*Pot*) é calculada dividindo-se o trabalho (τ) ou a variação da energia (Δ*E*) pelo intervalo de tempo (Δ*t*) gasto em sua realização.

$$Pot = \frac{\tau}{\Delta t} \text{ ou } Pot = \frac{\Delta E}{\Delta t}$$

No SI, a unidade de medida de potência é o watt (W), equivalente a 1 joule por segundo (J/s).

Os aparelhos eletrônicos normalmente possuem indicação do valor de sua potência, isto é, da quantidade de energia que consomem por unidade de tempo. Por exemplo, se um televisor tem potência de 80 W, significa que ele transforma 80 J de energia a cada segundo.

Os motores dos carros também apresentam diferentes potências. Esses valores são dados em outra unidade de medida, o cavalo-vapor (cv), sendo que 1 cv equivale a cerca de 735 W. A maioria dos carros populares no Brasil possui motores com potência da ordem de 70 cv ou 51.500 W.

DE OLHO NO TEMA

1. Cite outras situações do cotidiano em que ocorre a realização de trabalho pela ação de uma força.
2. O que faz com que um carro seja mais potente que outro?

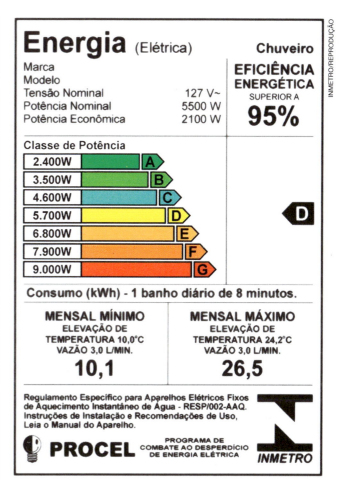

Muitos equipamentos elétricos residenciais apresentam esta etiqueta, que informa ao consumidor qual é a potência e o grau de eficiência energética do aparelho – os mais eficientes são aqueles que têm menor consumo de energia elétrica.

TEMA 5 — CIRCUITOS ELÉTRICOS

Para ligar um aparelho eletrônico, é necessário estabelecer um circuito elétrico.

Após a energia elétrica ser produzida nas usinas geradoras, ela é conduzida e distribuída por meio de linhas e torres de transmissão. Ao chegar às cidades, a energia elétrica passa por equipamentos chamados **transformadores** e segue por uma rede de distribuição até chegar às ruas. Em seguida, a energia elétrica passa mais uma vez por transformadores instalados nos postes antes de chegar às residências e estabelecimentos comerciais, para ser então utilizada.

Quando ligamos um aparelho na tomada, estamos fechando um **circuito elétrico**, que é o conjunto de componentes percorrido pela energia elétrica. Observe a ilustração a seguir.

Um circuito elétrico é basicamente composto de:

- **Gerador**: permite a produção de energia elétrica. As usinas hidrelétricas são exemplos de geradores, bem como as pilhas e baterias usadas no dia a dia.

- **Condutores**: fios ou cabos que permitem a passagem da energia elétrica.

- **Resistor**: componente que controla a passagem da energia elétrica, transformando-a em térmica. O resistor de chuveiros elétricos, por exemplo, emite energia térmica que aquece a água.

- **Interruptor ou chave**: dispositivo que abre ou fecha o circuito, permitindo ou não a passagem da energia elétrica.

REDE ELÉTRICA

Esquema representando o caminho percorrido pela energia elétrica desde sua produção em uma usina até seu uso residencial. (Imagem sem escala; cores-fantasia.)

CIRCUITOS ELÉTRICOS SIMPLES

Um circuito elétrico simples pode ser formado por uma pilha, um soquete, três pedaços de fio condutor, uma lâmpada e uma chave.

Trilha de estudo
Vai estudar? Nosso assistente virtual no *app* pode ajudar!
<mod.lk/tr8u07>

AS DIFERENTES REPRESENTAÇÕES DE UM CIRCUITO ELÉTRICO

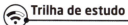

Três diferentes formas de representar um circuito elétrico simples. Nas duas últimas imagens, a pilha (gerador) é sinalizada pela letra G, a lâmpada (resistor) pela letra R e a chave que fecha ou abre o circuito por Ch. (**A**) Fotografia. (**B**) Ilustração. (Imagens sem escala; cores-fantasia.) (**C**) Representação simbólica.

Fonte: ZITZEWITZ et al. *Physics: principles and problems.* Ohio: Mc-Graw Hill/Glencoe, 2009.

Quando todos os componentes de um circuito elétrico estão conectados, ele está fechado e, nesse caso, ocorrem as transformações associadas à energia elétrica. Porém, se um dos componentes não estiver conectado, o circuito fica aberto e não há a passagem de corrente elétrica. Geralmente, os circuitos elétricos têm um interruptor ou chave, que permite fechar ou abrir o circuito.

Em um circuito elétrico que apresenta pilha, quando a chave é fechada, a energia química associada às transformações que ocorrem na pilha é convertida em energia elétrica, que percorre o fio condutor. Ao chegar à lâmpada, a energia elétrica é convertida em energia térmica e luminosa, o que a faz emitir luz e calor.

CIRCUITOS ELÉTRICOS EM SÉRIE E EM PARALELO

Os componentes que constituem um circuito podem ser ligados de diferentes formas, de acordo com as nossas necessidades. Algumas delas são:

- O circuito elétrico **conectado em série** é aquele no qual os componentes, como os resistores, estão colocados sequencialmente. A corrente elétrica que passa por um componente é a mesma que passará pelo seguinte. Pode-se dizer que existe apenas um caminho para a corrente elétrica.

- No caso mais simples de um circuito **conectado em paralelo**, dois ou mais componentes estão ligados entre dois pontos em comum, que são os polos de um gerador. Nesse caso, a corrente que passa por um componente pode não ser a mesma que passa pelos outros.

No circuito em série ao lado, se uma lâmpada for retirada ou queimar, todas se apagam, pois a passagem da corrente elétrica é interrompida. Já no circuito em paralelo, se uma lâmpada queimar ou for retirada, as outras permanecem acesas.

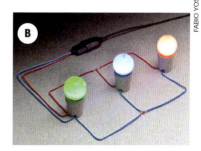

(**A**) Circuito com lâmpadas conectadas em série. (**B**) Circuito com as mesmas lâmpadas conectadas em paralelo.

DE OLHO NO TEMA

- Como deve ser a ligação das lâmpadas em uma residência: em série ou em paralelo? Explique sua resposta.

ATIVIDADES

TEMAS 4 E 5

ORGANIZAR O CONHECIMENTO

1. Observe os dispositivos mostrados a seguir.

- Determine quais deles representam:
a) o condutor.
b) o resistor.
c) o interruptor.

2. Ao analisar dois carros, uma pessoa percebeu que havia uma marcação de "70 cv" em um e "83 cv" em outro. O que essa marcação representa e que diferença ela indica entre os carros?

3. Determine a energia elétrica gasta por um chuveiro de potência 4.400 W, que funciona 1 hora por dia, durante 1 mês (30 dias).

ANALISAR

4. Observe a tabela abaixo com os valores da potência aproximada de alguns equipamentos elétricos.

Equipamento	Potência (em Watt)
Forno micro-ondas	2.000
Batedeira	100
Chuveiro elétrico	5.500
Espremedor de frutas	200

- Responda:
a) Se todos esses aparelhos funcionarem 15 minutos por dia em uma residência, qual deles será responsável pela maior parcela do consumo de energia elétrica? Por quê?
b) Suponha que o espremedor de frutas permaneça ligado durante 4 horas em um único dia. Nesse caso, quanto tempo o chuveiro levaria para ultrapassar o consumo de energia do espremedor?

5. Observe o circuito elétrico e responda às questões.

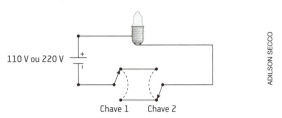

a) Na situação representada acima, a lâmpada está acesa ou apagada?
b) O que acontece se qualquer uma das chaves for mudada? Explique.

6. Observe atentamente esta representação de circuito elétrico.

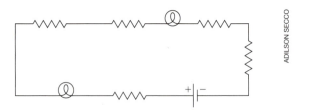

No esquema, cada símbolo representa um componente elétrico do circuito, tal como mostra a tabela a seguir.

Componente	Símbolo
Lâmpada	⊗
Resistor	—⋀⋁⋀—
Gerador	—+∣−—

- Agora, responda:
a) As lâmpadas estão ligadas em série ou em paralelo?
b) Quantos geradores tem o circuito?
c) Se uma das lâmpadas queimar, a outra continuará funcionando? Por quê?

7. Suponha que você disponha de 3 lâmpadas iguais, 1 pilha e fios condutores para montar um circuito. Converse com um colega e discutam maneiras de montá-lo em série e em paralelo. Desenhe um esquema para cada um deles.

EXPLORE
CONSTRUINDO CIRCUITOS ELÉTRICOS

Mais questões no livro digital

Nesta atividade, você e seu grupo vão montar dois tipos de circuitos comuns nas ligações residenciais, um em série e outro em paralelo, e comparar algumas de suas características.

MATERIAL

- Fio de cobre
- 2 pilhas AA de 1,5 V
- 2 lâmpadas pequenas, como as de uma lanterna, de 3 V
- 1 interruptor simples
- 1 rolo fino de fita isolante
- Tesoura com pontas arredondadas

PROCEDIMENTO DE MONTAGEM

Conectem as 2 pilhas em sequência e fixem-nas com fita isolante para que não escapem. Conectem a ponta de um fio em uma extremidade como na imagem. Essa montagem será utilizada nos circuitos.

Pilhas ligadas em série.

Façam anotações para comparar o funcionamento dos circuitos. Elas serão importantes para a resolução das atividades.

Façam um circuito equivalente ao apresentado na imagem abaixo. Notem que as lâmpadas devem estar em sequência, ou seja, em série. Observem a intensidade do brilho das lâmpadas. Então, desconectem o terminal de uma delas e verifiquem o que acontece.

MODELO DE CIRCUITO EM SÉRIE

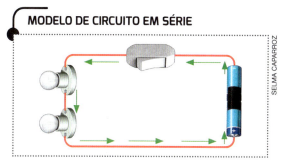

(Imagem sem escala; cores-fantasia.)

Façam uma nova montagem, conforme o modelo a seguir. Observem a intensidade do brilho das lâmpadas. Então, desconectem o terminal de uma delas e verifiquem o que acontece.

MODELO DE CIRCUITO EM PARALELO

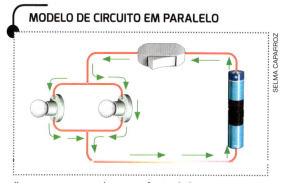

(Imagem sem escala; cores-fantasia.)

ATIVIDADES

ORGANIZAR O CONHECIMENTO

1. Identifiquem quais são os elementos do circuito e faça uma representação dele. Qual é a função de cada um desses elementos?

INVESTIGAR

2. Em quais casos as lâmpadas acenderam? Quais foram os procedimentos necessários para que a ligação funcionasse?

3. O que aconteceu, em cada montagem, quando os terminais foram desconectados?

4. Comparem o brilho das lâmpadas nas duas montagens. Em qual delas a intensidade foi maior? Por quê?

191

ATITUDES PARA A VIDA

Selo Procel

O Selo Procel de Economia de Energia, ou simplesmente Selo Procel, tem como finalidade ser uma ferramenta simples e eficaz que permite ao consumidor conhecer, entre os equipamentos e eletrodomésticos à disposição no mercado, os mais eficientes e que consomem menos energia.

Criado pelo Programa Nacional de Conservação de Energia Elétrica – Procel, programa do Governo Federal executado pela Eletrobras, o Selo Procel foi instituído por Decreto Presidencial em 8 de dezembro de 1993.

A partir de sua criação, foram firmadas parcerias junto ao Inmetro, a agentes como associações de fabricantes, pesquisadores de universidades e laboratórios, com o objetivo de estimular a disponibilidade, no mercado brasileiro, de equipamentos cada vez mais eficientes.

Para isso, são estabelecidos índices de consumo e desempenho para cada categoria de equipamento. Cada equipamento candidato ao Selo deve ser submetido a ensaios em laboratórios indicados pela Eletrobras. Apenas os produtos que atingem esses índices são contemplados com o Selo Procel.

Então, ao adquirir um novo equipamento, procure sempre pelo Selo! Além de contribuir para o consumo sustentável de energia, você também vai economizar na conta de luz.

O Selo Procel ajuda a identificar aparelhos que consomem menos energia elétrica.

Fonte: CENTRO BRASILEIRO DE INFORMAÇÃO DE EFICIÊNCIA ENERGÉTICA. *Selo Procel*. Procel Info. Disponível em: <http://mod.lk/xr6hb>. Acesso em: jul. 2018.

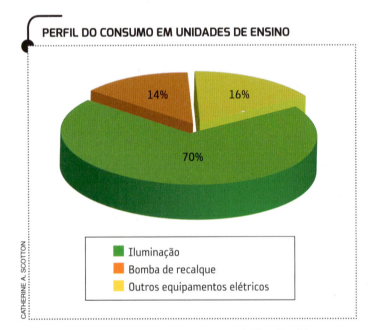

PARTICIPAÇÃO DE APARELHOS NO CONSUMO TOTAL DE ENERGIA	
Aparelho	Porcentagem do consumo mensal
Chuveiro	25% a 35%
Ar-condicionado	15%
Lâmpadas	15% a 25%
Televisor	6%
Geladeira	25% a 30%

Fonte: CPFL ENERGIA. Dicas de consumo inteligente. Disponível em: <http://mod.lk/cjd48>. Acesso em jul. 2018.

A figura acima mostra como é distribuído o consumo de energia elétrica por usos finais numa escola. [Bomba de recalque está relacionada com o sistema de água e de esgotos da escola] [...].

Fonte: GOVERNO DO ESTADO DE SÃO PAULO. *Manual de Economia de Energia Elétrica na Escola*. Disponível em: <http://mod.lk/idec6>. Acesso em: jul. 2018.

TROCAR IDEIAS SOBRE O TEMA

1. Qual é a importância de economizar energia elétrica?

2. Você tem o costume de se informar sobre o consumo de energia elétrica de um aparelho? Em sua casa, as pessoas levam esse fator em consideração ao comprar um eletrodoméstico?

3. Que medidas podem ser tomadas para diminuir o consumo de energia elétrica de aparelhos eletrônicos de uso doméstico?

COMPARTILHAR

4. Forme um grupo com colegas e elaborem um material informativo que aponte maneiras de reduzir o consumo de energia elétrica na escola. Ele pode abordar qualquer aspecto, como a eficiência dos aparelhos eletrônicos utilizados; o desperdício de energia elétrica, seja por parte dos professores, dos alunos ou dos funcionários; alterações que permitam utilizar menor quantidade de lâmpadas; melhor uso de recursos naturais; se há uso de ar-condicionado e se ele é necessário etc.
Para esta atividade, procurem imaginar, criar e inovar.

- Vocês podem começar definindo qual aspecto da redução do consumo de energia gostariam de abordar. Listem vários fatores relacionados a ele. A partir dessa reflexão, proponham mudanças e melhorias.

- Procurem responder a algumas questões básicas, por exemplo: existem soluções tradicionais que podem ser aplicadas? A escola permitiria ou teria condições de aplicá-las?

- Procurem saber também a respeito de soluções inovadoras: elas seriam viáveis para a escola?

- A partir das mudanças e dos novos pontos de vista propostos, levantem formas de mobilizar a comunidade escolar. O cotidiano dessas pessoas seria alterado? De que forma?

COMO EU ME SAÍ?

- Busquei informações adicionais para resolver as atividades?
- Trouxe ideias e argumentos novos para desenvolver o material?
- O material desenvolvido é inovador ou é similar a outros que conheço?
- As ideias propostas surpreenderam as pessoas?

193

COMPREENDER UM TEXTO

Texto 1

Acabou a era da gasolina?

Uma nova megalópole ao lado de Pequim funcionará apenas com energias renováveis. Na Noruega, não se poderá comprar um carro a gasolina ou diesel a partir de 2025 – e a China também se prepara para vetar esse tipo de motor. A última central de carvão do Reino Unido será fechada em 2025, ou até antes, porque o país está abandonando esse combustível em um tempo recorde. A Europa se comprometeu a reduzir, até 2050, entre 80% e 95% suas emissões de gases do efeito estufa, produzidos principalmente pela queima de combustíveis fósseis. Cerca de 170 países têm metas estabelecidas para a implantação de energias renováveis... Algo está ocorrendo no mundo. Para alguns, são sinais de uma transição. Outros falam de revolução. E uma infinidade de estudos de organismos internacionais aponta para o mesmo lugar: uma mudança na maneira de produzir a energia que alimenta nossas economias.

Queimar carvão, queimar petróleo, queimar gás... o Ocidente alcançou níveis inéditos de desenvolvimento com base na combustão. "Em apenas 200 anos extraímos da terra combustíveis que são resultado de milhões de anos de fossilização", diz Antonio Soria. "Era evidente que isso teria consequências", acrescenta o responsável pela Unidade de Economia de Energia, Mudança Climática e Transporte do Centro Comum de Pesquisa da Comissão Europeia.

Estes dois séculos da era da combustão desencadearam um problema global: a mudança climática, que afeta tanto os países desenvolvidos (que são desenvolvidos graças ao uso destes combustíveis fósseis) como os menos desenvolvidos, que não se beneficiaram deste progresso, mas sofrem mais por ter menos recursos para enfrentar o aquecimento global.

[...]

O carvão reduziu sua participação no *mix* energético mundial e o uso do petróleo se estagnou. Paralelamente, a implantação de novas energias renováveis (solar e eólica) está disparando, graças principalmente aos avanços tecnológicos que baratearam seus custos.

[...]

Mas não nos enganemos. Se isso for uma transição (ou revolução), estamos apenas no início. "São necessárias décadas para fazer a mudança", adverte Canadell [Pep Canadellautor de estudos sobre petróleo, gás e carvão]. Porque a humanidade nunca queimou tantos combustíveis fósseis como agora. Nem emitiu tantos gases do efeito estufa. E as energias renováveis representam apenas 18% de toda a energia consumida pelo homem. Grande parte dessa cota corresponde à energia produzida pelas usinas hidrelétricas e pela biomassa.

[...]

Fonte: PLANELLES, M. Acabou a era da gasolina? *El país*, 24 set. 2017. Disponível em: <http://mod.lk/asnhp>. Acesso em: jul. 2018.

O petróleo foi uma das principais fontes de energia no desenvolvimento da humanidade, porém também é uma fonte de poluentes. Assim, é necessário o desenvolvimento de fontes que gerem energia sem os problemas causados pelo uso do petróleo.

Texto 2

Energias renováveis e eficiência energética são metas para o Brasil

[...] O Brasil tem pouco mais de 40% de sua energia gerada por fontes renováveis. Em relação à geração de eletricidade, as hidrelétricas são as principais forças, responsáveis por 64% da produção. No entanto, a matriz ainda pouco diversificada não garante segurança energética, resultando muitas vezes em problemas de abastecimento, como a crise enfrentada pelo Brasil em 2015.

[...] O país ainda caminha lentamente para disseminação de fontes alternativas de energia, ao contrário de países da Europa como a Alemanha, onde a necessidade de reduzir as emissões de gases de efeito estufa e o pouco potencial para gerar algumas energias renováveis levaram ao desenvolvimento de uma matriz renovável, como a fotovoltaica (solar) ou a eólica. [...]

Fonte: SINIMBU, F. Energias renováveis e eficiência energética são metas para o Brasil. *Agência Brasil*, 5 jun. 2017. Disponível em: <http://mod.lk/urwfm>. Acesso em: jul. 2018.

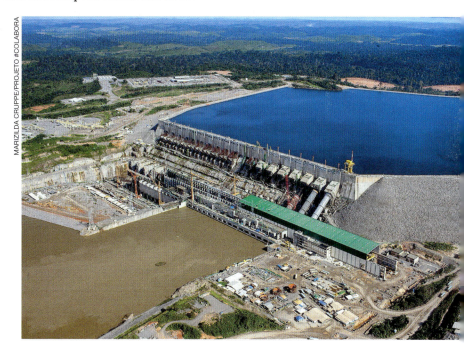

A Usina de Belo Monte foi construída em meio a diversas polêmicas ambientais, sociais e econômicas. Esse tipo de usina tem grande participação na produção energética brasileira (Vitória do Xingu, PA, 2016).

ATIVIDADES

OBTER INFORMAÇÕES

1. No texto 1, há a seguinte frase: "Em apenas 200 anos extraímos da terra combustíveis que são resultado de milhões de anos de fossilização". O que podemos afirmar sobre o tipo de combustível mencionado nesse trecho do texto?

2. Há algum indício de preocupação dos países com os gases do efeito estufa gerados pelo consumo de combustíveis fósseis?

INTERPRETAR E REFLETIR

3. De acordo com os textos, com o desenvolvimento de fontes de energia renováveis, é possível dizer que as fontes de energia fósseis foram abandonadas?

PESQUISAR E COMPARTILHAR

4. Pesquisem, em grupos, o que é o Acordo de Paris e qual é sua importância, bem como a dos países que são signatários e a dos que não são. Depois, façam um debate, refletindo se o Brasil deveria participar dele ou não.

UNIDADE 8

SOL, TERRA E LUA

POR QUE ESTUDAR ESTA UNIDADE?

Conhecer o Sol, a Lua e as características da Terra ajuda a compreender as condições que favorecem a existência da vida no planeta e os fenômenos naturais que influenciam todos os seres vivos, como as estações do ano, e os diversos fatores que atuam no clima do mundo.

Observadores durante eclipse solar. Ao observar esse fenômeno, não se deve olhar diretamente para o Sol, pois isso pode danificar a visão (Reino Unido, 2015).

ATITUDES PARA A VIDA

- Pensar e comunicar-se com clareza
- Esforçar-se por exatidão e precisão

COMEÇANDO A UNIDADE

1. Que razões podem ter estimulado o ser humano a buscar compreender o fenômeno das estações do ano?
2. Você conhece algum movimento que a Terra realiza? Se sim, sabe qual é sua implicação no cotidiano?
3. Qual é a utilidade da previsão do tempo?

TEMA 1

ROTAÇÃO E TRANSLAÇÃO DA TERRA

O planeta Terra realiza um complexo movimento, que pode ser dividido em componentes, como a rotação e a translação.

O MOVIMENTO DE ROTAÇÃO

A **rotação** é o movimento que o planeta Terra realiza em torno de seu próprio eixo. O eixo terrestre corresponde a uma linha reta imaginária que passa pelo centro da Terra e atravessa o planeta do Polo Norte ao Polo Sul. Esse eixo está inclinado em relação ao plano da órbita da Terra ao redor do Sol.

O movimento de rotação é responsável pela sucessão dos dias e das noites. Enquanto em uma face do planeta é dia, pois está sendo iluminada pelo Sol, na face oposta é noite, pois nesse momento o Sol não a ilumina.

O movimento de rotação é realizado no sentido oeste-leste e dura aproximadamente 24 horas, tempo que corresponde a uma volta completa do planeta em torno de seu eixo.

Um observador fixo, na superfície terrestre, tem a impressão de que o Sol muda de posição no céu ao longo do dia. Embora tenha a sensação de movimentação do Sol, é a Terra que se move. Esse fenômeno é conhecido como movimento aparente do Sol. Como a Terra se movimenta de oeste para leste, a região leste da superfície é a primeira a receber a luz solar. Por essa razão, o Sol nasce na região leste e se põe na região oeste.

INCLINAÇÃO DO EIXO DE ROTAÇÃO DA TERRA

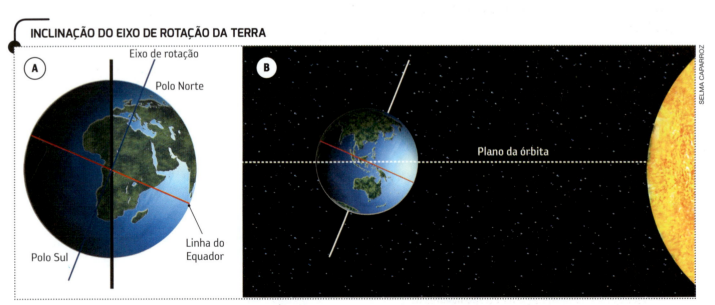

(A) O eixo de rotação da Terra é inclinado. **(B)** Essa inclinação se dá em relação ao plano da órbita ao redor do Sol; a metade iluminada do planeta não corresponde à metade definida pelo eixo de rotação. (Imagem sem escala; cores-fantasia.)

Fonte: UNIVERSIDADE FEDERAL DO RIO GRANDE DO SUL (UFRGS). Disponível em: <http://mod.lk/oe0yu>. Acesso em: maio 2018.

198

MOVIMENTO APARENTE DO SOL

Movimento aparente do Sol no céu visto por um observador localizado na latitude 40°. (Imagem sem escala; cores-fantasia.)

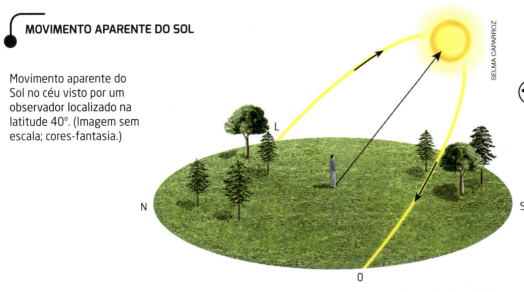

A Terra em sua órbita em torno do Sol

Material que mostra, de modo interativo, como a posição relativa entre a Terra e o Sol e a latitude do observador afetam na inclinação e quantidade de luz que atinge a superfície terrestre.

Fonte: UNIVERSIDADE FEDERAL DO RIO GRANDE DO SUL (UFRGS). Disponível em: <http://mod.lk/1wv3h>. Acesso em: jul. 2018.

O MOVIMENTO DE TRANSLAÇÃO

O movimento que a Terra e os outros planetas do Sistema Solar realizam ao redor do Sol é denominado **translação**. Para completar esse trajeto, a Terra demora aproximadamente 365 dias e 6 horas, cerca de um ano. Foi no Egito Antigo que se convencionou adotar, a cada quatro anos, um dia a mais no calendário para compensar as seis horas restantes. Assim, nasceu a ideia do **ano bissexto**, que é um ano com 366 dias. A cada quatro anos, a soma das seis horas restantes em cada ano forma um dia completo (4 anos × 6 horas por ano = 24 h). Por isso, a cada quatro anos, o mês de fevereiro tem 29 dias.

A Terra tem formato esférico. Assim, os raios solares atingem o planeta com ângulos diferentes, fazendo com que a intensidade de luz solar varie de uma região para outra.

(**A**) Em razão do formato esférico da Terra os raios solares não atingem a superfície terrestre de maneira uniforme.
(**B**) Nas regiões próximas ao Equador, os raios solares incidem sobre a Terra formando um ângulo próximo de 90° com a superfície do planeta. (**C**) Quando nos deslocamos da região do Equador para os polos, esse ângulo diminui, fazendo com que os raios solares atinjam a Terra com menos intensidade. A luminosidade e o calor recebidos em regiões equatoriais são maiores do que nas regiões polares. (Imagem sem escala; cores-fantasia.)

Fonte: UNIVERSIDADE FEDERAL DO RIO GRANDE DO SUL (UFRGS). Disponível em: <http://mod.lk/1wv3h>. Acesso em: jul. 2018.

AS ESTAÇÕES DO ANO

Ao longo do ano, podemos sentir e observar as variações de temperatura, do aspecto da vegetação, do vento e da quantidade de chuva. Dependendo da região considerada, o conjunto dessas características pode identificar uma estação do ano. Em alguns lugares, as mudanças na paisagem variam a cada estação; em outros, as mudanças são sutis. Cada estação do ano (verão, outono, primavera e inverno) dura aproximadamente três meses.

As estações de ano estão relacionadas com a intensidade da luz solar que incide sobre determinada região do planeta Terra. A quantidade/intensidade de raios solares que atingem as regiões variam de acordo com a posição que essas regiões estão em relação ao Sol.

Algumas posições específicas da Terra em relação ao Sol são denominadas **solstícios** ou **equinócios**. Nos solstícios, há a maior diferença entre a incidência de raios solares nos hemisférios Norte e Sul. Analisando a imagem da página seguinte, concluímos que isso ocorre no hemisfério Norte no solstício de junho e no hemisfério Sul no solstício de dezembro. Nos equinócios (de março e de setembro), os dois hemisférios estão igualmente iluminados pelo Sol.

Incidir: atingir.

Podemos observar nas imagens algumas mudanças na paisagem a cada estação do ano: (**A**) verão, (**B**) outono, (**C**) inverno e (**D**) primavera. (São Paulo, SP, 2015).

SOLSTÍCIOS E EQUINÓCIOS

Fonte: UNIVERSIDADE FEDERAL DO RIO GRANDE DO SUL (UFRGS). Disponível em: <http://mod.lk/dfaob>. Acesso em: jul. 2018.

Quando a maior parte de determinado hemisfério está voltada para o Sol, os raios solares atingem essa região de forma mais intensa, aquecendo-a. No hemisfério oposto, como a maior parte não está voltada para o Sol, os raios solares incidem mais difusamente e com menos intensidade, o que faz com que a região seja menos aquecida.

ENTRANDO NA REDE

No endereço **http://mod.lk/xwcmy** você encontra um simulador das estações do ano, que facilita sua visualização e compreensão.

Acesso em: jul. 2018.

INCIDÊNCIA DE LUZ NOS HEMISFÉRIOS

Em (**A**) está representado o período do ano em que é inverno no hemisfério Norte e verão no hemisfério Sul, pois a incidência de raios solares é maior no hemisfério Sul. Em (**B**) ocorre o contrário em relação à incidência do Sol. Portanto, é inverno no hemisfério Sul e verão no hemisfério Norte. (Imagem sem escala; cores-fantasia.)

Fonte: UNIVERSIDADE FEDERAL DO RIO GRANDE DO SUL (UFRGS). Disponível em: <http://mod.lk/dfaob>. Acesso em: maio 2018.

DE OLHO NO TEMA

- Que características são responsáveis pelas estações do ano?

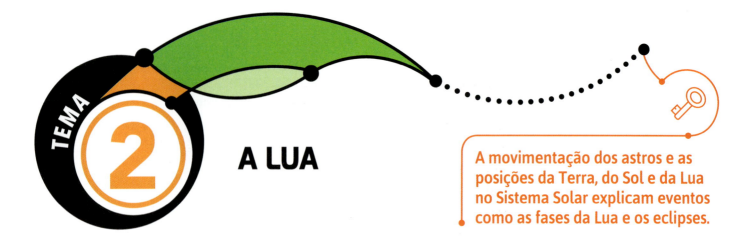

TEMA 2 — A LUA

A movimentação dos astros e as posições da Terra, do Sol e da Lua no Sistema Solar explicam eventos como as fases da Lua e os eclipses.

O MOVIMENTO DA LUA

A Lua é um astro cuja origem ainda é desconhecida. Para alguns estudiosos, ela é um pedaço da Terra que foi separado durante uma colisão com outro astro. Corpos como a Lua, que não possuem luz própria e giram ao redor de outro corpo celeste, como um planeta, são chamados de **satélites**.

Assim como a Terra, a Lua também tem um complexo movimento. Os componentes desse movimento são influenciados principalmente pelo nosso planeta, em razão da distância entre a Lua e a Terra. Dois desses componentes do movimento da Lua são a rotação e a translação. O período de rotação da Lua é de aproximadamente 27 dias. Portanto, sua rotação é mais lenta que a da Terra, que completa uma volta em torno de si mesma em cerca de 24 horas.

A Lua também realiza um movimento de translação em relação à Terra. O período que a Lua leva para dar uma volta completa em torno da Terra também é de 27 dias. O fato de a Lua realizar tanto a translação como a rotação em um mesmo período é responsável por um curioso fenômeno: a face da Lua que está voltada para a Terra é sempre a mesma.

TRANSLAÇÃO DA LUA E DA TERRA

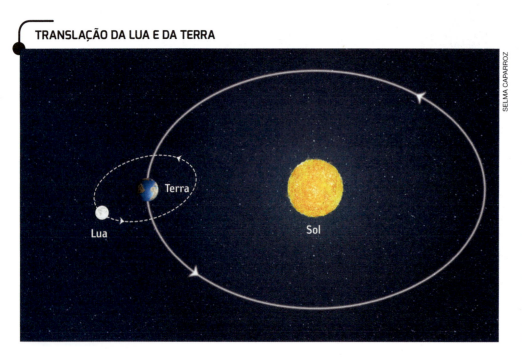

Representação da posição do Sol e das órbitas da Lua e da Terra. A linha tracejada representa o movimento de translação realizado pela Lua ao redor da Terra. A linha contínua representa o movimento de translação da Terra ao redor do Sol. (Imagem sem escala; cores-fantasia.)

Fonte: OLIVEIRA FILHO, K. S.; SARAIVA, M. F. O. *Astronomia & astrofísica*. 4. ed. São Paulo: Editora Livraria da Física, 2017.

AS FASES DA LUA

A Lua não possui luz própria. A luz que ela parece emitir é resultado da reflexão da luz que ela recebe do Sol. Durante seu período de translação ao redor da Terra, podemos enxergar diferentes imagens da Lua, à noite, se observada da Terra, dependendo da posição da pessoa e desse satélite natural em dado momento. O aspecto da parte iluminada da Lua vista por um observador na Terra define o que se chama de **fase da Lua**.

A variação da parte visível da Lua é resumida em quatro fases: nova, crescente, cheia e minguante.

As características de cada fase da Lua são:

Lua nova: um observador na Terra está voltado para a face da Lua que não está iluminada pelo Sol. Por isso, nessa fase não enxergamos a Lua iluminada. Após essa fase, a Lua se desloca em sentido anti-horário e sua face começa a ficar iluminada.

Quarto crescente: um observador na Terra consegue enxergar metade da face da Lua iluminada pelo Sol. Com o passar dos dias, a parte iluminada da sua face fica cada vez maior.

Lua cheia: um observador na Terra consegue ver uma face da Lua inteiramente iluminada. Após essa fase, a porção iluminada começa a diminuir.

Quarto minguante: um observador na Terra consegue enxergar metade da face da Lua iluminada, oposta à face iluminada no quarto crescente. A partir dessa fase, a face iluminada da Lua vai diminuindo até chegar à fase de Lua nova e iniciar um novo ciclo de translação.

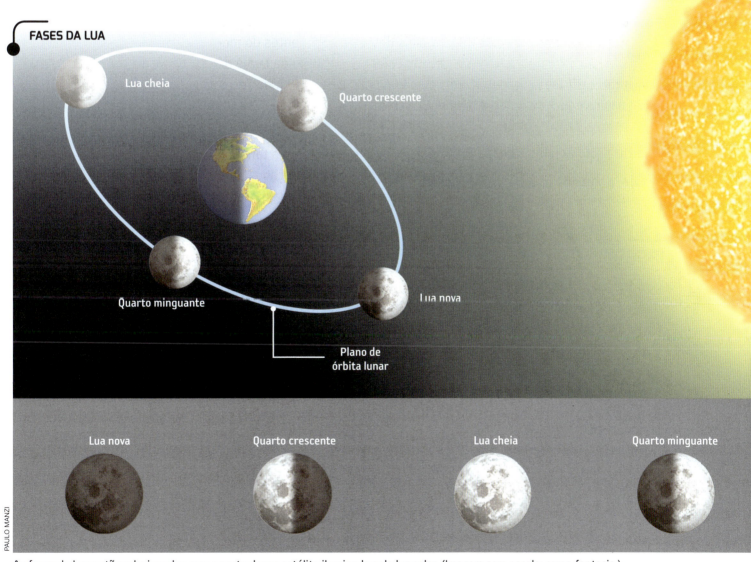

As fases da Lua estão relacionadas com a parte desse satélite iluminada pela luz solar. (Imagem sem escala; cores-fantasia.)

Fonte: OLIVEIRA FILHO, K. S.; SARAIVA, M. F. O. *Astronomia & astrofísica*. 4. ed. São Paulo: Editora Livraria da Física, 2017.

> **VAMOS FAZER**

As fases da Lua

Material

- Caixa de papelão com formato similar a uma caixa de sapatos.
- Bola de isopor com diâmetro aproximado de 2 centímetros.
- Lanterna.
- Linha.

Procedimento

1. Abra um orifício médio em uma das laterais da caixa. Ele deve ter o mesmo diâmetro da lanterna.
2. Abra quatro orifícios pequenos, um em cada uma das laterais da caixa. Na face em que está orifício médio, faça o orifício pequeno sob o maior.
3. Numere os orifícios pequenos. O orifício que está na mesma face do orifício médio deve ser o 1; gire a caixa para a direita e numere os orifícios 2, 3 e 4.
4. Pinte de preto as faces internas da caixa.
5. Encaixe a lanterna no orifício médio da caixa.
6. Fixe a bola de isopor no fundo da caixa, com a linha, de modo que ao virar a caixa de cabeça para baixo a bolinha fique pendurada e na altura dos orifícios menores.

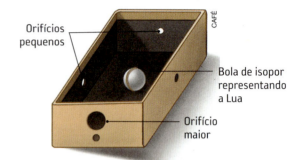

7. Vire a caixa de cabeça para baixo, acenda a lanterna e observe a bola a partir de cada um dos orifícios.
8. Represente o aspecto da face iluminada da bola em cada situação.

Atividades

1. Desenhe o que você observou ao olhar através de cada orifício na caixa.
2. Relacione o aspecto da face iluminada da bolinha, em cada um dos orifícios observados, com as fases da Lua.

ECLIPSES

Devido aos movimentos de translação da Terra e da Lua, em momentos específicos esses astros podem ficar alinhados. Quando isso ocorre, a Terra ou a Lua projetam uma sombra que ofusca a luz que o outro astro recebe do Sol. Essa situação caracteriza um eclipse. Pode acontecer, por exemplo, de o Sol ser momentaneamente ofuscado pela Lua, diminuindo a quantidade de luz que chega à Terra.

Para entender como os eclipses acontecem, precisamos primeiro compreender os conceitos de sombra e penumbra. Leia o texto a seguir e acompanhe a figura da próxima página.

Sombras e penumbras ocorrem em situações em que uma fonte de luz ilumina um corpo opaco. Ao receber a luz da lâmpada, o corpo opaco projeta uma **sombra**, que é uma região sem luminosidade. Ao redor da sombra, existe uma região que recebe uma pequena parte dos raios luminosos que partem da lâmpada. Essa região parcialmente iluminada é chamada de **penumbra**.

FORMAÇÃO DE SOMBRA E PENUMBRA

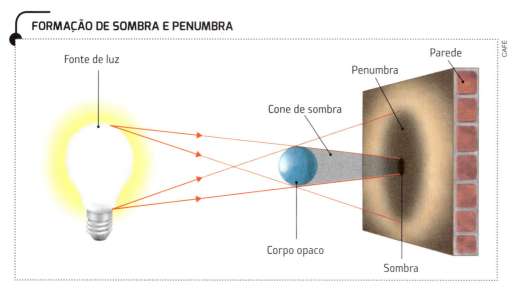

Ao redor da sombra, existe uma região que recebe uma pequena parte dos raios luminosos que partem da lâmpada. Essa região parcialmente iluminada é chamada penumbra.
(Imagem sem escala; cores-fantasia.)

Fonte: E-FÍSICA. Algumas consequências dos princípios da ótica geométrica.
Disponível em: <http://mod.lk/iuwvi>. Acesso em: jun. 2018.

ECLIPSE LUNAR

Quando o Sol, a Terra e a Lua ficam alinhados nessa ordem, a Lua atravessa a região de sombra da Terra. Portanto, a Lua se encontrará em uma região que não recebe a luz do Sol pelo fato de a Terra estar posicionada entre o Sol e o satélite. Essa situação é denominada **eclipse lunar total**.

Quando a Lua entra na região de penumbra da Terra, a luz solar que a atinge não é totalmente bloqueada, apenas ofuscada, encobrindo apenas parte da Lua. Essa situação é denominada **eclipse lunar parcial**, pois a Terra bloqueará parcialmente os raios solares.

ECLIPSE LUNAR TOTAL

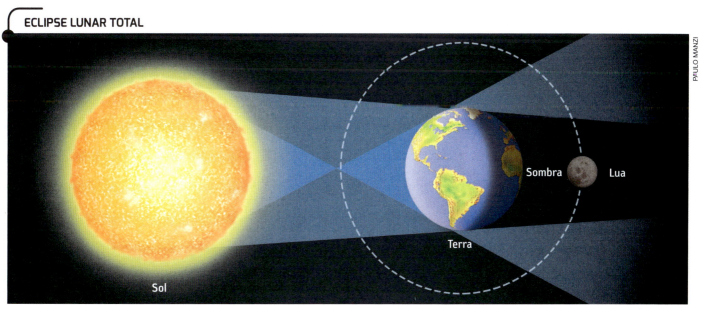

Quando a Lua atravessa a sombra projetada pela Terra, ocorre o eclipse lunar total.
(Imagem sem escala; cores-fantasia.)

Fonte: OLIVEIRA FILHO, K. S.; SARAIVA, M. F. O. *Astronomia & astrofísica*. 4. ed. São Paulo: Livraria da Física, 2017.

ECLIPSE LUNAR PARCIAL

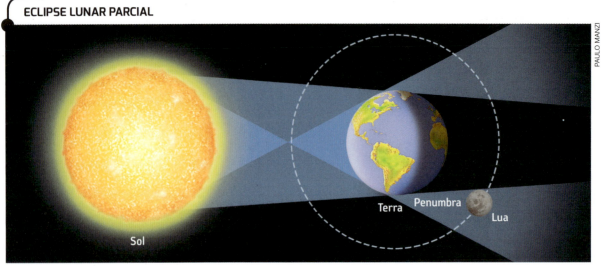

O eclipse lunar parcial ocorre quando a Lua passa pela região de penumbra projetada pela Terra. (Imagem sem escala; cores-fantasia.)

Fonte: OLIVEIRA FILHO, K. S.; SARAIVA, M. F. O. *Astronomia & astrofísica*. 4. ed. São Paulo: Livraria da Física, 2017.

ECLIPSE SOLAR

Outra possibilidade de alinhamento entre os três astros se dá quando a Lua fica **entre o Sol e a Terra**, provocando um **eclipse solar**. Como o diâmetro da Lua é muito menor que o do Sol, um eclipse solar não pode ser observado em todas as regiões da Terra.

Em alguns lugares do planeta, pode-se observar a Lua cobrindo completamente o Sol. Nesse caso, é formado um **eclipse solar total**. Esses locais estão na região de sombra da Lua. Nos locais que estão na região da penumbra formada pela Lua, é observado um **eclipse solar parcial**.

Eclipses

Durante qual fase da Lua os eclipses solares são possíveis de acontecer? E em qual pode-se ver os eclipses lunares? Disponível em <http://mod.lk/ac8u08>

FORMAÇÃO DOS ECLIPSES SOLARES

Como a Lua tem diâmetro muito menor que o do Sol, os eclipses solares só podem ser observados de algumas regiões do planeta. (Imagem sem escala; cores-fantasia.)

Fonte: OLIVEIRA FILHO, K. S.; SARAIVA, M. F. O. *Astronomia & astrofísica*. 4. ed. São Paulo: Livraria da Física, 2017.

206

COLETIVO CIÊNCIAS

No dia 29 de maio de 1919 ocorreu um eclipse total do Sol. Mas, diferentemente de outros eclipses, vários pesquisadores o estavam observando para comprovar ou refutar hipóteses propostas pelo físico alemão Albert Einstein (1879-1955). Para comprovar algumas ideias propostas pelo cientista, pesquisadores foram para dois locais onde o eclipse poderia ser bem observado: na Ilha de Príncipe, em São Tomé e Príncipe, e em Sobral, no Ceará. O grupo que ficou na Ilha de Príncipe foi prejudicado pelo céu nublado. Já em Sobral, o dia amanheceu nublado, porém as nuvens se dissiparam e um clarão entre elas se abriu, permitindo que os observadores brasileiros e ingleses que estavam no local conseguissem visualizar o eclipse e fazer observações. Os resultados desse dia ajudaram a comprovar que a teoria da relatividade de Einstein estava correta. Além disso, os pesquisadores ajudaram a desmistificar o eclipse, já que nessa época algumas pessoas consideravam que o céu escuro no meio da tarde era uma maldição.

Os resultados dessas observações e da confirmação das ideias propostas por Einstein têm diversas aplicações; uma delas é no uso de sistemas de GPS (*global positioning system*, em inglês). Em Sobral, para celebrar o evento, foram construídos um monumento e um museu, onde estão alguns dos equipamentos utilizados para observar e analisar o eclipse.

Museu do Eclipse em Sobral, no Ceará (2013).

Eclipse de 1919. Sua ocorrência permitiu confirmar previsões de Albert Einstein, dando credibilidade à sua teoria da relatividade.

DE OLHO NO TEMA

- Escreva resumidamente como ocorrem as fases da Lua.

ENTRANDO NA REDE

Observar diretamente um eclipse pode causar danos para a visão. No endereço **http://mod.lk/32ihi** são disponibilizadas informações de como observar um eclipse com segurança.

Acesso em: jul. 2018.

ATIVIDADES — TEMAS 1 E 2

ORGANIZAR O CONHECIMENTO

1. Qual componente do movimento da Terra origina os dias e as noites?
2. Descreva a rotação e a translação da Terra.
3. Explique por que o Sol nasce na região leste e se põe na região oeste.
4. Observe a figura abaixo e indique que fenômeno está ocorrendo.

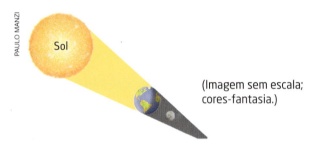

(Imagem sem escala; cores-fantasia.)

ANALISAR

5. Explique por que a inclinação do eixo de rotação da Terra influencia diretamente na existência das estações do ano.
6. Explique por que mesmo nos meses de verão as regiões polares têm baixas temperaturas.
7. Nas regiões Norte e Nordeste do Brasil faz calor praticamente o ano todo, no inverno e no verão. Já nas outras regiões, as temperaturas caem no inverno e, algumas vezes, chega a nevar em certas cidades da região Sul. Explique por que existem essas diferenças no clima brasileiro.
8. Explique a diferença entre os eclipses parciais e os eclipses totais.
9. Associe as imagens à descrição dos eclipses.
    I. Eclipse solar total
    II. Eclipse lunar parcial
    III. Eclipse solar parcial

a)

b)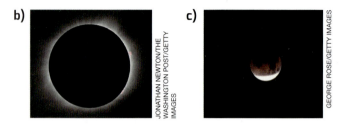

c)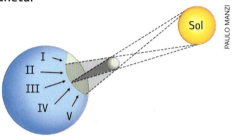

10. (Enem) A figura abaixo mostra um eclipse solar no instante em que é fotografado em cinco diferentes pontos do planeta.

Três dessas fotografias estão reproduzidas abaixo.

As fotos poderiam corresponder, respectivamente, aos pontos:

a) III, V e II
b) II, III e V
c) II, IV e III
d) I, II e III
e) I, II e V

COMPARTILHAR

11. Escolha um dos fenômenos apresentados: dia e noite, estações do ano, fases da Lua ou eclipses. Produza um vídeo curto, de aproximadamente 3 minutos, explicando como esse fenômeno acontece. Não se esqueça de procurar mais informações e usar recursos que facilitem a compreensão – como simulador virtual, simular utilizando bolinhas, desenhos, imagens etc. Divulgue seu vídeo nas redes sociais da escola.

208

PENSAR CIÊNCIA

O geocentrismo

O pensamento inicial do Ocidente era moldado por uma ideia de Universo que colocava a Terra no centro de tudo. Esse "modelo geocêntrico" a princípio parecia enraizado nas observações diárias e no bom senso – não sentimos movimento algum no solo que pisamos, e, superficialmente, tampouco parece haver prova de que nosso planeta esteja em movimento. Certamente a explicação mais simples era de que o Sol, a Lua, os planetas e os astros estavam girando ao redor da Terra em ritmos diferentes? Esse sistema parece ter sido amplamente aceito no mundo antigo e ficou entranhado na filosofia clássica, através dos trabalhos de Platão e Aristóteles, no século IV a.C.

No entanto, quando os gregos antigos mediram o movimento dos planetas, ficou claro que o sistema geocêntrico tinha problemas. [...]

Fonte: HART-DAVIS, A. et al. *O livro da ciência*. São Paulo: Globo Livros, 2014.

REPRESENTAÇÃO DO MODELO GEOCÊNTRICO

O modelo geocêntrico considerava a Terra o centro do Universo. (Imagem sem escala; cores-fantasia.)

 **ATIVIDADES**

1. De acordo com o texto, qual é o principal argumento para que se sustentasse a ideia do modelo geocêntrico?

2. Pesquise os instrumentos disponíveis para os cientistas que conceberam o modelo descrito no texto e procure justificar por que ele perdurou por tanto tempo.

TEMA 3

CLIMA E TEMPO

O **clima** é o conjunto de características atmosféricas de uma região que se repete ao longo de certo período de tempo, normalmente anos. Para caracterizar o clima, analisa-se o comportamento de algumas variáveis, como a temperatura, a umidade, as chuvas e os ventos.

Um equívoco comum é achar que clima é a mesma coisa que tempo. O **tempo** representa apenas as condições atmosféricas de uma região em certo instante, como horas, dias ou semanas.

> O tempo atmosférico está relacionado à temperatura e a umidade de um local em determinado momento. Já o clima se refere a esses elementos ao longo de anos.

FATORES QUE INFLUENCIAM O CLIMA

No planeta, há diversos padrões climáticos, com características próprias de temperatura, chuvas e umidade. Diferentes fatores estão relacionados a essa variedade de climas. Entre eles, está o aquecimento desigual causado pela forma e pelos movimentos da Terra. Como vimos nos temas anteriores, a translação da Terra e a inclinação do seu eixo são responsáveis pela sucessão das estações do ano, cada uma com suas características climáticas próprias, dependendo da região do planeta.

Fatores geográficos também influenciam o clima. As correntes oceânicas e a circulação atmosférica são dois desses fatores.

Pessoas tomando sol em parque, em dia quente do inverno, com temperatura de 30 °C. Embora o inverno seja tipicamente mais frio em São Paulo, o tempo pode variar em certos dias. Foto de 12 de julho de 2016.

CORRENTES OCEÂNICAS

As correntes oceânicas, ou seja, os movimentos de massas de água dos mares e oceanos, interferem nos fatores que caracterizam o clima de uma região.

Nas regiões menos aquecidas pelo Sol, como as regiões polares, formam-se as **correntes frias**. As massas de água fria, grandes quantidades de água em baixas temperaturas, movimentam-se mais lentamente e costumam ocorrer em regiões mais profundas dos mares e oceanos. Essas massas frias estão associadas à climas mais áridos, pois evaporam lentamente.

Nas regiões mais aquecidas pelo Sol, principalmente as mais próximas à linha do Equador, formam-se as **correntes quentes**. Temperaturas mais elevadas proporcionam a formação de uma corrente que circula mais próxima da superfície dos mares e oceanos. A energia fornecida pelo calor faz com que elas se desloquem mais rapidamente e apresentem evaporação elevada, o que está associado a climas mais úmidos.

CORRENTES OCEÂNICAS SUPERFICIAIS

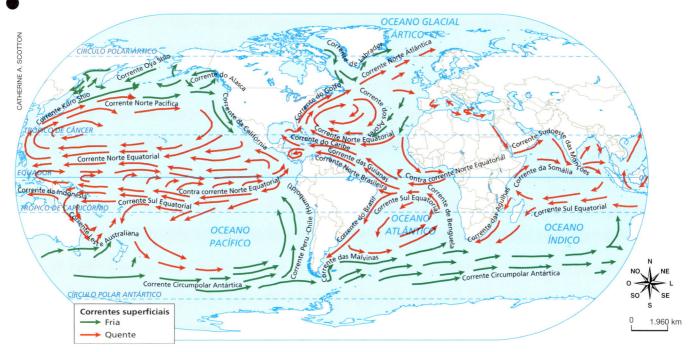

O litoral brasileiro é banhado por correntes quentes.

Fonte: IBGE. Atlas geográfico das zonas costeiras e oceânicas do Brasil. Rio de Janeiro: 2011.

No clima frio do Círculo Polar Ártico, as temperaturas no verão não ultrapassam 20 °C, e o inverno é muito rigoroso. (Islândia, 2015).

A CIRCULAÇÃO ATMOSFÉRICA

As mudanças do tempo estão relacionadas à atuação de diversos fenômenos, em especial aos deslocamentos das massas de ar. A temperatura e a umidade do ar dessas massas dependem da região do planeta onde elas se originam. As massas de ar formadas sobre o oceano carregam muita umidade. As massas continentais tendem a ser mais secas. Aquelas que se formam em região polar ou temperada são massas de ar frio e as que se formam nas regiões equatorial ou tropical são massas de ar quente.

Ao se deslocarem, essas massas de ar alteram as condições do tempo nos lugares por onde passam. As frentes frias ou frentes quentes, que costumam ser citadas na previsão do tempo, são, respectivamente, massas de ar frio ou massas de ar quente.

O encontro de massas de ar com temperatura, pressão e umidade diferentes está relacionado à formação de nuvens, que podem ocasionar as chuvas. Além disso, em razão do aquecimento e do resfriamento das massas de ar, o ar se movimenta continuamente em várias direções, dando origem aos ventos.

LATITUDE, ALTITUDE, VEGETAÇÃO E CLIMA

Além das correntes marítimas e da circulação atmosférica, outros fatores geográficos interferem no clima, como a latitude, a altitude e a presença e tipo de vegetação.

A latitude é a distância de um ponto da superfície em relação à linha do Equador. Em geral, quanto mais próximo à linha do Equador for um local, maiores serão suas temperaturas ao longo do ano. Esse fato está relacionado à forma esférica da Terra – na região equatorial, os raios solares incidem com mais intensidade. Por outro lado, nas regiões da Terra próximas aos polos, os raios solares incidem de forma menos intensa, o que ajuda a ocasionar temperaturas mais frias.

A altitude também é um fator a se considerar no clima. Quanto maior a altitude, menor será a temperatura média de um lugar.

A vegetação contribui com a umidade do clima. Em lugares de grande cobertura vegetal, a evapotranspiração das plantas, ou seja, a quantidade de vapor de água que elas liberam na atmosfera, é considerável, tornando o ar mais úmido. Tanto a quantidade como o tipo de vegetação afetam a umidade local.

Monte Wellington, na Tasmânia, país da Oceania. No alto do monte, é possível observar a neve (2015).

PREVISÃO DO TEMPO

A consulta sobre a previsão do tempo em determinada região ou dia específico auxilia em diversas situações do cotidiano, desde a decisão de qual roupa vestir ou levar para uma viagem até em relação a atividades como a agricultura, a pecuária, a aviação, a navegação, entre outras.

Aquilo que se denomina tempo e sobre o qual se fazem previsões trata-se de um conjunto de condições meteorológicas, como pressão do ar e formação de nuvens, que são analisadas em um curto período, como em um dia.

As variáveis analisadas pelos meteorologistas para que seja possível fazer uma previsão do tempo são a temperatura, a pressão atmosférica, a umidade do ar, a chuva, a direção e a intensidade dos ventos, entre outras.

Com o auxílio de satélites artificiais que estão ao redor da Terra coletando informações sobre a atmosfera e das estações meteorológicas espalhadas pelo país, é possível **obter um conjunto de informações** que, posteriormente, serão analisadas por programas de computador e por uma equipe de meteorologistas.

Nas estações meteorológicas são coletados, diariamente, dados sobre as condições da atmosfera que permitem caracterizar a situação do tempo em determinada região. (Cunha, SP, 2017).

 ATITUDES PARA A VIDA

Esforçar-se por exatidão e precisão

Ao realizar medidas que serão utilizadas posteriormente na previsão do tempo, os meteorologistas devem usar procedimentos que permitam obter os dados mais exatos e precisos possíveis a partir dos equipamentos de medição disponíveis. A manutenção rigorosa desses equipamentos, para que estejam sempre calibrados, também é fundamental.

DE OLHO NO TEMA

- Qual é a diferença entre clima e tempo?

213

TEMA 4

FENÔMENOS CLIMÁTICOS E AÇÃO HUMANA

É possível observar as consequências das alterações no clima provocadas pela ação humana em várias regiões do Brasil e do mundo.

Climatologia é o estudo do clima, cientificamente definido como as condições meteorológicas médias de uma região durante certo tempo.

Por meio de estudos climatológicos, é possível obter informações sobre mudança de temperatura, quantidade de chuvas e outras variáveis climáticas de uma região ao longo de um período. Esses estudos analisam diversos dados, como sedimentos de rios e oceanos, fósseis e vestígios de animais e plantas e características do tronco das árvores, buscando conhecer como era o clima do local em épocas passadas.

O clima influencia o desenvolvimento das plantas. A análise dos anéis de crescimento de certas árvores pode fornecer dados sobre o clima em determinado período. Quanto mais velha a árvore, maior o período que pode ser estudado.

Cientistas podem obter informações sobre a composição da atmosfera e a temperatura do planeta, por exemplo, de épocas bastante remotas, através da interpretação de elementos presentes na natureza. Isso permite estabelecer comparações com o que acontece hoje e analisar até que ponto as ações do ser humano têm influência no clima do planeta. Muitos pesquisadores acreditam que, entre a Revolução Industrial e os dias de hoje, houve um aumento significativo de temperatura e da quantidade de gás carbônico na atmosfera, e que esse aumento foi causado por atividades humanas que interferiram na dinâmica do clima.

214

INFLUÊNCIA HUMANA NOS FENÔMENOS CLIMÁTICOS

O ser humano é um agente modificador do ambiente em que vive. Interpretando dados que indicam o aumento da temperatura média do planeta, a comunidade científica e os dirigentes de diversas nações têm se mostrado cada vez mais preocupados em estudar e elaborar propostas para reduzir ou amenizar os fatores que vem causando aumento na temperatura média da Terra.

Algumas medidas buscam alternativas à queima de combustíveis fósseis para a geração de energia, ao descarte de resíduos sólidos e ao desmatamento.

A partir das medidas analisadas, foi realizada uma série de acordos internacionais visando reduzir a emissão de gás carbônico e o desmatamento, reflorestar e conservar áreas naturais, incentivar o uso de energias renováveis, aumentar a reciclagem de materiais, entre outros.

Enquanto alguns fenômenos climáticos trazem transtornos e prejuízos, outros são muito perigosos. No Brasil, por exemplo, longos períodos de seca nas regiões Sudeste e Centro-Oeste afetaram a disponibilidade de água para consumo humano; chuvas devastadoras causaram enchentes na região Sul; ainda na região Sul, houve registros de tornados e ciclones neste século.

Uma das formas de minimizar as consequências deles é saber sua ocorrência com alguma antecedência e agir preventivamente. Isso é possível, por exemplo, investindo em equipamentos meteorológicos e informando a população para que se protejam ou evacuem locais de risco antes do evento acontecer.

Problemas como a falta de água e a elevação da temperatura média global podem ser amenizados com soluções locais. A preservação da vegetação e dos recursos hídricos, a arborização de centros urbanos e o uso racional da água são exemplos dessas ações.

DE OLHO NO TEMA

- Por que a redução de problemas climáticos está fortemente ligada à atuação de líderes mundiais?

Vai estudar? Nosso assistente virtual no *app* pode ajudar! <mod.lk/tr8u08>

(**A**) Efeitos causados por um ciclone que gerou ventos de até 111 km/h em Santa Vitória do Palmar (RS), em 2016.
(**B**) Destruição causada por ciclone em Imbituba, no litoral de Santa Catarina, em 2016.

ATIVIDADES — TEMAS 3 E 4

ANALISAR

1. Observe o mapa abaixo e responda ao que se pede.

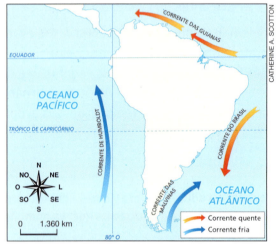

Fonte: CARDOSO, B. Acervo de mapas. *Repertório geográfico*. Disponível em: <http://mod.lk/uj37c>. Acesso em: maio 2018.

a) O deserto do Atacama localiza-se no Chile. Como podemos relacioná-lo com a passagem da corrente de Humboldt?

b) As correntes frias carregam grande quantidade de plâncton, que serve de alimento e atrai cardumes. Em qual região do Brasil a pesca pode ser favorecida por esse fenômeno? Justifique.

2. O gráfico mostra a concentração de gás carbônico na atmosfera terrestre em partes por milhão. Em destaque estão as informações referentes aos últimos 250 anos. Analise o gráfico e responda: podemos dizer que o aumento da concentração de gás carbônico na atmosfera é um fenômeno cíclico?

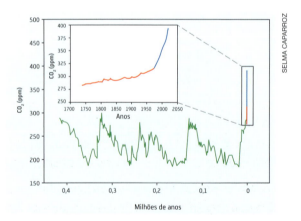

Fonte: CHANG R.; GOLDSBY K. A. *Química*. 11. ed. Porto Alegre: AMGH Editora, 2013.

3. (Enem)

FIGURA 1
MÍNIMAS – QUINTA-FEIRA – CPTEC/INPE – 28/08/2014

FIGURA 2

Umidade relativa do ar, por região do país, para o dia 28/08/2014	
Regiões	Umidade relativa (intervalo médio)
Norte	60-70%
Nordeste	90-100%
Centro-Oeste	55-65%
Sudeste	65-75%
Sul	90-100%

Disponível em: <http://imagens.climatempo.com.br>. Acesso em: 25 ago. 2014 (adaptado).

No dia em que foram colhidos os dados meteorológicos apresentados, qual fator climático foi determinante para explicar os índices de umidade relativa do ar nas regiões Nordeste e Sul? Marque com um **X**.

a) Altitude, que forma barreiras naturais.

b) Vegetação, que afeta a incidência solar.

c) Massas de ar, que provocam precipitações.

d) Correntes marítimas, que atuam na troca de calor.

e) Continentalidade, que influencia na amplitude da temperatura.

Partes por milhão: representa a quantidade de partículas de determinada substância misturada a outra.

Cíclico: que se repete em períodos regulares.

EXPLORE

PEQUENA ESTAÇÃO METEOROLÓGICA

Mais questões no livro digital

I – O anemômetro

MATERIAL

- Palito de madeira (por exemplo, palito de churrasco ou para fazer pipa)
- 2 tiras de papelão ou papel-cartão (18 cm de comprimento e 2 cm de largura)
- 4 copinhos plásticos pequenos (como os de café)
- Alfinete
- Tesoura com pontas arredondadas
- 2 miçangas (bolinhas com furo)
- Fita adesiva ou cola
- Massa de modelar
- Caneta que marque plástico
- Régua

PROCEDIMENTO

1. Sobreponha uma tira de papel à outra, em forma de cruz. Use a fita adesiva ou a cola para que não se soltem.

2. Peça a um adulto que use o alfinete para prender a cruz na extremidade do palito, passando o alfinete também pelas miçangas (uma por baixo e outra por cima da cruz), conforme mostrado na figura 1a.

3. Com a tesoura, faça uma ranhura na lateral de cada um dos copos. A ranhura deve ser comprida o suficiente para que as tiras de papelão atravessem o copo (figura 1b). Em apenas um deles, pinte uma faixa larga ao longo da borda externa. Encaixe os copos nas extremidades da cruz, passando pela ranhura.

4. Use a massa de modelar para fazer a base e manter o anemômetro em pé. Procure instalar o anemômetro em um local onde haja vento.

5. Conte o número de voltas que o aparelho dará em 1 minuto, tendo como referência o copo pintado. Quanto maior o número de voltas, maior é a velocidade do vento.

Figura 1a

Figura 1b

(Imagem sem escala; cores-fantasia.)

II – O termômetro

Providencie um termômetro ambiental.

ATIVIDADES

Façam observações utilizando os aparelhos por, pelo menos, uma semana e anotem em seu caderno os resultados. Deve ser feita ao menos uma leitura diária, sempre no mesmo horário.

1. **Façam uma tabela conforme as orientações a seguir.**
   a) Observem a condição do tempo, nos mesmos horários, durante alguns dias (pelo menos uma semana). Anotem, usando símbolos.
   b) Anotem os dados de velocidade do vento e temperatura.
   c) Procurem relacionar os dados colhidos nos aparelhos aos dados que são comuns na estação do ano atual.

2. **Os dados coletados sobre o tempo coincidiram com o clima da região? Aponte as semelhanças e as diferenças encontradas.**

217

ATITUDES PARA A VIDA

O lixo em excesso

A geração de lixo cresce no mesmo ritmo que aumenta o consumo. Quanto mais mercadorias adquirimos, mais embalagens vêm junto, mais recursos naturais consumimos e mais lixo geramos.

Hoje já sabemos que poderemos chegar, em um curto espaço de tempo, a um esgotamento dos recursos naturais e a níveis altíssimos de contaminação e geração de resíduos.

O desafio impõe-se a todos: consumir de forma sustentável implica poupar os recursos naturais, conter o desperdício, diminuir a geração de resíduos, reutilizar e reciclar a maior quantidade possível de produtos e embalagens. Só assim conseguiremos harmonizar nossa relação com o planeta e não comprometer sua capacidade de atender às necessidades das futuras gerações.

É papel do consumidor, de cada um de nós, no que diz respeito ao nosso consumo de embalagens.

[...]

Fonte: BRASIL. Ministério do Meio Ambiente. *O papel de cada um*. Disponível em: <http://mod.lk/vyjhz>. Acesso em: jul. 2018.

Em diversos mercados, produtos variados não são vendidos em embalagens próprias. O consumidor leva suas próprias embalagens de casa (Cotia, SP, 2017).

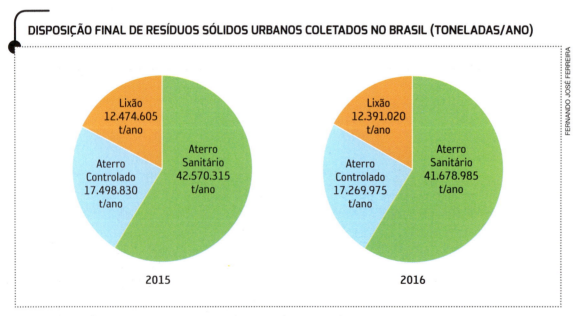

DISPOSIÇÃO FINAL DE RESÍDUOS SÓLIDOS URBANOS COLETADOS NO BRASIL (TONELADAS/ANO)

2015
- Lixão: 12.474.605 t/ano
- Aterro Controlado: 17.498.830 t/ano
- Aterro Sanitário: 42.570.315 t/ano

2016
- Lixão: 12.391.020 t/ano
- Aterro Controlado: 17.269.975 t/ano
- Aterro Sanitário: 41.678.985 t/ano

Fonte: ASSOCIAÇÃO BRASILEIRA DE EMPRESAS DE LIMPEZA PÚBLICA E RESÍDUOS ESPECIAIS (ABRELPE). Panorama dos resíduos sólidos no Brasil 2016. Disponível em: <http://mod.lk/cxqq1>. Acesso em: jul. 2018.

TROCAR IDEIAS SOBRE O TEMA

Em grupo, discutam as seguintes questões.

1. Quais são os impactos do consumo individual dos seres humanos sobre a geração de lixo?
2. Vocês notam a presença de embalagens desnecessárias nos produtos que consomem?
3. Como é descartado o lixo produzido? Qual é a importância de descartá-lo corretamente?

COMPARTILHAR

Pesquisem e elaborem planos de ação para conscientização sobre a geração de lixo em excesso, o consumo **descomedido** e o descarte inadequado de resíduos, mostrando as ações tomadas, possíveis modificações nelas e como isso afetaria a vida das pessoas. Então, produzam um material para divulgar esse plano. Se possível, compartilhem o material em redes sociais.

Lembrem-se de utilizar fontes confiáveis e de escrever de forma clara e objetiva, para que o leitor possa compreender esses argumentos. Afinal, posicionem-se sobre a opinião de vocês, com base no que foi estudado e nas pesquisas.

Nesta atividade, fiquem atentos à importância de **pensar e comunicar-se com clareza**:

- Ao produzir o texto, vale pensar no tipo de leitor ao qual será dirigido para tentar compreender seu ponto de vista. Lembrem-se de que temas complexos como esse podem gerar polêmicas.
- Durante a atividade, antes de iniciar a confecção do material, vale escutar as ideias de todos os colegas. Procurem refletir sobre as opiniões que se apresentarem diferentes tendo em vista que não há uma única a ser expressa no texto informativo.
- Procurem transmitir as ideias de maneira simples e clara, utilizando palavras e construções textuais facilmente compreensíveis.

Descomedido: que não possui moderação; que precisa de comedimento; desprovido de equilíbrio.

COMO EU ME SAÍ?

- Soube escutar as contribuições dos colegas durante as atividades?
- Consegui expressar minhas ideias e meus argumentos de forma clara?
- Ao produzir um material informativo para a população em geral, atentei para o uso de linguagem clara?

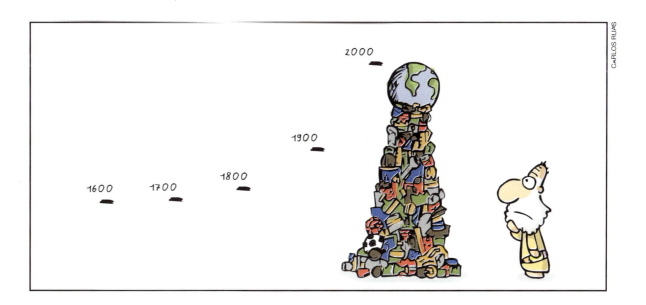

COMPREENDER UM TEXTO

Texto 1

Um mundo com menos carbono em 2050 é possível, diz relatório

[...]

Algo de concreto na mesa de negociações sobre as mudanças climáticas: um relatório, entregue [em julho de 2014] ao secretário-geral da ONU [...] mostra pela primeira vez como 15 dos países mais poluidores, entre eles a China e os Estados Unidos, podem se "descarbonizar", ou seja, reduzir a concentração de carbono de suas atividades, até 2050.

A comunidade internacional estabeleceu como meta limitar o aquecimento a 2 °C para evitar os efeitos catastróficos das mudanças no clima, mas "muito poucos países levaram a sério o que isto implica", destacou o "Projeto de Diretrizes de Descarbonização Profunda" (DDPP) em seu primeiro informe.

Os esforços atuais de redução dos gases de efeito estufa, entre os quais o dióxido de carbono (CO_2) responde por 76%, são muito **marginais**.

Para respeitar este teto de 2 °C, além do qual "há um risco extremo para o futuro do bem-estar da humanidade", falta uma "transformação profunda dos sistemas energéticos e de produção, da indústria, da agricultura...", insistiu o informe.

Além disso, trinta instituições e grupos de pesquisa de Brasil, África do Sul, Austrália, Alemanha, Canadá, China, Coreia do Sul, França, EUA, Índia, Indonésia, Japão, México, Reino Unido e Rússia, que respondem por mais de 75% das emissões de gases de efeito estufa do mundo, se revezaram no desafio de responder à seguinte pergunta: o que falta fazer para em 2050 termos uma chance de estar a caminho da trajetória de 2 °C, sem emitir mais que 1,6 tonelada de CO_2, em média, por pessoa, contra 5,2 toneladas, hoje?

[...]

O balanço: em 2050, as emissões de CO_2 vinculadas ao consumo de energia (que não contam com o desmatamento e outras emissões da agricultura) poderiam ser reduzidas em 45% com relação a 2010 (de 22,3 bilhões de toneladas para 12,3 bilhões de toneladas), com uma redução de 56% por habitante.

A despeito das realidades muito diferentes, três grandes áreas se impõem: a eficácia energética, o que significa fazer melhor com menos energia (*design* dos carros, materiais de construção, etc.), gerar energia elétrica sem carbono (fontes renováveis, nucleares, armazenamento de carbono, etc.) e usar combustíveis menos poluentes (eletricidade, biomassa, etc.).

A maior parte dos ganhos está nos setores de produção de energia (−85% em 2050), residencial (−57%), transporte de passageiros (−58%). [...]

Este resultado não está completamente no curso dos 2 °C, mas "já é muito substancial", destacou o informe.

[...]

Fonte: Um mundo com menos carbono em 2050 é possível, diz relatório. *Exame*, 9 jul. 2014. Disponível em: <http://mod.lk/eungh>. Acesso em: jul. 2018.

Marginal: de importância secundária.

A queima de combustíveis fósseis, muito comum em automóveis, produz diversos poluentes.

Texto 2

País cumprirá meta de redução de gases de efeito estufa até 2025, diz secretário

[...]

Uma das consequências do agravamento do efeito estufa é o aumento da temperatura média da superfície da Terra, causando mudanças climáticas como chuvas intensas, secas, ondas de frio e de calor e afetando populações e até a dinâmica da economia. Aprovado por 195 países, o Acordo de Paris é uma tentativa de resposta global à ameaça da mudança do clima. Entre as metas está "conter o aumento da temperatura média global em menos de 2 °C (graus Celsius) acima dos níveis pré-industriais, além de envidar esforços para limitar esse aumento a 1,5 °C até 2100".

[...]

De acordo com o professor e pesquisador da Universidade Federal do Rio de Janeiro (UFRJ) Roberto Schaeffer, o desafio é trabalhar a mitigação dos danos de maneira integrada entre todos os setores da economia. O pesquisador destaca que o modelo vigente trabalha com estudos isolados para cada setor econômico, sem levar em consideração o impacto em outras áreas e cita como exemplo o setor de transportes.

"Uma boa redução da emissão de gases no setor de transporte é eletrificar o setor. Olhando isoladamente, alguém pode dizer que o potencial de **mitigação** é grande por meio da eletrificação. Mas se o setor elétrico sair de uma matriz de energia renovável e cair em uma matriz mais dependente de combustíveis fósseis a conta vai sair toda errada", explica.

Fonte: NASCIMENTO, L. País cumprirá meta de redução de gases de efeito estufa até 2025, diz secretário. *Agência Brasil*, 24 jan. 2018. Disponível em: <http://mod.lk/7ivg0>. Acesso em: jul. 2018.

(A) O veículo leve sobre trilhos é um meio de transporte que consome energia elétrica para funcionar (Rio de Janeiro, RJ, 2017).
(B) Aerogeradores, uma fonte de energia elétrica com baixa emissão de gás carbônico (Igaporã, BA, 2018).
Utilizar meios de transporte movidos à eletricidade obtida a partir de fontes renováveis com baixa emissão de gás carbônico é essencial para limitar o aumento da temperatura do planeta.

Mitigação: suavização, abrandamento.

ATIVIDADES

OBTER INFORMAÇÕES

1. Qual é o significado do termo descarbonizar?
2. Por que existe a preocupação em reduzir o uso de carbono?
3. Qual é o principal objetivo tratado pelos dois textos?

INTERPRETAR

4. A redução da quantidade de gás carbônico emitida por habitante considera todas as atividades humanas que produzem esse gás. Quais são as atividades diárias que provocam a produção de gás carbônico?
5. Explique o que significa dizer que o potencial para reduzir as emissões é grande se for feita a eletrificação.
6. Explique o que você acha que o pesquisador quis dizer com a frase "se o setor elétrico sair de uma matriz de energia renovável e cair em uma matriz mais dependente de combustíveis fósseis a conta vai sair toda errada".

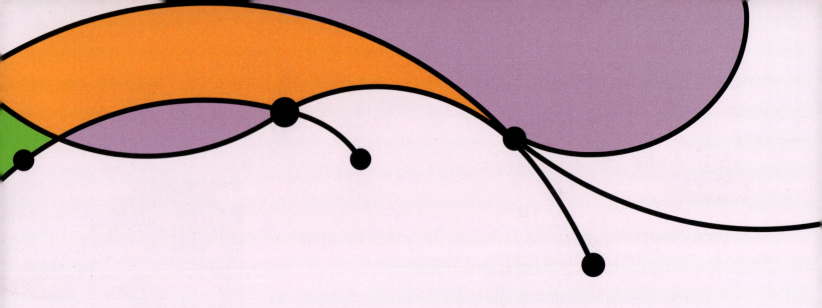

OFICINAS DE CIÊNCIAS

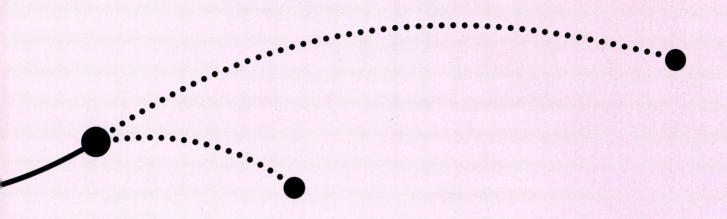

SUMÁRIO

Oficina 1. A ventilação pulmonar 224

Oficina 2. O funcionamento da válvula cardíaca 225

Oficina 3. Medindo forças com um dinamômetro 226

Oficina 4. Batatas geram energia elétrica? 227

Oficina 5. Construção de um telúrio astronômico 228

OFICINA 1 — A VENTILAÇÃO PULMONAR

O processo respiratório envolve músculos (diafragma e intercostais) e ossos (caixa torácica), permitindo que os pulmões se encham de ar e que este seja eliminado após as trocas gasosas realizadas nos alvéolos pulmonares.

Objetivo

Construir um modelo que explique a ventilação pulmonar.

Material

- 1 garrafa plástica transparente e de paredes rígidas
- 1 rolha de borracha ou de cortiça com um furo no centro. A rolha deve encaixar-se na boca da garrafa
- 1 caneta (da qual se possa retirar a carga), sem furo lateral
- 2 balões de borracha: um maior e o outro menor
- Tesoura com pontas arredondadas
- Fita adesiva

Procedimento

1. O professor deve cortar a parte inferior da garrafa plástica (o corte deve ser feito um pouco abaixo da metade da garrafa).
2. Introduza a caneta sem carga no furo da rolha.
3. Na extremidade da caneta que ficará para dentro da garrafa, encaixe o balão menor, prendendo-o com fita adesiva.
4. Coloque a rolha com a caneta na boca da garrafa, deixando cerca de 5 centímetros da caneta para dentro da garrafa.
5. Corte a abertura do balão maior e encaixe essa película de borracha na porção inferior da garrafa, fechando-a.
6. Deixe a película de borracha esticada e prenda-a com a fita adesiva.
7. Puxe a película de borracha para baixo e observe.

ATIVIDADES

1. Analisando o modelo e comparando-o com o corpo humano, indique qual parte do corpo está representada pelos elementos do modelo.
   a) Balão menor colocado no interior da garrafa.
   b) Película de borracha formada pelo balão maior.
   c) Garrafa.
   d) Caneta.

2. Comparando o modelo com o processo respiratório que ocorre em nosso organismo, responda.
   a) O que é simulado quando se puxa a borracha do balão maior para baixo?
   b) E quando a borracha retorna para a posição inicial?

3. Encontre a alternativa falsa e copie-a em seu caderno, corrigindo-a.
   a) Ao baixar a película de borracha do balão maior, ocorre aumento de volume e diminuição da pressão dentro da garrafa, o que faz com que o balão menor se encha.
   b) Quando a película de borracha volta à posição inicial, há diminuição do volume e aumento da pressão dentro da garrafa, e o balão menor se esvazia.
   c) Ao puxar a película de borracha do balão maior para baixo, está sendo representado o movimento do diafragma durante a expiração.

4. Elabore um esquema que explique o processo de ventilação pulmonar, fazendo uma relação entre os movimentos respiratórios, a posição do diafragma e a pressão e o volume da caixa torácica. Indique os tipos de ar (rico em gás oxigênio ou rico em gás carbônico) associados a cada um dos movimentos respiratórios.

OFICINA 2 — O FUNCIONAMENTO DA VÁLVULA CARDÍACA

As válvulas no sistema cardíaco são essenciais para evitar refluxo do sangue. O mau funcionamento das válvulas ou das veias pode causar problemas como tromboses ou varizes. No coração, causa falta de ar e fraqueza para as atividades normais. Nessa atividade vamos contruir um sistema para analisar aspectos das válvulas.

Material

- Um balão de borracha
- Quatro mangueiras transparentes de diâmetros diferentes, que se encaixem
- Duas rolhas de borracha ou de cortiça que se encaixem nas duas mangueiras de diâmetros maiores
- Água
- Corante alimentício
- Tesoura com pontas arredondadas

Procedimento

1. Numere os tubos de 1 a 4 em ordem crescente de diâmetro.
2. Faça dois cortes na parte de baixo do balão e encaixe um pedaço de 2 cm do tubo 1 na boca do balão, como mostra a ilustração ao lado.
3. Encaixe o balão com o tubo 1 na boca do tubo 2 e corte o tubo a cerca de 5 cm de onde o balão está preso.

4. Encaixe um pedaço de 50 cm do tubo 3 no tubo 2.

5. Encaixe um pedaço de 50 cm do tubo 4 no tubo 3 como mostrado na figura abaixo.

6. Dissolva o corante na água e coloque essa mistura no tubo 3.
7. Tampe as extremidades dos tubos 3 e 4 com as rolhas e faça movimentos para a água se mover de um lado para o outro.

Fonte: CIENCIA EN ACCIÓN. Funcionamiento de una válvula del sistema circulatorio. Disponível em: <http://mod.lk/ww6gs>. Acesso em: jul. 2018 (em espanhol).

ATIVIDADES

Leia o texto a seguir e responda às questões.

Experimento de Harvey sobre a circulação

O médico britânico William Harvey (1578-1657) publicou em 1628 o livro *De motu cordis*, que trata da circulação sanguínea.

Colocando um torniquete no braço, o pulso cessava de bater e a mão ficava pálida e fria, enquanto o vaso mais externo inchava. Observa-se, então, que existiam nódulos, marcados na figura (A). Comprimindo com um dedo um dos vasos, logo acima do primeiro nódulo (1) da figura (B), e deslizando o dedo sobre o vaso até o próximo nódulo (2), como mostrado na figura (C), o sangue comprimido desaparecia entre as válvulas, mesmo depois da remoção do dedo. Se, no entanto, removesse o dedo do nódulo anterior, o sangue enchia rapidamente o trecho que estava vazio.

1. Relacione o balão e as mangueiras com o experimento de Harvey.
2. O torniquete impede o fluxo de uma veia ou artéria? Justifique sua resposta.

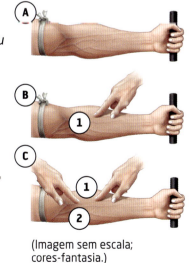

(Imagem sem escala; cores-fantasia.)

OFICINA 3 — MEDINDO FORÇAS COM UM DINAMÔMETRO

Você pode construir um aparelho para medir pequenas forças no seu dia a dia, utilizando materiais simples. Esse instrumento recebe o nome de **dinamômetro**.

Objetivo

Construir um dinamômetro para fazer medidas de força.

Material

- Pedaço de cano ou tubo de papelão de 25 a 30 mm de diâmetro
- Mola espiral ou elástico de papelaria
- Dois parafusos com formato de interrogação ou ganchos
- 10 cm de uma tira de madeira ou de papelão (que deve entrar e ficar ajustada dentro do cano)
- Rolha de cortiça que encaixe no cano
- Papel quadriculado
- Tesoura com pontas arredondadas
- Fita adesiva

Procedimento

1. Fixe um dos parafusos na rolha e na outra extremidade da rolha prenda a mola ou o elástico, como mostrado na imagem.

2. Cole sobre a tira de madeira ou de plástico o papel quadriculado, como se estivesse o encapando. Fixe o parafuso em uma das extremidades da tira.

3. Coloque o conjunto formado na etapa 1 dentro do cano ou do tubo, fechando um dos lados do tubo com a rolha. A mola ficará dentro do cano e o parafuso, na parte externa.

   Puxe a mola até a outra ponta do cano e prenda a extremidade livre da tira de madeira ou de plástico ao conjunto que você produziu na etapa 1. Para garantir que tudo ficará fixo, utilize algum tipo de cola ou faça um furo na tira para prender com um nó a mola ou o elástico.

ATIVIDADES

1. Faça alguns testes com o seu dinamômetro. Escolha dois objetos diferentes e de massas pequenas e os pendure no parafuso que está fixado na tira com o papel quadriculado.

   a) O que você observou em cada caso?

   b) Qual é a diferença entre as medições dos objetos?

2. Um instrumento de medida requer uma escala. Com base nisso, faça o que se pede.

   a) Em grupo, discutam e registrem possíveis formas de criar uma escala para o dinamômetro.

   b) Realize testes, com base na discussão anterior, para a construção da escala do instrumento. Dê um nome para sua escala de medida.

OFICINA 4 — BATATAS GERAM ENERGIA ELÉTRICA?

É possível gerar energia elétrica utilizando batatas e placas metálicas de cobre e de zinco?

Objetivo

Construir uma pilha com materiais diferentes e testar seu funcionamento, buscando interpretá-lo.

Material

- 2 batatas grandes
- 2 placas de cobre, cada uma com 1 cm × 3 cm e com um furo
- 2 placas de zinco, cada uma com 1 cm × 3 cm e com um furo
- 3 pedaços de fio de cobre fino com cerca de 30 cm cada um
- 1 lixa de unha
- Esponja de aço (de lavar louça)
- Calculadora

Procedimento

1. Limpe muito bem as placas de cobre e de zinco com a esponja de aço. Se possível, utilize um pouco de sabão em pó abrasivo; em seguida, lave com água corrente. As placas devem ficar brilhantes.
2. Tire o verniz das extremidades do fio de cobre (aproximadamente 2 cm) com a lixa.
3. Conecte uma placa de zinco a uma placa de cobre utilizando um dos pedaços do fio de cobre e, em seguida, insira uma das placas em uma batata e a outra placa na outra batata.
4. Ligue a cada uma das placas restantes um fio de cobre.
5. Encaixe a placa de cobre (com o fio ligado) na batata que tem uma placa de zinco e encaixe a placa de zinco (também com o fio) na batata que tem uma placa de cobre.
6. Ligue o fio com uma extremidade solta, que sai da placa de cobre, ao polo positivo na calculadora e o fio que sai da placa de zinco ao negativo.
7. O sistema completo deve ficar semelhante ao da figura. Faça algumas operações para testar o funcionamento da calculadora.

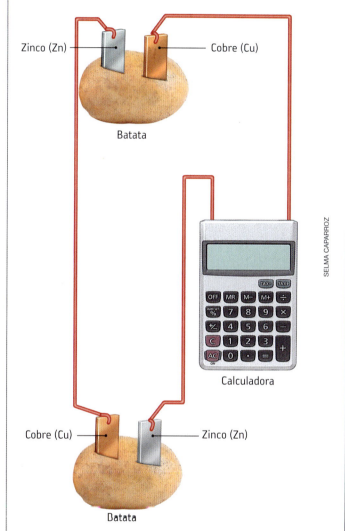

(Imagem sem escala; cores-fantasia.)

 **ATIVIDADES**

1. É possível afirmar que a montagem feita por você gera energia elétrica? Justifique sua resposta.
2. O que acontece com a calculadora quando se retira uma das batatas? Elabore uma hipótese para sua conclusão.
3. O que pode acontecer caso a quantidade de batatas seja aumentada? Explique.

227

OFICINA 5 — CONSTRUÇÃO DE UM TELÚRIO ASTRONÔMICO

Um telúrio é um sistema que simula o Sol, a Terra e a Lua, com movimentos devidamente acoplados. Com ele, é possível explorar fenômenos como o dia e a noite, as fases da Lua, as estações do ano, os eclipses, os fusos horários, o Sol da meia-noite, entre outros.

Neste projeto, apenas a Terra e a Lua estão respeitando a escala de tamanho. O Sol e as distâncias estão fora de escala.

Objetivo

Construir um telúrio astronômico que permita ver os movimentos de rotação e de translação da Terra e da Lua.

Material

- Uma bola de isopor de 3 cm de diâmetro
- Uma bola de isopor de 10 cm de diâmetro
- Lanterna
- Placa de madeira do tipo compensado
- Arame rígido
- Palito de churrasco
- Fita adesiva

Procedimento

1. Em uma das extremidades da madeira, crie uma base para fixar o palito de churrasco que vai segurar a Terra. Lembre-se de que o palito que representa o eixo da Terra deve estar inclinado em aproximadamente 23°.
2. Fixe a bola de isopor maior nesse palito.
3. Fixe a bola de 3 cm, que representa a Lua, no arame.
4. Dobre o arame em formato de L. Fixe o arame com a Lua na base da Terra, paralelo ao apoio.
5. Dobre a parte do arame em que a Lua está fixada para que fique com uma pequena inclinação (aproximadamente 5°).
6. Mantenha a lanterna acesa em pé, próximo à outra extremidade da base de madeira.
7. Mude a posição da base de madeira, mantendo sempre uma extremidade próxima da lanterna. Para uma nova posição, faça os movimentos de translação da Lua e de rotação da Terra.

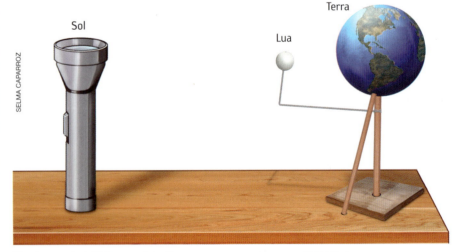

Montagem do telúrio completa. (Imagem sem escala.; cores-fantasia.)

Fonte: LACERDA, R. A. V. Maquete Sistema Terra-Lua-Sol. Disponível em: <http://mod.lk/zd2ph>. Acesso em: jul. 2018.

ATIVIDADES

1. Qual é o movimento do telúrio que simula o dia e a noite?
2. Como você consegue identificar as estações do ano no modelo representado ao lado?
3. Nesse modelo, é possível simular um eclipse?

FIQUE POR DENTRO

CENTROS E MUSEUS DE CIÊNCIA

- **Associação Brasileira de Centros e Museus de Ciência**
  <http://www.abcmc.org.br>

- **Bosque da Ciência**
  Instituto Nacional de Pesquisas da Amazônia (Inpa) – Manaus, AM
  <http://bosque.inpa.gov.br>

- **Centro Cultural Ministério da Saúde**
  Rio de Janeiro, RJ
  <http://www.ccs.saude.gov.br>

- **Casa da Ciência**
  Centro Cultural de Ciência e Tecnologia da Universidade Federal do Rio de Janeiro (UFRJ)
  <http://www.casadaciencia.ufrj.br>

- **Centro de Divulgação Científica e Cultural (CDCC)**
  Universidade de São Paulo – São Carlos, SP
  <www.cdcc.sc.usp.br>

- **Espaço Ciência**
  Secretaria de Ciência, Tecnologia e Meio Ambiente – Olinda, PE
  <http://www.espacociencia.pe.gov.br>

- **Instituto de Ciências Biológicas – UFMG**
  Belo Horizonte, MG
  <https://www.ufmg.br/rededemuseus/mcm/>

- **Instituto Inhotim**
  Brumadinho, MG
  <http://www.inhotim.org.br/>

- **Museu de Astronomia e Ciências e Afins – Mast**
  Ministério da Ciência e Tecnologia – Rio de Janeiro, RJ
  <www.mast.br>

- **Museu Catavento**
  Catavento Cultural e Educacional – São Paulo, SP
  <http://www.cataventocultural.org.br/>

- **Museu da Vida**
  Rio de Janeiro, RJ
  <http://www.museudavida.fiocruz.br>

- **Museu de Anatomia da UnB**
  Brasília, DF
  <http://www.fm.unb.br/morfologia/museuvirtual>

- **Museu de Anatomia Humana Professor Alfonso Bovero**
  São Paulo, SP
  <http://museu.icb.usp.br/>

- **Museu de Ciências Morfológicas**
  Instituto de Ciências Biológicas – UFMG
  Belo Horizonte, MG
  <https://www.ufmg.br/rededemuseus/mcm/>

- **Museu de Ciência e Técnica**
  Escola de Minas da Universidade Federal de Ouro Preto – Ouro Preto, MG
  <http://www.museu.em.ufop.br/museu/>
- **Museu de Ciência & Tecnologia**
  Pontifícia Universidade Católica do Rio Grande do Sul – Porto Alegre, RS
  <http://www.pucrs.br/mct/>
- **Museu Dinâmico Interdisciplinar**
  Universidade Estadual de Maringá – Maringá, PR
  <http://www.mudi.uem.br>
- **Museu do Amanhã**
  Prefeitura do Rio de Janeiro – Rio de Janeiro, RJ
  <https://museudoamanha.org.br/pt-br>
- **Museu Exploratório de Ciências**
  Universidade Estadual de Campinas – Campinas, SP
  <http://www.mc.unicamp.br/>
- **Museu Interativo da Física**
  Universidade Federal do Pará, Departamento de Física – Belém, PA
  <http://www.ufpa.br/mif/equipe.htm>
- **Museu Paraense Emílio Goeldi**
  Belém, PA
  <http://www.museu-goeldi.br>
- **Parque Viva a Ciência**
  Universidade Federal de Santa Catarina – Florianópolis, SC
  <http://vivaciencia.ufsc.br>
- **Planetário**
  Universidade Federal de Goiás – Goiânia, GO
  <http://www.planetario.ufg.br>
- **Planetário Aristóteles Orsini**
  Secretaria Municipal do Verde e do Meio Ambiente – São Paulo, SP
  <www.prefeitura.sp.gov.br/planetarios>
- **Planetário Espaço Cultural**
  Espaço Cultural José Lins do Rego – João Pessoa, PB
  <http://www.funesc.pb.gov.br>
  (Entre em Visita e Pesquisa e, em seguida, em Planetário.)
- **Planetário de Londrina**
  Universidade Estadual de Londrina – Londrina, PR
  <www.uel.br/planetario>
- **Usina Ciência**
  Universidade Federal de Alagoas – Maceió, AL
  <http://www.usinaciencia.ufal.br>

Acessos em: jul. 2018.

REFERÊNCIAS BIBLIOGRÁFICAS

AIELLO, L.; DEAN, C. J. *An introduction to human evolutionary anatomy*. Londres: Academic Press, 1990.

ALBERTS, B. et al. *Biologia molecular da célula*. 4. ed. Porto Alegre: Artmed, 2004.

ANDRADE, M. M.; MEDEIROS, J. B. *Comunicação em língua portuguesa*. 5. ed. São Paulo: Atlas, 2009.

ARANHA, M. L. A.; MARTINS, M. H. P. *Filosofando*: introdução à Filosofia. 4. ed. São Paulo: Moderna, 2009.

ARMSTRONG, L. *Performing in extreme environments*. Illinois: Human Kinetics, 2000.

ÁVILA, V. *El músculo*: órgano de la fuerza. Barcelona: Parramón, 2006. (Col. Mundo Invisible)

BERGAU, M. et al. *Umwelt*: Biologie 7-10. Stuttgart: Ernst Klett Schulbuchverlag, 1999.

BLOOMFIELD, L. A. *How things work*: the physics of everyday life. 4. ed. Nova York: John Wiley & Sons, 2009.

BROCKMAN, J.; MATSON, K. *As coisas são assim*: pequeno repertório científico do que nos cerca. Trad. Diogo Mayer e Suzana Sturlini Couto. São Paulo: Companhia das Letras, 1997.

CAMPBELL, N. A. et al. *Biology*: concepts and connections. 6. ed. São Francisco: Benjamin Cummings, 2010.

CAMPBELL, N. A.; REECE, J. B. *Biology*. 10. ed. São Francisco: Benjamin Cummings, 2013.

CAMPERGUE, M. et al. *Sciences de la vie et de la Terre*. 3. ed. Paris: Nathan, 2003. (Col. Périlleux)

_____. *Sciences de la vie et de la Terre*. 4. ed. Paris: Nathan, 2007. (Col. Périlleux)

_____. *Sciences de la vie et de la Terre*. 5. ed. Paris: Nathan, 2006. (Col. Périlleux)

CANIATO, R. *O céu*. Campinas: Átomo, 2011.

CARRERA, M. *Insetos de interesse médico e veterinário*. Curitiba: Editora UFPR, 1991.

CARROL, S. B. *Infinitas formas de grande beleza*. Trad. Diego Alfaro. Rio de Janeiro: Jorge Zahar, 2006.

CARUSO, C. *Almanaque dos sentidos*. São Paulo: Moderna, 2010.

CASCUDO, L. C. *História da alimentação no Brasil*. 4. ed. São Paulo: Itatiaia, 2011.

DI DIO, L. J. A. *Tratado de anatomia aplicada*. 2. ed. São Paulo: Póluss Editorial, 2002.

EL-HANI, C. N.; VIDEIRA, A. A. P. *O que é vida?*: Para entender a Biologia do século XXI. Rio de Janeiro: Relume Dumará, 2000.

FOOD AND AGRICULTURE ORGANIZATION OF THE UNITED NATIONS. *The state of food and agriculture 2003-2004. Agricultural biotechnology*: meeting the needs of the poor? Roma: FAO, 2004.

FUNDAÇÃO PARA O DESENVOLVIMENTO DA EDUCAÇÃO; SECRETARIA DE ESTADO DA EDUCAÇÃO. *Ideias*: papel da educação na ação preventiva ao abuso de drogas e às DST/Aids. São Paulo: FDE/SEE, 1996. v. 29.

FUTUYMA, D. J. *Biologia evolutiva*. 3. ed. Ribeirão Preto: Funpec, 2009.

GUERRA, A. J. T.; CUNHA, S. B. (Orgs.). *Impactos ambientais urbanos no Brasil*. São Paulo: Bertrand Brasil, 2004.

GUYTON, A. C.; HALL, J. E. *Textbook of medical physiology*. 11. ed. Pennsylvania: Elsevier Saunders, 2007.

HALLIDAY, D.; RESNICK, R.; WALKER, J. *Fundamentos da física*. Rio de Janeiro: LTC, 2012.

HEWITT, P. G. *Física conceitual*. 11. ed. Trad. Trieste Freire Ricci e Maria Helena Fravina. Porto Alegre: Bookman, 2011.

HORGAN, J. *O fim da ciência*: uma discussão sobre os limites do conhecimento científico. São Paulo: Companhia das Letras, 1998.

INSTITUTO BRASILEIRO DE GEOGRAFIA E ESTATÍSTICA. *Recursos minerais e meio ambiente*: uma revisão do Brasil. Rio de Janeiro: IBGE, 1992.

JONES, S.; MARTIN, R. D.; PILLBEAN, D. R. *The Cambridge Encyclopedia of Human Evolution*. Cambridge: Cambridge University Press, 1994.

KELLER, E. F. *The century of the gene*. Cambridge: Harvard University Press, 2002.

MADER, S. S. *Biology*. 9. ed. Boston: McGraw-Hill, 2007.

MARANDINO, M. et al. (Orgs.). *Coletânea do VI Encontro Perspectivas do Ensino de Biologia*. São Paulo: Faculdade de Educação da USP, 2000.

MARCONDES, L. *O sangue*. São Paulo: Ática, 1998.

MARGULIS, L.; SAGAN, D. *O que é vida?* Trad. Vera Ribeiro. Rio de Janeiro: Jorge Zahar, 2002.

MARTINS, M. H. P. *Somos todos diferentes!*: convivendo com a diversidade do mundo. São Paulo: Moderna, 2001. (Col. Aprendendo a Com-viver)

MARZOCCO, A.; TORRES, B. B. *Bioquímica básica*. 3. ed. Rio de Janeiro: Guanabara Koogan, 2007.

MELLO, T. *Faz escuro mas eu canto*: porque amanhã vai chegar. 19. ed. Rio de Janeiro: Bertrand Brasil, 2000.

MEYER, D.; EL-HANI, C. N. *Evolução*: o sentido da Biologia. São Paulo: Editora Unesp, 2005.

MINISTÉRIO DA EDUCAÇÃO E CULTURA; INSTITUTO NACIONAL DE ESTUDOS E PESQUISAS EDUCACIONAIS. *Saeb (Sistema de Avaliação de Educação Básica)*. 2. ed. Brasília: MEC/SEF, 1999.

MINISTÉRIO DA EDUCAÇÃO E CULTURA; SECRETARIA DE EDUCAÇÃO FUNDAMENTAL. *Parâmetros Curriculares Nacionais*. Brasília: MEC/SEF, 1997.

MONTANARI, V.; CUNHA, P. *Nas ondas do som*. São Paulo: Moderna, 1996.

MOURÃO, R. R. F. *Atlas celeste*. 8. ed. Petrópolis: Vozes, 1997.

NUSSENZVEIG, H. M. *Curso de Física básica*. São Paulo: Blucher, 2013.

OLIVEIRA FILHO, K. S.; SARAIVA, M. F. O. *Astronomia & Astrofísica*. 3. ed. São Paulo: Editora Livraria da Física, 2013.

PARKER, S. *The human body book*: an illustrated guide to its structure, function and disorders. Londres: Dorling Kindersley, 2007.

PARRAMÓN, M. *Nuestro sistema digestivo*. Barcelona: Parramón, 2003. (Col. Mundo Invisible)

POSTLETWAIT, J. H.; HOPSON, J. L. *The nature of life*. 3. ed. Nova York: McGraw-Hill, 1995.

POUGH, F. H. et al. *A vida dos vertebrados*. São Paulo: Atheneu, 2008.

RAVEN, P. JOHNSON, R. *Biology*. 6. ed. New York: The McGraw Hill Companies, 2002.

RAW, I.; MENUCCI, L.; KRASILCHIK, M. *A Biologia e o homem*. São Paulo: Edusp, 2001.

READER'S DIGEST. *Alimentos saudáveis, alimentos perigosos*: guia prático para uma alimentação rica e saudável. Rio de Janeiro: Reader's Digest Brasil, 2006.

REECE, J. B. et al. *Biologia de Campbell*. Porto Alegre: Artmed, 2015.

RIDLEY, M. *Evolução*. Trad. Henrique Ferreira, Luciane Passaglia e Rivo Fischer. 3. ed. Porto Alegre: Artmed, 2006.

_____. *O que nos faz humanos*: gene, natureza e experiência. São Paulo: Record, 2004.

ROBERTIS, E. M. F. de; HIB, J. *Bases da Biologia celular e molecular*. Rio de Janeiro: Guanabara Koogan, 2006.

ROCA, N.; SERRANO, M. *Aparato respiratorio*: soplo de vida. Barcelona: Parramón, 1995. (Col. Mundo Invisible)

SADAVA, D. et al. *Vida*: a ciência da Biologia. 8. ed. Porto Alegre: Artmed, 2009.

SANTOS, S. *Evolução biológica*: ensino e aprendizagem no cotidiano de sala de aula. São Paulo: Annablume, 2002.

SCHMIDT-NIELSEN, K. *Fisiologia animal*: adaptação e meio ambiente. 5. ed. São Paulo: Editora Santos, 2002.

SECRETARIA DE ESTADO DA EDUCAÇÃO DE SÃO PAULO. *Prática pedagógica* – Biologia e Química. São Paulo: SE/CENP, 1997. v. 1.

SECRETARIA DE ESTADO DA EDUCAÇÃO DE SÃO PAULO. *Prática pedagógica* – Biologia – 2º grau: o trabalho educacional na prevenção da cólera. São Paulo: SE/CENP, 1994.

_____. *Prática pedagógica* – Ciências – Ensino Fundamental. São Paulo: SE/CENP, 1997. v. 1.

_____. *Projeto Ipê*: o currículo e a compreensão da realidade. São Paulo: SE/CENP, 1997.

_____. *Currículo do Estado de São Paulo*: Ciências da Natureza e suas tecnologias. 1. ed. São Paulo: SE, 2011. 152 p.

SENNETT, R. *Carne e pedra*. Rio de Janeiro: Record, 2008.

SILVEIRA, J. M. F. J. et al. *Biotecnologia e recursos genéticos*: desafios e oportunidades para o Brasil. Campinas: Instituto de Economia/Finep, 2004.

SOCIEDADE BRASILEIRA DE ANATOMIA. *Terminologia anatômica* – Terminologia anatômica internacional. São Paulo: Manole, 2001.

TIME LIFE. *A era do computador*. Rio de Janeiro: Abril, 1995. (Col. Ciência e Natureza)

_____. *Corpo humano*. Rio de Janeiro: Abril, 1995. (Col. Ciência e Natureza)

_____. *Evolução da vida*. Rio de Janeiro: Abril, 1996. (Col. Ciência e Natureza)

TIPLER, P. A.; MOSCA, G. P. *Physics for scientists and engineers*. 6. ed. Basingstoke: W. H. Freeman, 2009.

TORTORA, G. J. *Corpo humano*: fundamentos de anatomia e fisiologia. 8. ed. Porto Alegre: Artmed, 2012.

_____. DERRICKSON, B. *Corpo humano*: fundamentos de anatomia e fisiologia. Porto Alegre: Artmed, 2016.

VIGARELLO, G. *O limpo e o sujo*: uma história da higiene corporal. São Paulo: Martins Fontes, 1996.

WALKER, R. *The children's atlas of the human body*. Markhan: Fitzhenry & Whiteside, 2002.

WALLACE, A. R. *The Malay Archipelago*. North Clarendon: Periplus, 2002.

WEAST, R. C. (Ed.). *CRC Handbook of Chemistry and Physics*. 70. ed. Boca Raton: CRC Press, 1989.

WILSON, M. et al. *A energia*. Coleção Biblioteca Científica Life. Rio de Janeiro: José Olympio, 1968.

ZATZ, M. *Clonagem e células-tronco*. Estudos Avançados. São Paulo, ano 51, v. 18, 2004.

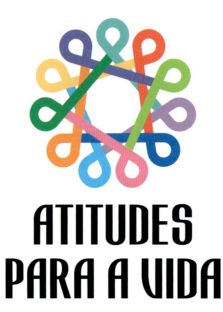

ATITUDES PARA A VIDA

As *Atitudes para a vida* são comportamentos que nos ajudam a resolver as tarefas que surgem todos os dias, desde as mais simples até as mais desafiadoras. São comportamentos de pessoas capazes de resolver problemas, de tomar decisões conscientes, de fazer as perguntas certas, de se relacionar bem com os outros e de pensar de forma criativa e inovadora.

As atividades que apresentamos a seguir vão ajudá-lo a estudar os conteúdos e a resolver as atividades deste livro, incluindo as que parecem difíceis demais em um primeiro momento.

Toda tarefa pode ser uma grande aventura!

PERSISTIR

Muitas pessoas confundem persistência com insistência, que significa ficar tentando e tentando e tentando, sem desistir. Mas persistência não é isso! Persistir significa buscar estratégias diferentes para conquistar um objetivo.

Antes de desistir por achar que não consegue completar uma tarefa, que tal tentar outra alternativa?

Algumas pessoas acham que atletas, estudantes e profissionais bem-sucedidos nasceram com um talento natural ou com a habilidade necessária para vencer. Ora, ninguém nasce um craque no futebol ou fazendo cálculos ou sabendo tomar todas as decisões certas. O sucesso muitas vezes só vem depois de muitos erros e muitas derrotas. A maioria dos casos de sucesso é resultado de foco e esforço.

Se uma forma não funcionar, busque outro caminho. Você vai perceber que desenvolver estratégias diferentes para resolver um desafio vai ajudá-lo a atingir os seus objetivos.

CONTROLAR A IMPULSIVIDADE

Quando nos fazem uma pergunta ou colocam um problema para resolver, é comum darmos a primeira resposta que vem à cabeça. Comum, mas imprudente.

Para diminuir a chance de erros e de frustrações, antes de agir devemos considerar as alternativas e as consequências das diferentes formas de chegar à resposta. Devemos coletar informações, refletir sobre a resposta que queremos dar, entender bem as indicações de uma atividade e ouvir pontos de vista diferentes dos nossos.

Essas atitudes também nos ajudarão a controlar aquele impulso de desistir ou de fazer qualquer outra coisa para não termos que resolver o problema naquele momento. Controlar a impulsividade nos permite formar uma ideia do todo antes de começar, diminuindo os resultados inesperados ao longo do caminho.

ESCUTAR OS OUTROS COM ATENÇÃO E EMPATIA

Você já percebeu o quanto pode aprender quando presta atenção ao que uma pessoa diz? Às vezes recebemos importantes dicas para resolver alguma questão. Outras vezes, temos grandes ideias quando ouvimos alguém ou notamos uma atitude ou um aspecto do seu comportamento que não teríamos percebido se não estivéssemos atentos.

Escutar os outros com atenção significa manter-nos atentos ao que a pessoa está falando, sem estar apenas esperando que pare de falar para que possamos dar a nossa opinião. E empatia significa perceber o outro, colocar-nos no seu lugar, procurando entender de verdade o que está sentindo ou por que pensa de determinada maneira.

Podemos aprender muito quando realmente escutamos uma pessoa. Além do mais, para nos relacionar bem com os outros — e sabemos o quanto isso é importante —, precisamos prestar atenção aos seus sentimentos e às suas opiniões, como gostamos que façam conosco.

PENSAR COM FLEXIBILIDADE

Você conhece alguém que tem dificuldade de considerar diferentes pontos de vista? Ou alguém que acha que a própria forma de pensar é a melhor ou a única que existe? Essas pessoas têm dificuldade de pensar de maneira flexível, de se adaptar a novas situações e de aprender com os outros.

Quanto maior for a sua capacidade de ajustar o seu pensamento e mudar de opinião à medida que recebe uma nova informação, mais facilidade você terá para lidar com situações inesperadas ou problemas que poderiam ser, de outra forma, difíceis de resolver.

Pensadores flexíveis têm a capacidade de enxergar o todo, ou seja, têm uma visão ampla da situação e, por isso, não precisam ter todas as informações para entender ou solucionar uma questão. Pessoas que pensam com flexibilidade conhecem muitas formas diferentes de resolver problemas.

IV Atitudes para a vida

ESFORÇAR-SE POR EXATIDÃO E PRECISÃO

Para que o nosso trabalho seja respeitado, é importante demonstrar compromisso com a qualidade do que fazemos. Isso significa conhecer os pontos que devemos seguir, coletar os dados necessários para oferecer a informação correta, revisar o que fazemos e cuidar da aparência do que apresentamos.

Não basta responder corretamente; é preciso comunicar essa resposta de forma que quem vai receber e até avaliar o nosso trabalho não apenas seja capaz de entendê-lo, mas também que se sinta interessado em saber o que temos a dizer.

Quanto mais estudamos um tema e nos dedicamos a superar as nossas capacidades, mais dominamos o assunto e, consequentemente, mais seguros nos sentimos em relação ao que produzimos.

QUESTIONAR E LEVANTAR PROBLEMAS

Não são as respostas que movem o mundo, são as perguntas.

Só podemos inovar ou mudar o rumo da nossa vida quando percebemos os padrões, as incongruências, os fenômenos ao nosso redor e buscamos os seus porquês.

E não precisa ser um gênio para isso, não! As pequenas conquistas que levaram a grandes avanços foram — e continuam sendo — feitas por pessoas de todas as épocas, todos os lugares, todas as crenças, os gêneros, as cores e as culturas. Pessoas como você, que olharam para o lado ou para o céu, ouviram uma história ou prestaram atenção em alguém, perceberam algo diferente, ou sempre igual, na sua vida e fizeram perguntas do tipo "Por que será?" ou "E se fosse diferente?".

Como a vida começou? E se a Terra não fosse o centro do universo? E se houvesse outras terras do outro lado do oceano? Por que as mulheres não podiam votar? E se o petróleo acabasse? E se as pessoas pudessem voar? Como será a Lua?

E se...? (Olhe ao seu redor e termine a pergunta!)

Atitudes para a vida | V

APLICAR CONHECIMENTOS PRÉVIOS A NOVAS SITUAÇÕES

Esta é a grande função do estudo e da aprendizagem: sermos capazes de aplicar o que sabemos fora da sala de aula. E isso não depende apenas do seu livro, da sua escola ou do seu professor; depende da sua atitude também!

Você deve buscar relacionar o que vê, lê e ouve aos conhecimentos que já tem. Todos nós aprendemos com a experiência, mas nem todos percebem isso com tanta facilidade.

Devemos usar os conhecimentos e as experiências que vamos adquirindo dentro e fora da escola como fontes de dados para apoiar as nossas ideias, para prever, entender e explicar teorias ou etapas para resolver cada novo desafio.

PENSAR E COMUNICAR-SE COM CLAREZA

Pensamento e comunicação são inseparáveis. Quando as ideias estão claras em nossa mente, podemos nos comunicar com clareza, ou seja, as pessoas nos entendem melhor.

Por isso, é importante empregar os termos corretos e mais adequados sobre um assunto, evitando generalizações, omissões ou distorções de informação. Também devemos reforçar o que afirmamos com explicações, comparações, analogias e dados.

A preocupação com a comunicação clara, que começa na organização do nosso pensamento, aumenta a nossa habilidade de fazer críticas tanto sobre o que lemos, vemos ou ouvimos quanto em relação às falhas na nossa própria compreensão, e poder, assim, corrigi-las. Esse conhecimento é a base para uma ação segura e consciente.

IMAGINAR, CRIAR E INOVAR

Tente de outra maneira! Construa ideias com fluência e originalidade!

Todos nós temos a capacidade de criar novas e engenhosas soluções, técnicas e produtos. Basta desenvolver nossa capacidade criativa.

Pessoas criativas procuram soluções de maneiras distintas. Examinam possibilidades alternativas por todos os diferentes ângulos. Usam analogias e metáforas, se colocam em papéis diferentes.

 VI | Atitudes para a vida

Ser criativo é não ser avesso a assumir riscos. É estar atento a desvios de rota, aberto a ouvir críticas. Mais do que isso, é buscar ativamente a opinião e o ponto de vista do outro. Pessoas criativas não aceitam o *status quo*, estão sempre buscando mais fluência, simplicidade, habilidade, perfeição, harmonia e equilíbrio.

ASSUMIR RISCOS COM RESPONSABILIDADE

Todos nós conhecemos pessoas que têm medo de tentar algo diferente. Às vezes, nós mesmos acabamos escolhendo a opção mais fácil por medo de errar ou de parecer tolos, não é mesmo? Sabe o que nos falta nesses momentos? Informação!

Tentar um caminho diferente pode ser muito enriquecedor. Para isso, é importante pesquisar sobre os resultados possíveis ou os mais prováveis de uma decisão e avaliar as suas consequências, ou seja, os seus impactos na nossa vida e na de outras pessoas.

Informar-nos sobre as possibilidades e as consequências de uma escolha reduz a chance do "inesperado" e nos deixa mais seguros e confiantes para fazer algo novo e, assim, explorar as nossas capacidades.

PENSAR DE MANEIRA INTERDEPENDENTE

Nós somos seres sociais. Formamos grupos e comunidades, gostamos de ouvir e ser ouvidos, buscamos reciprocidade em nossas relações. Pessoas mais abertas a se relacionar com os outros sabem que juntos somos mais fortes e capazes.

Estabelecer conexões com os colegas para debater ideias e resolver problemas em conjunto é muito importante, pois desenvolvemos a capacidade de escutar, empatizar, analisar ideias e chegar a um consenso. Ter compaixão, altruísmo e demonstrar apoio aos esforços do grupo são características de pessoas mais cooperativas e eficazes.

Estes são 11 dos 16 Hábitos da mente descritos pelos autores Arthur L. Costa e Bena Kallick em seu livro *Learning and leading with habits of mind*: 16 characteristics for success.

Acesse http://www.moderna.com.br/araribaplus para conhecer mais sobre as *Atitudes para a vida*.

Atitudes para a vida — VII

CHECKLIST PARA MONITORAR O SEU DESEMPENHO

Reproduza para cada mês de estudo o quadro abaixo. Preencha-o ao final de cada mês para avaliar o seu desempenho na aplicação das *Atitudes para a vida*, para cumprir as suas tarefas nesta disciplina. Em *Observações pessoais*, faça anotações e sugestões de atitudes a serem tomadas para melhorar o seu desempenho no mês seguinte.

Classifique o seu desempenho de 1 a 10, sendo 1 o nível mais fraco de desempenho, e 10, o domínio das *Atitudes para a vida*.

Atitudes para a vida	Neste mês eu...	Desempenho	Observações pessoais
Persistir	Não desisti. Busquei alternativas para resolver as questões quando as tentativas anteriores não deram certo.		
Controlar a impulsividade	Pensei antes de dar uma resposta qualquer. Refleti sobre os caminhos a escolher para cumprir minhas tarefas.		
Escutar os outros com atenção e empatia	Levei em conta as opiniões e os sentimentos dos demais para resolver as tarefas.		
Pensar com flexibilidade	Considerei diferentes possibilidades para chegar às respostas.		
Esforçar-se por exatidão e precisão	Conferi os dados, revisei as informações e cuidei da apresentação estética dos meus trabalhos.		
Questionar e levantar problemas	Fiquei atento ao meu redor, de olhos e ouvidos abertos. Questionei o que não entendi e busquei problemas para resolver.		
Aplicar conhecimentos prévios a novas situações	Usei o que já sabia para me ajudar a resolver problemas novos. Associei as novas informações a conhecimentos que eu havia adquirido de situações anteriores.		
Pensar e comunicar-se com clareza	Organizei meus pensamentos e me comuniquei com clareza, usando os termos e os dados adequados. Procurei dar exemplos para facilitar as minhas explicações.		
Imaginar, criar e inovar	Pensei fora da caixa, assumi riscos, ouvi críticas e aprendi com elas. Tentei de outra maneira.		
Assumir riscos com responsabilidade	Quando tive de fazer algo novo, busquei informação sobre possíveis consequências para tomar decisões com mais segurança.		
Pensar de maneira interdependente	Trabalhei junto. Aprendi com ideias diferentes e participei de discussões.		

VIII Atitudes para a vida